国家重大出版工程项目

"十二五"国家重点图书

国家出版基金项目
NATIONAL PUBLICATION FOUNDATION

◎姚糖　蔡晴　主编

中国古建筑丛书

江西古建筑

中国建筑工业出版社

审图号：GS（2015）2780 号

图书在版编目（CIP）数据

江西古建筑／姚赯，蔡晴主编 .—北京：中国建筑工业出版社，2015.12
　（中国古建筑丛书）
ISBN 978-7-112-18252-7

Ⅰ . ①江… 　Ⅱ . ①姚…②蔡… 　Ⅲ . ①古建筑－介绍－江西省 　Ⅳ . ① K928.71

中国版本图书馆 CIP 数据核字（2015）第 149387 号

责任编辑：李东禧　唐　旭　吴　绫　杨　晓

书籍设计：康　羽

责任校对：姜小莲　赵　颖

中国古建筑丛书

江西古建筑

姚赯　蔡晴　主编

＊

中国建筑工业出版社出版、发行（北京西郊百万庄）

各地新华书店、建筑书店经销

北京嘉泰利德有限公司制版

北京顺诚彩色印刷有限公司印刷

＊

开本：880×1230毫米　1/16　印张：23¼　字数：614千字

2015年12月第一版　　2015年12月第一次印刷

定价：368.00元

ISBN 978-7-112-18252-7

　　　（25815）

《江西古建筑》

姚 赯 蔡 晴 主 编

编 委：姚 赯 蔡 晴 张义锋 徐少平 肖发标

顾 问：黄 浩 王紫林 梁洪生

审稿人：黄 浩

总　序

中国历史悠久，地大物博，人口众多，是一个多民族的国家，文化遗产极为丰富。中国古建筑是世界建筑史上的四大体系之一，五千年来，光辉灿烂，独特发展，一脉相传，自成体系。在建筑历史发展过程中，从来都没有中断过，因而，积累了大量的极为丰富的优秀建筑文化遗产。中国古代建筑的实践经验、创作理论、工艺技术和艺术精华值得总结、传承和发扬。

中国古代建筑具有强大的生命力，首先是独特的地理环境。中国位于亚洲东方，北部有长白山、乌苏里江高山河流阻挡，西有天山、喀喇昆仑山脉和沙漠横贯，西南有喜马拉雅山脉，东南则沿海，形成封闭与外界隔绝的地域，加上地处热带、温带和寒带，宽阔的地理和悬殊的气候，促进建筑与环境的巧妙和谐结合。

其次，独特的民族性格。中国是以汉族为主的多民族所组成。以中原文化为主的汉族人民团结、凝聚着居住和生活在各地的少数民族。由于各民族的历史、文化、宗教信仰、生活习俗与审美爱好的不同，以及他们所处地区的自然条件和地理环境的差异，长期的劳动实践，形成了各民族独特的性格和绚丽灿烂的建筑风貌。

其三，文化的独特体系。中国文化是以黄河流域中原文化为中心，周围有燕赵文化、晋文化、齐鲁文化、吴越文化、楚文化、秦文化和巴蜀文化所烘托，具有历史渊源长久、人类智慧集中、思想资源丰富的特点。中国传统文化思想的集中表现是以儒学、道学为代表，其后，佛教的传入与中国传统文化的结合，形成以儒学为主的儒、道、释三者合一的中国传统文化思想。归纳起来，就是天人合一的宇宙观念，以人为本、和为贵的人文思想，整体直觉的思维方式，真善美相结合的美学观念。

封闭而独特的地理环境，团结凝聚而又富于创造的民族性格，以儒学为主的文化独特体系，创造了中华民族的雄伟壮丽的建筑工程。长期的经验积累，独树一帜，虽经战争的炮火，民族之间的斗争与融合，外来文化之传入及本土化，但中华民族建筑始终一脉相传，傲然生存下来，顽强发展，独树一帜而不倒，在世界建筑史发展中是罕见的、独有的。

中国古代建筑发展经历了原始社会、奴隶社会和封建社会三个历史阶段。

旧石器时代，原始人群利用天然崖洞作为居住场所。南方湿热多雨，虫害兽多，出现巢居。1973年，在浙江余姚河姆渡村发现大约建于6000～7000多年前的、长约23米、进深约8米的木构架建筑遗址，推测是一座长方形、体量相当大的干阑式建筑，这是我国最早采用榫卯技术构筑房屋的一个实例。

原始社会晚期，黄河流域有广阔而丰厚的黄土层，土质均匀，含有石灰质。黄河中游的氏族部落，在利用黄土层作为壁体的土穴上，用木架和草泥建造简单的穴居，逐步发展到浅穴居，再到地面上的房屋，形成聚落。

奴隶社会，夯土技术逐步成熟，宫室建于高大的夯土台上，木构建筑逐步成为中国古代建筑的主要结构方式。等级制度出现。工程管理有了专职的"司空"，以后各朝代沿袭发展成为中国特有的工官制度。

封建社会初期，高台建筑盛行，修建了长城、驰道和水利工程。东汉时代，建筑中已大量使用成组的斗栱，木构楼阁增多，城市和建筑类型扩充，中国古代独特的木构建筑体系基本形成。

两晋南北朝是我国历史上充满着民族斗争和民族融合的时期，佛教的传入，宗教建筑大量兴建，高大的寺庙、壮丽的塔幢，石窟中精美的雕塑和壁画，这是我国古建筑吸收外来文化使之本土化的创造时期。

隋、唐统一全国，开凿贯通南北的大运河，促进了我国南北物资和文化的交流和发展。唐代的长安、洛阳成为世界上最大的城市。木构建筑的宫殿、楼阁和石窟、塔、桥，无论布局或造型都具有较高艺术和技术水平，唐代建筑已发展到成熟的阶段。

宋、辽、金时期，南方在经济和文化方面居于先进地位。由于手工业分工更加细致，国内商业和国际贸易活跃，城市逐渐开放，改变了汉以来历代都城采用的封闭式里坊制度，形成沿街设店的方式。建筑的设计和施工达到一定程度的规格化、制度化，公元12世纪初在总结经验的基础上编写了《营造法式》这一部重要文献。

元代大都建立，喇嘛教和伊斯兰教建筑影响到各地。明、清时期官式建筑已经达到完全程式化、定型化阶段。明代后期出现资本主义萌芽，清代在城市规划上、建筑群体布局和建筑艺术形象上有所发展，例如北京城、故宫、天坛等。民居、园林和民族建筑遍布各地，呈现一片繁荣景象。

中国古建筑有明显的特征。在城市规划上，严谨规整、对称宏伟，表现出庄重威武的中华民族性格。单体建筑中，雄伟的飞檐屋宇、大红的排列柱廊、高大的汉白玉台基，呈现出崇高壮丽又稳定的形象。黄河流域盛产的木材资源，形成了中国古建筑木构架体系的特色。室外装饰的富丽堂皇、金碧辉煌，室内陈设装修的华丽多样、细腻雕饰，体现了中国古建筑绚丽多彩的民族风格。

聚居建筑方面，包含民居、祠堂、家庙、书院等遍布全国各地，它们与人民生活息息相关。各地各族人民根据自己的生活习俗、生产需要、经济能力、民族爱好和审美观念，结合本地的自然条件和材料，因地制宜、因材致用地进行设计与营造。他们既是设计者，又是营建者、使用者，可以说设计、施工、使用三位一体，因而，这种建造方式所形成的民宅民间建筑，既实用简朴，又经久美观，并富有民族风格和地方特色。

中国古园林的特征。以自然山水即中国山水画为蓝本，并以景区、景物和建筑、山水、花木为构件，由景生情，产生意境联想，达到艺术感受。皇家园林因其规模大、范围广，其园林布局自秦、汉时期的一池三岛，到唐、宋以山水画为蓝本，明、清仍沿袭池中置岛古制，但采用人工造山置水的方法。

明、清私家园林因属民间，士大夫文人常在宅后设园休闲宴客，吟诗享乐，其特点是以最小的场所造成无限的景色为目的。因其规模小，常以叠石或池水为主，峰峦洞壑、峭壁危径或曲径通幽取胜。在情景中则采用巧于因借、精在体宜的手法。

我国是一个人口众多的多民族国家。相传秦汉以前，中华大地上主要生存着华夏、东夷、苗蛮三大文化集团，经过连年不断的战争，最终华夏集团取得了胜利，上古三大文化集团基本融为一体，历史上称为华夏族。春秋、战国时期，东南地区古老的部族称为"越"，逐渐为华夏族所兼并而融入华夏族之中。秦统一各国后，到汉代都用汉人、汉民这个称呼，直到隋、唐，汉族这个名称才固定下来。

由于各民族的历史文化、宗教信仰、生活生产、习俗性格的不同，又由于各族人民所处地区的自然条件和环境的不同，导致他们各自产生了富有特色的建筑和民宅，如宏伟壮丽的藏族布达拉宫，遍布各族聚居地的寺院庙宇、寨堡围村、楼阁宅居，反映了绮丽多彩的民族风貌。

中国传统文化渗透了中国古建筑，中国古建筑深刻地体现了中国文化。

新中国成立后，作为全国性有领导有组织地编写中国古代建筑史，第一次是1959年，由原建筑科学研究院组织"编写三史"开始。当时集中了全国高等院校、科研部门分工编写，1962年由中国工业出版社出版《中国建筑简史》第一册（古代部分）。随后，又组织有关院校、文化、历史、考古等单位对古代建筑史有研究的人员，经多次修改，由刘敦桢教授执笔主编的《中国古代建筑史》，于1966年完成。由于"文化大革命"，未能出版，1980年才由中国建筑工业出版社正式出版。作为高等院校的中国建筑史教材则由全国高校教师编写，参考了上述专著，由中国建筑工业出版社1982年出版。

作为系统的、全面的、编写中国古建筑丛书是从1984年开始，当时作为《中国美术全集》中的一个门类——建筑艺术，称为《中国美术全集·建筑艺术编》，共6辑，包含宫殿、坛庙、陵墓、宗教建筑、民居、园林，1988年完成出版。

第二次编写从1992年开始，编写的原因是《中国美术全集·建筑艺术编》6辑出版后，各界反映良好，但感到篇幅不够，它与我国极为丰富的建筑文化遗产大国不相适应。于是，再次组织编写《中国建筑艺术全集》丛书30辑，其中古建筑24辑，近现代建筑6辑。古建筑部分仍按类型编写。该丛书中的24辑于1999年5月出版。

由于这两次丛书都是全国性编写，按类型写，又着重在艺术，因此，一些地方特色和民族特色的、中型的优秀古建筑就难于入选。为了弘扬和传承优秀传统建筑文化体系，总结经验和规律，保护我国优秀传统建筑文化遗产，因此，全面地、系统地、按省（区）来编写古建筑丛书是非常必要的、合时宜的。

本丛书编写的主要特点是：其一，强调本省（区）古建筑的民族特色和地方特色；其二，编写不限于建筑艺术，而是对本省（区）古建筑的全面叙述，着重在成就、价值、特色、技术和经验、规律等各个方面，这是我国民族和地区的资料比较全面和丰富的传统建筑文化丛书。

陆元鼎

2015年1月10日

前　言

　　江西是我国中部江南腹地的一个大省，属地山环水绕，沃野千里。在中华民族历史发展长河中有过杰出的贡献。其文明开发史，可追溯至距今万年以前，至少在新石器时期晚期，就出现了以种植水稻为主的农耕聚落，修水县山背发现的遗址可能是现知江西最早的民居痕迹了。而著名的商代中晚期方国都邑吴城遗址的发现则改写了江南古代文明史，对探讨南方青铜文化及中国文明起源具有重要的意义。入秦汉以后，由于经济发展和鄱阳湖一带"鱼米之乡"特色显著，江西自然发展为江南重要产粮区，从而成为当朝的大官仓。

　　西汉初于江西境内设豫章郡，并在郡治南昌筑"灌城"。三国时九江成为军中重镇，现有的督府巷和烟水亭乃周瑜活动之佐证。又由于官吏教化倡导，致使城乡广修书院，民间士人迁入，更为道释两教传播创造条件，大批修建宫、观、寺、庙。到了唐代，江西经济得到很大发展，人口激增。自然促进城镇的扩大，南昌经过 200 年的改扩建，面积已"广倍汉城"。唐代诗人王勃的千古名篇《滕王阁序》中就可见当时建筑技艺的高度成就，自此千余年，滕王阁虽几度废兴，仍为当今江西标志性建筑和城市符号。

　　宋、元至明、清时期，由于闽粤两省大量客籍移民入赣，从而促进江西向山区开发，直接刺激农村聚落的快速发展。同时，手工业、商业也相应发展到新水平。景德镇"瓷都"封号形成，使江西当之无愧成为产瓷圣地。重要通商口岸九江同时跻身于全国"三大茶市"、"四大米市"行列。明清时，江西商人号称"江右帮"，并与"晋商"、"徽商"鼎足而三。

　　与历史发展同步，江西相继出现不少历史文化名人和古今不朽大家。显赫的历史文化成就也直接影响城镇建设和聚落的发展。虽在近代几百年经岁月磨砺和在战火烟硝中大多数已经不复存在或容光顿失，但是从现存有限的古建和残物中，不论城郭古墙、古塔桥梁、宫观寺庙、书院戏台，特别是为数众多的祠堂民居，都充分反映出当时劳动人民中能工巧匠的聪明才智与建筑技艺水平，也使我们重新认识它们的历史价值和地位。让我们更加珍惜这些幸存遗产，有责任一辈辈地交给后人，把中华民族历史文化最后的基因传承下去，这是历史赋予我们光荣的责任。

　　由于过去对江西古建筑乏于调研，更没有多少专著，所以这次应"中国古建筑系列丛书"编委会之命而编写江西省卷就倍感困难。幸而，所汇集编写组的同仁都是省内对古建筑素有研究的学者，他们不辞艰辛，从翻查资料到实地踩点踏勘，测绘摄影，以及集体研讨切磋，一点一点都从零起步，功夫不负有心人，终于经四年反复推敲集成了《中国古建筑丛书——江西古建筑》，填补了江西此一空白并与广大读者见面，为此，向他们表示感谢与祝贺。

黄浩

2015 年 4 月 8 日

目 录

第九章　建筑营造与装饰

江西古建筑

江西古建筑

第一章 绪 论

第一节　自然环境状况

一、地形

江西省位于中国东南部,长江中下游南岸。北临湖北、安徽,东接浙江、福建,南与广东毗邻,西与湖南交界。省域总面积约16.69万平方公里,形状狭长,南北长度超过600公里,北界纬度约30°,南界纬度约24.5°。

江西全境几乎全为山地包围。东北有黄山余脉,为江西与安徽的边界;其南又有怀玉山,为江西与浙江的边界。东面有武夷山脉自北向南绵亘伸展,为江西与福建的边界;南面为南岭山脉,为江西与广东的边界;西部有罗霄山脉,为江西与湖南的边界;西北还有幕阜山,为江西与湖北的边界。仅北部鄱阳湖与长江连通处地势较平,为唯一的开口。山地和丘陵地形面积占省域总面积接近80%,山地最高海拔多在1000米以上,其中多有海内名山,如庐山、井冈山、三清山、龙虎山、武功山等,但大部分为低山丘陵,适合人居环境发展(图1-1-1)。

江西的山地中孕育出发达的水系。南岭东部与武夷山脉发育出的贡水以及南岭西北与罗霄山脉之间发育出的章水在赣州汇合成赣江,自南而北,几乎贯穿整个江西省,直至南昌附近入鄱阳湖,为江西最大的河流。武夷山西麓发育出的抚河,亦自南而北贯穿江西东部,在南昌附近与赣江汇合入鄱阳湖。怀玉山发育出的信江,自东向西经过江西东北部。幕阜山发育出的修河,自西向东经过江西西北部。黄山余脉中发育出的昌江和乐安河在鄱阳汇合成饶河。赣、抚、信、修、饶五水,合称江西五大水系,全部汇入鄱阳湖,并经鄱阳湖注入长江,使得江西全境的97%属于同一个水系——鄱阳湖水系。这些河流在山地中形成的一系列分散的河谷平原,以及最终在江西中北部腹地形成的冲积盆地鄱阳湖平原,成为江西人民生长繁衍的摇篮。

江西的水系,同时也构成江西历史上的交通体系。赣江北接长江,南过南岭山脉与广东的珠江水系连接,构成历史上极其重要的南北交通线。其余各条河流,多与周边诸省的主要水系有着便捷的联系。饶河、信江上游与新安江水系连接,通安徽、浙江;信江的一条重要支流铅山河与闽江水系连接,通福建;抚河上游与闽江、九龙江水系连接,亦通福建;修河上游与湖北东部的陆水河上游连接;赣江的一条重要支流袁河与湖南东北的浏阳河水系连接。这样,江西的水系构成了一个堪称四通八达的交通网,使江西成为周围诸省之间交通运输来往的必经之途。

二、气候

江西地处亚热带湿润季风气候区,全境全部属于夏热冬冷地区。春季阴冷多雨。夏季受西太平洋副热带高压控制,晴旱酷热,极端最高气温达40℃以上,是长江流域的"火炉"之一,唯海拔较高的山区气候较阴凉。秋季风和日丽,秋高气爽。冬季受大陆季风影响,不断有冷空气从向北开口的鄱阳湖平原长驱直入,使北部地区气温显著下降;而南部地区因受山脉阻挡,加之位置偏南,冷空气的影响较小,气温明显高于北部。日照充足,全年日照时数绝大部分地区在1600~2100小时,仅西部和山区稍少,但仍在1500小时以上。雨量充沛,年平均降水量为1300~2000毫米,是全国的多雨省区之一,其中东北部年雨量多达1800~2000毫米。

另一方面,复杂的地形、地貌分布,使江西气候呈现出明显的南北差异和地方差异。大致以遂川为界,南部更具备亚热带气候特征,北部更接近大陆性气候特征。南昌、九江均有火炉之称,但实际上江西夏季最热的地区是赣江中游的吉泰盆地。

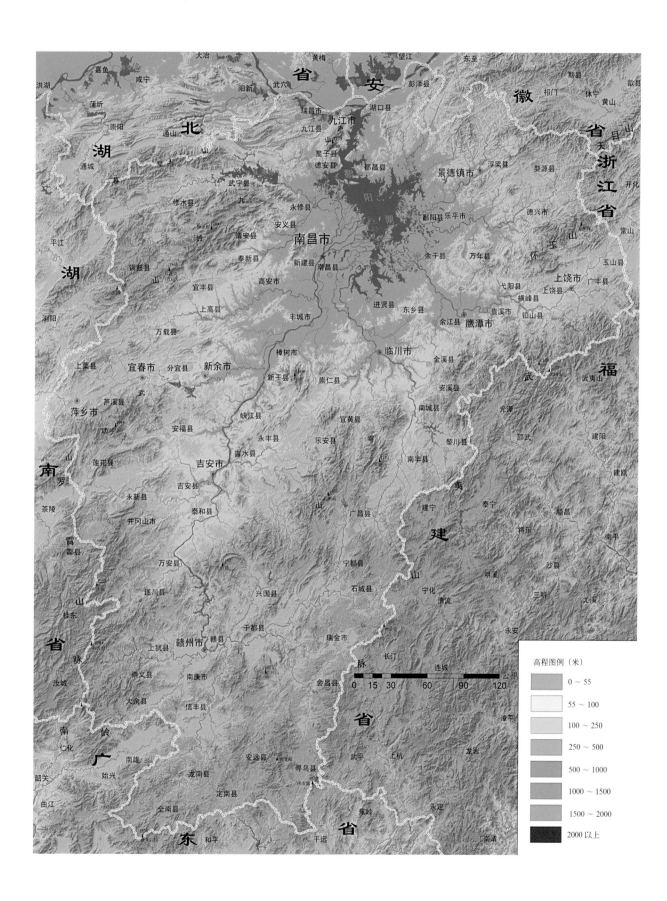

高程图例（米）

	0 ~ 55
	55 ~ 100
	100 ~ 250
	250 ~ 500
	500 ~ 1000
	1000 ~ 1500
	1500 ~ 2000
	2000 以上

图 1-1-1　江西省地形图

第二节 历史与文化

一、历史沿革

江西古属百越，又称干越，先秦以前处于中原文明边缘，但在商代即已出现高度发达的青铜文明。至迟在春秋期间，中原文明开始渗入江西。据《史记》记载，楚国在江西境内设有一座城邑，名番，即今鄱阳湖东岸的鄱阳县，后被吴国攻占。吴国在江西境内亦设有一座城邑，名艾，在鄱阳湖西岸今永修县境，但具体位置还难以确定。

秦始皇统一全国，在淮南设立九江郡，管辖南方的广大地域。有关秦朝对江西的行政管制颇有争议，一般认为秦朝在今江西境内设有七个县，除延续已有的番、艾二县外，另设有馀汗（在鄱阳湖南岸，今余干县）、安平（在武功山南麓，今安福县）、新淦（在赣江下游袁河入赣江处附近，今樟树市）、庐陵（在赣江中游，今吉安县）、南壄（在赣江上游章水南岸，今南康市），共7县①。基本沿鄱阳湖—

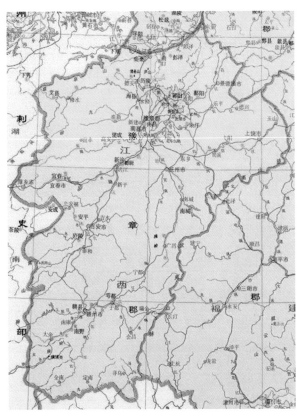

图1-2-1 西汉时期的江西（据谭其骧《中国历史地图集》）

赣江布点，以保护赣江交通线的安全。

西汉初在江西设立豫章郡，又在秦代县治的基础上增设至18县，标志着中原政权对江西的统治与开发正式开始。这18县大部分仍然在鄱阳湖—赣江一线，但也在抚河上游设有南城县，袁河上游设有宜春县，贡水上游设有雩都县，开始向周边地区扩展（图1-2-1）。两汉之间，江西不仅成为南方重要交通线，并成为重要的粮食产区。

三国时期，北方移民开始大量进入江西。东晋南渡，又有大批北方移民在江西定居。从魏晋南北朝至隋唐，江西的经济文化经历了重大发展。至唐代，江西形成8州38县的行政区划，基本奠定沿袭至今的格局。8州即洪州（今南昌市）、江州（今九江市）、饶州（今鄱阳县）、信州（今上饶市）、抚州（今抚州市）、袁州（今宜春市）、吉州（今吉安市）、虔州（今赣州市）。

在两宋特别是南宋时期，江西的经济和文化都达到顶峰，环鄱阳湖地带及赣江流域富庶号称天下之首，出现了一大批重要的历史人物，在全国具有举足轻重的地位。宋代在江西共设立13军州，除继承唐代8州建置外，并分洪州设筠州（今高安市）、分江州设南康军（今星子县）、分洪州、袁州、吉州设临江军（今樟树市）、分抚州设建昌军（今南城县）、分虔州设南安军（今大余县）。又大量增设县治，使江西县数增至68县（图1-2-2）。

在南宋亡国之际，江西重新进入一个兵火连绵的时期，历整个元代而不息，直至明初。历时近两百年的战乱，使江西全境的人口锐减，对江西的经济文化的破坏几乎是毁灭性的。

明清时期，江西出现了几乎是持续的大规模移民潮。在明代前期，有大批闽南、粤东北破产农民进入赣南；大批浙江破产农民进入赣东北山区；明代中后期，有大批闽南移民进入赣西北山区。明清之交，江西在前后数十年的严重战乱中再次遭受严重的人口损失，清代前期，又有大批闽南、粤东客家移民进入赣南；大批皖南、浙南、闽北移民进入赣东北；大批湖北和赣南客家移民进入赣西北。这

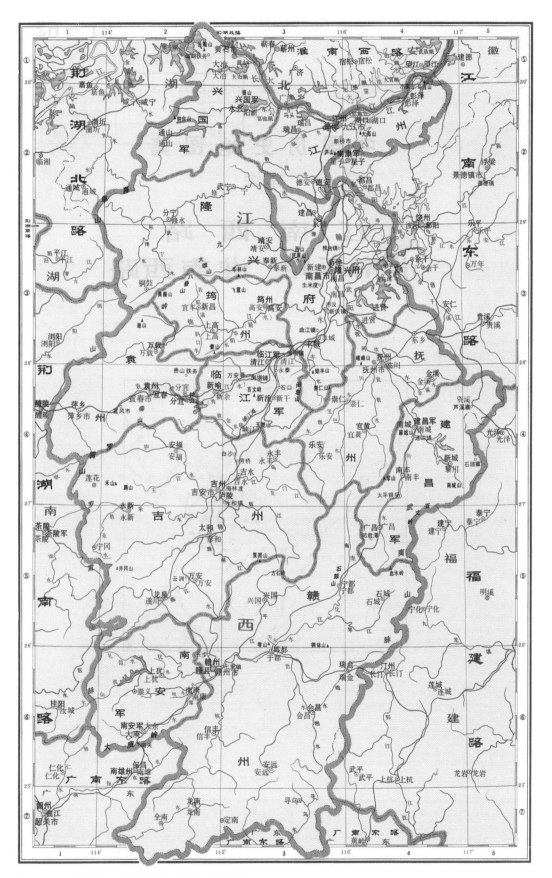

图 1-2-2　南宋时期的江西（据谭其骧《中国历史地图集》）

些移民数量巨大，大大改变了江西原有的人口构成。

由于大批移民进入山区，明代以后，江西山地得到普遍开发，经济文化继续发展，但速度逐渐减缓，至清代开始停滞，近代以后进一步衰落。宋代的 13 军州，至明代改为 13 府，一直沿袭至民国建立。明代江西县级行政区增至 78 个，清代再增至 81 个，新增的部分几乎全部在山区。民国时期，婺源从安徽划入江西，使江西县级行政区增加至 82 个。

二、文化特性

由于历史的原因，江西具有非常深厚而多样化的古代文化积累。已故江西著名学者周銮书先生将江西传统文化概括为读书成风、科举成名、作家成派、学者成林、仕宦成群、著述成山、志士成山、佛道成宗、古村成片、故居成千、陶瓷成都、青铜成王 12 个主要特点②。综合而论，可以分为儒学传统、宗教传统、族居传统和工商业传统四个方面。

江西儒学传统始于何时，难以查考。传说孔子的弟子澹台灭明在春秋时期在江西讲学多年，从而将儒学传入江西。至晋代，江西开始出现儒学世家。鄱阳人陶侃，在西晋末年至东晋初年为朝廷重臣，官至大司马，封长沙郡公。其曾孙陶潜，即陶渊明，以操行才学著称，隐居庐山，创立了中国山水诗的传统。隋唐以后，随着科举制度的确立和江西经济的蓬勃发展，江西的儒学传统日益兴旺。由隋至清，历代全国进士计 98689 人，江西有进士 10506 人，占到十分之一强。多人出任高官显职，在《二十四史》中有传的有 500 余人。

北宋湖南人周敦颐长期在江西从政为官，后在庐山北麓建立濂溪书院，隐居讲学，由此开创了中国思想史上的理学传统。至南宋，婺源人朱熹、金溪人陆九渊成为周敦颐理学的主要继承人，逐渐形成理学的强大阵营。吉安人欧阳修、南丰人曾巩、临川人王安石名列唐宋八大散文家之列，又都是北宋名臣，王安石发动了"熙宁变法"，是中国历史上著名的改革家。自晋至清末，江西历代均有著名文学家出世，开创了许多文学流派，具有代表性的

包括：以陶潜为代表的田园诗派和隐逸诗派，以欧阳修和临川人晏殊为代表的江西词派，由欧阳修、王安石奠基的主张以理入诗的宋诗派，由修水人黄庭坚开创的倡导言必有据的江西诗派、由吉水人杨万里首创的致力清新自然的诚斋诗体，由吉安人文天祥、吉安人刘辰翁等兴起的爱国诗体，由临川人汤显祖开创的以情代道的临川剧派，由修水人陈三立等兴起的不推崇盛唐诗而模仿江西诗派的同光体等。这些文学方面的派别，各有优劣长短，但在历史上影响很大，都有不同的作用和价值。

江西自东晋开始成为江南佛教活动的中心之一。山西僧人慧远在 4 世纪末移居庐山，创建东林寺并住持多年，开创汉传佛教的重要流派之一净土宗，后被尊为净土宗始祖。唐代浙江僧人良价在 9 世纪中期移居江西宜丰境内的洞山，说法 10 年，其弟子本寂此后移居江西宜黄境内的曹山，又说法 20 年，由此开创佛教禅宗中的曹洞宗。北宋前期，江西宜春僧人方会在 10 世纪初移居江西萍乡境内的杨岐山，由此开创佛教禅宗中的杨岐宗。北宋后期，江西玉山僧人慧南在 11 世纪中期移居江西修水境内的黄龙山，由此开创佛教禅宗中的黄龙宗。

道教正一派发源于江西龙虎山，至迟从宋代开始已成为道教主流之一，元代更获得朝廷封赠，声名显赫，在民间尤有影响。除此以外，晋代以后，江西还逐渐形成了另一个极具地方特征的道教崇拜传统：道教净明派，即许真君崇拜。其宫观统一称"万寿宫"，不但在江西各地均有建置，而且随着江西人的流动影响到全国各地甚至海外，万寿宫通常与江西会馆合并建造，成为江西人的象征。

自东汉以来，江西一直是全国重要的粮食产区，农业经济发达。另一方面，江西由于交通便利，又一直广泛接受来自外省的移民。至五代，已经形成了基于农耕生产的族居传统。德安陈氏祖籍河南颍川，于唐玄宗年间迁居江西江州郡浔阳县太平乡常乐里永清村（今江西省九江市德安县车桥镇义门陈村），至北宋中期，陈氏家族人口接近 4000 人，仍聚族而居，被称为江州义门陈氏，是江西族居传统

的代表。这种传统一直保持到近代，各地的乡村聚落，基本上都以一个或几个大族为主，构成其人口的主体。

江西由于交通便利，资源丰富，工商业传统也十分久远。五代起，吉安县永和镇的吉州窑成为南方著名瓷窑，远销海外。至宋代，浮梁县景德镇逐渐成为全国瓷业中心。明代江西全境工商业非常发达，形成了四大工商业名镇：以瓷业为主的景德镇（今景德镇市）、以大米交易为主的新建县吴城镇（现属永修县）、以药材集散为主的樟树镇（今樟树市）、以造纸业为主的铅山县河口镇。江西商帮是中国古代商帮中最早成形的商帮，史称"江右商帮"，兴起于北宋时期，称雄于明清两朝，主要活动于两湖、云贵川等地，在北方也有相当势力。与此同时，也有大批各地商人活跃于江西。其中以来自安徽南部徽州地区的"徽帮"为首，在赣东北和鄱阳湖平原的市镇中，徽州商人居于首屈一指的地位。在赣中、赣南，则除徽商外，还有大批福建、广东商人，主要经营木材业。在客家移民中，也有许多人投身商业。到清代中后期，江西各地主要市镇之中均聚有大批外地商人。其中较大的徽帮、闽帮、浙帮、粤帮不但拥有多处会馆，而且往往就在该处定居下来。

上述传统，构成江西历史上基本的文化特性。

第三节　建筑特征

由于元代以后，大量移民进入江西，同时又有大批各地商人在江西活动，使得江西地方建筑受到明显的外部地方建筑传统的影响。皖南的徽州民居、浙江中南部的东阳帮、福建的闽南民居和客家土楼，分别影响到江西与之接壤的边缘地区，与江西地方传统发生交流和融合，逐步产生了共同的地域特征。大体地说，在赣东北山区，徽州民居和浙江东阳帮的影响较为明显；在赣南和赣西山区，客家民居的影响较为显著。在江西中部，则形成了某种相对较有地方特色的建筑风格。这样，使江西古建筑呈现出多元化的面貌③。

一、建筑类型

江西现存古建筑类型十分丰富，本书将其分成七类：

（一）聚落

南唐元宗李璟交泰元年（公元958年）以洪州（今南昌市）为南都，并于北宋建隆二年（公元961年）正式迁都于此。四个月后李璟去世，后主李煜即位，随即还都金陵（今南京市）。此为江西境内城市唯一作为正式国都的历史。但南昌作为江西一省都会的历史，则始于西汉豫章郡的设立，其后一直保持着江西首府的地位，是江西第一大城市。

赣州位于赣江上游起点，是鄱阳湖—赣江交通线上的关键节点城市，自东晋永和五年（公元349年）迁南康郡治所于此，一直保持着江西南部统治中心的地位，是江西第二大城市。

江西在族居传统和工商业传统的共同作用下，发展出大量的小型乡村聚落。景德镇、吴城镇、樟树镇、河口镇作为江西明清四大名镇，在全国都具有影响。江西是历史文化名镇名村大省，现有中国历史名镇10处，中国历史文化名村23处，总数在全国名列第五。这些乡土历史聚落保存了大量的历史建筑和文化传统，是江西古建筑遗产的重要部分（图1-3-1）。

（二）官府建筑

包括衙署和学校。

江西各级传统衙署绝大部分均已不存，现存较完整者仅浮梁县衙一处。

江西各府县原均设有府县学，现大部分亦已不存。萍乡县学保存相对完整，赣县县学和安福县学尚存文庙部分。玉山县试院考棚非常意外地保留至今，为全省孤例。但另一方面，却有相当数量的书院得以保留，包括著名的白鹿洞书院、鹅湖书院等，也包括各乡村绅民自行设立的家塾、族塾，如乐安流坑文馆等。文教建筑的兴盛，是江西古建筑的一个重要特点。

图 1-3-1　中国历史文化名镇浮梁县瑶里镇鸟瞰（姚糖摄）

（三）宗教建筑

　　包括佛教寺院和佛塔、道教宫观。

　　江西宗教历史悠久，佛教、道教均颇有建树，但完整保存至今的寺院宫观数量非常少。佛寺中著名的庐山东林寺、南昌普贤寺、吉安青原山寺，或已被毁，或已非旧观。仅杨岐宗祖庭萍乡杨岐山普通寺（现属上栗县）的清末格局基本保存至今。道教宫观中，龙虎山虽为道教正一派发源地，其宗教建筑亦基本无存，仅天师府部分为历史原构。各地的万寿宫亦大部在近现代毁去，仅抚州保留一处清代府城万寿宫，另有数处乡镇万寿宫。

　　佛塔是江西宗教建筑中保留较为丰富的类型。已确认的唐塔现存至少二处三座，均为石构墓塔。宋塔数量甚多，均为砖砌体结构的仿木楼阁式塔，自北至南均有分布，以赣南为多。此外，明代以后江西堪舆兴盛，各地亦建造了相当数量的风水塔，形制与佛塔近似（图 1-3-2）。

（四）居住建筑

　　居住建筑是江西现存数量最多的古建筑类型。

　　明清以降，江西的族居传统主要反映在聚落上，一般城乡聚落内部均由大量单体建筑规模不大的住宅组成，大型住宅数量甚少。一方面由于整个聚落均为家族的空间，因而既不需要，也不适宜建造大型住宅以突出个别家庭的地位；另一方面则由于各种世家大族虽然在表面上仍然保持着某种整体性，但其实在经济上已经瓦解为许多个分散的小家庭。虽然如此，在江西大部分地区今日仍能见到相当数量的规模不大但十分精致的传统住宅遗存。

　　在赣南和赣西，则由于明清闽广移民的迁徙，仍保留着聚族而居的大型住宅，称"围屋"或"大屋"。其中，赣南围屋数量最多，是一种以生土、砖石、木材为主要建筑材料，具有显著的防御能力，集家、堡、祠三种功能于一体的特殊的大型聚居性居住建筑，与福建土楼、广东围垅屋一起成为客家人居环

图1-3-2　婺源凤山龙天塔（姚糖摄）

境的代表。在形制和技术上，三者间有许多共通之处，但赣南围屋却呈现出更多聚居与防御的个性。目前，福建土楼的文化遗产价值已得到较充分的认识，2008年列入世界遗产名录。赣南围屋经过多年的研究积累，亦已于2012年被国家文物局列入《中国世界文化遗产预备名单》。

（五）民间祭祀建筑

在聚族而居的聚落中，宗族成为十分重要的甚至是唯一的社会组织方式，对宗族的共同祖先的崇拜作为维系宗族组织的重要手段。因此，江西古建筑遗存中，祠堂成为一种非常重要的类型，其之大之壮丽，通常非聚落中其他建筑可比。在许多聚落中，祠堂的数量众多，除了宗祠以外，还有房祠、专祠和家祠，形成一个祠堂体系。如江西中部的流坑村董氏一族，除大宗祠外，明代有祠堂26座，清代更是多达83座，现仍存53座。尽管明清以降，江西迭遭兵火，许多祠堂多次被损毁，流坑董氏大

宗祠也毁于北伐战争期间，如今仅余遗迹，但也有许多祠堂毁而复建，甚至至今未息。

除祖先崇拜外，江西还有相当数量的地方崇拜，即历史上所谓"淫祠"。北宋早期，四川人陈希亮任江西南部的雩都县（今于都县）知事，"毁淫祠数百区，勒巫觋为良民七十余家。"④但尽管如此，江西的各种地方崇拜，仍然无法禁绝，迄今还保留着相当数量的地方祠祀（图1-3-3），例如特别具有江西地方特征的傩神崇拜等。

在江西的民间祭祀活动中，戏剧表演是一个重要的环节。戏台因此成为民间祭祀建筑中的重要元素，至今仍保留大量遗存，在赣东北一带，特别是乐平市，保存尤为丰富。

（六）工商业建筑

江西古代工商业发达，直至近代，有大量传统工商业建筑存在，但在最近的工业化浪潮中，绝大部分被消灭。

江西各主要城市和重要商业市镇，均建造有大量会馆。会馆从明初开始出现，由各地同乡或同业人士共同设立，供其聚会或寄居。据不完全统计，景德镇在清代后期建有会馆三十多处，现存仅六处。

传统手工业的发展，在各地兴建了大量作坊。景德镇作为宋代以来的瓷业中心，有大量制瓷作坊和烧造的窑房，至今仍有少量保留，是极为珍贵的古代工业建筑遗存，迄今在中国建筑史研究中尚未得到充分论述。各地乡村亦有大量作坊，主要用于农产品加工，如加工食用油的榨坊、加工大米的碾坊等（图1-3-4）。

商业店铺在各地也大量存在。主要城市中的传统店铺今天已基本被拆除，但在各地乡镇中仍有部分古代店铺遗存至今。

（七）其他

江西古代园林众多，仅南昌就有数十处，今天大部分不存。传统风景区也在近现代被大量改造，已非旧观。仅有少数幸存下来，如风景区中的湖口石钟山，公共园林中的九江烟水亭，私家园林中的玉山张家花园，乡村园林中的进贤陈家羽琴山馆等。

虽然传统风景区大部分被改造，但仍有一些传统景观建筑被保留至今，本书将其统称为亭台楼阁。

图1-3-3 龙虎山上清镇长庆坊内景（姚糖摄）

图1-3-4 安义罗田村碾坊（姚糖摄）

江西保存至今的牌坊数量很多，大部分建于清代后期。本书精选了三座年代较早、特征明显、保存较完整的功名牌坊。

江西水系发达，古桥数量众多，相当部分以各种方式保存到今天。本书精选了五座年代、尺度、结构方式、建筑形式各具显著特征的桥梁。

二、建筑格局

现存江西古建筑大部分为民间建筑，即使是衙署、文庙等官府建筑，亦受到明显的地方影响，与正宗的官式建筑有明显差异。

现存江西民间建筑的基本格局，无论何种类型，几乎全以天井为其中心。住宅、寺观、祠祀甚至衙署，均围绕一个或者多个天井布置正堂、厢廊甚至倒厅，形成顶部采光、三面开敞甚至四面开敞的核心空间，作为建筑的主体（图1-3-5）。此种天井式建筑，与北方以院落为中心的建筑格局成为两个截然不同的类型。虽然长江以南大部分地区的地方建筑中都有天井，但是，像江西这样，把这种类型建筑发展得如此成熟，应用得如此普遍，还是少见的⑤。

尽管在全省各个地方的建筑都习惯采用天井式的类型，并且也都使用穿斗式木构架的结构体系，但也很明显存在地域差别。在赣中吉泰盆地一带，天井类型发生了实质性的变化。在赣中地区的西北部，安福、莲花等地，天井已经推到厅堂之外成为天井院，于是，出现了一个属于天井形式的亚类型。到了吉安、吉水一带，天井演化成独立的中小型住宅。这一变革克服了天井式建筑内空间潮湿的缺陷，但随之出现了室内，特别是厅堂的采光、通风等问题。于是，他们创造性地采用天门、天眼、天窗(风窗)等高位采光的形式来补其不足。赣中属"庐陵文化"区，开发较早，有雄厚的经济基础和深厚的文化底蕴，同时也较少受到周边强势建筑风格的影响，可

图1-3-5　宜丰天宝昭翁祠后天井（姚糖摄）

以代表江西的本土风格。

赣南和赣西的围屋具有非常不同的建筑格局。围屋通常以一组天井式院落为其中心，以若干组狭长的院落在其外围层层包覆又相互连通，形成尺度巨大的建筑形体。包覆形式多样，有所谓国字围、口字围、天井围、凸字围、回字围、椭圆形、围垅屋形、外圆内方形、同心圆形、不规则形等多种，大体上可分为方围、圆围和不规则围三大类。尺度差异甚大，最大的围屋实际上几乎等于一个真正的聚落，占地面积可达数公顷，如龙南里仁栗园围。建筑面积最大的围屋是龙南关西新围，面积达到1.15万平方米。最小的龙南里仁冯湾村吴屋围（俗称"猫柜围"）面积仅有250平方米，仍具备相当完整的围屋特征。

三、建筑造型

江西古建筑平面形状通常较规则，基本以矩形平面布局为主，外部以大面积墙体包围，除屋顶露出外，其余木构架基本均被隐藏。有时，甚至屋顶也被部分隐藏。因此，墙身成为建筑外部造型的主要部分，顶部轮廓线则为山墙、屋脊和檐口。建筑高度均以一至两层为主，除楼阁和塔外很少有超过两层的建筑。由此组成的城市街道和乡村聚落，形成了朴素而统一的外部形象，是江西全省地方建筑的主流。但在这个朴素而统一的外表中，也有若干变化的特征。

（一）墙体质感

江西古建筑大量使用清水墙体，除赣东北邻近徽州的地方常用白粉墙之外，一般粉刷仅用于局部。墙体材料以砖墙为主，大部分是青砖，砌筑方式通常是以空斗墙为主，有一眠一斗、二眠一斗、一眠三斗、全斗式等多种。在勒脚和转角处则采用眠砌以加强墙体。砌筑工艺往往非常精致，形成了浑厚致密的质感（图1-3-6）。少数地区由于材料工艺的变化，有近似于红砖的地方砖材，形成了和青砖不同的色彩质感，但仍然使用类似于青砖的砌筑工艺。

赣南、赣西的部分山区大量使用土墙，包括土筑墙和土坯墙两种，土坯墙往往加泥浆粉刷，效果与土筑墙近似。其质感与砖墙完全不同，更为粗犷浑厚。

除上述两种基本墙体材料外，江西古建筑大量使用石材加固墙体，或制作门窗洞口。具体的材料运用和砌筑方式则千变万化，既有毛石墙、乱石墙，也有经过打磨的石料墙，还有卵石墙体。石料通常就地取材，赣东、赣中红砂岩分布地区，大量使用红石砌筑。赣北则常用青灰色石灰岩，当地称青石。

这样，看似朴素简单的外墙，实际上具有丰富的色彩、质感和肌理变化，成为整个造型的一个扎实的基调。

（二）山墙处理

江西大部分地区的山墙均做成封火山墙，山墙端部以阶梯跌落式脊为主，即所谓"马头墙"（图1-3-7）。作一次跌落的称三花墙，两次跌落的称五花墙，有多至九花山墙者。跌落脊的配置通常是对称的，但也有不对称的跌落。福建、广东常见的弓形、鞍形、云形亦有，主要出现于赣南。跌落阶梯的比例基本在2∶1左右。檐下通常都做墨绘甚至彩绘装饰带，与山墙墀头脊角一起构成富于个性的山墙面重点装饰区域。

在赣东北、赣西北和赣南的一些地区，也有山墙面不做成封火墙，而是暴露木构架的做法。屋顶为悬山挑出，山面的穿斗式木构架完全露明，穿梁和穿柱之间以竹编泥墙（织壁）粉刷填充，或嵌以清水木板墙。这种做法在江西省不是主流，但分布广泛，也形成了活泼生动的建筑造型。

（三）重点装饰

江西地方建筑立面朴素，重点装饰集中在主入口。大门有门罩、门楼、门斗和门廊四种形式，既满足功能的需要，同时也成为建筑形象中画龙点睛的部位。

住宅建筑常用门罩。最简单的门罩为在大门上方用砖叠涩挑出几层线脚，覆以瓦顶。更常见的做

图 1-3-6　金溪竹桥村内景色（姚赯摄）

图 1-3-7　乐安湖坪某宅马头墙（姚赯摄）

图 1-3-8　临川河埠周氏爱莲第大门门罩（姚赯摄）

法是从墙面挑出托件，上架三檩小披檐，讲究的并加垂莲柱。又有石雕仿木结构做法（图1-3-8）。

　　宗祠等规格较高的祠祀建筑常用木结构门楼，一般做成三间四柱牌楼式，赣中地区常用鸳鸯交首拱承托，非常华丽。经常和门廊组合。住宅也有门楼入口做法，但通常为砖砌或石砌仿木门楼，仅明间开门，两次间则以砖墙填充。

　　大门入口处向内凹入的门斗在江西使用也很普遍，见于各种建筑类型。门斗上方设月梁支承屋檐。

　　门廊多见于祠祀，外部梁柱连接常用简单斗栱，内部常做轩顶。

　　外墙的窗也是重点装饰部位，虽不如主入口那么醒目，但通常都以砖雕、石雕或木雕花窗掩盖窗洞，做工亦甚可观。

注释

① 许怀林．江西史稿．南昌：江西高校出版社，1998．
② 周銮书．江西历史文化的遗存和弘扬．文史大观．2004，2．
③ 姚赯．《山环水绕中的江西地方建筑传统》．建筑百家谈古论今——地域篇．北京：中国建筑工业出版社，2007．
④ 《宋史·卷二百九十八·列传第五十七》、《同治赣州府志·卷四十三·官师志·县名宦》。
⑤ 黄浩．江西民居．北京：中国建筑工业出版社，2008．

江西古建筑

江西古建筑

第二章　城镇与村落

江西城镇与村落分布图

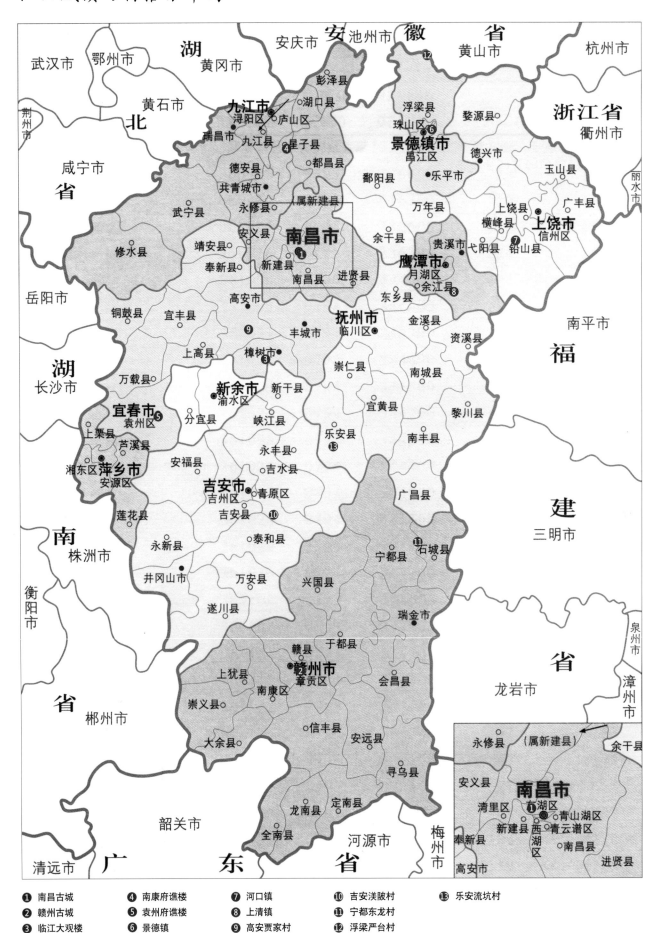

❶ 南昌古城　　❹ 南康府谯楼　　❼ 河口镇　　❿ 吉安渼陂村　　⓭ 乐安流坑村
❷ 赣州古城　　❺ 袁州府谯楼　　❽ 上清镇　　⓫ 宁都东龙村
❸ 临江大观楼　　❻ 景德镇　　❾ 高安贾家村　　⓬ 浮梁严台村

（地图引自：中华人民共和国民政部编.中华人民共和国行政区划简册 2014.北京：中国地图出版社，2014.）

江西聚落发展历史悠久，现已发现自新石器时代以来的大量史前聚落遗址。如樟树筑卫城遗址，有夯土城垣环绕，东西宽410米，南北长360米，城垣最高处达20余米，面积达14.7公顷，年代自新石器时代直至战国时期，是全国现存最完整、江西最古老的土城[①]。经过多次变迁，除少部分山区外，现有的省域范围、行政区划和聚落体系在明代基本奠定。

明代设江西布政使司，辖南昌、瑞州、饶州、南康、九江、广信、抚州、建昌、吉安、袁州、临江、赣州、南安13府，下辖78县，地域大致等同今天的江西省。清代基本承袭明代区划，仅作过若干次局部调整。清乾隆八年（1743年）在吉安府增设莲花厅。乾隆十九年（1754年）升赣州府宁都县为直隶州，辖瑞金、石城二县。乾隆三十八年（1773年）改赣州府定南县为定南厅。清光绪二十九年（1903年）在赣州府增设虔南厅。清宣统二年（1910年）在南昌府增设铜鼓厅。如此，至清末，江西行政区划为13府1直隶州80厅州县[②]（图2-0-1）。据此，聚落等级可大略划分为府城、州城、县城，县以下还有镇、村。

河流是传统社会主要的交通方式，纵贯江西南北的赣江是长江的第七大支流，它发源于江西南部的大庾岭，由南而北，经过南昌注入鄱阳湖，由鄱阳湖泄入长江。赣江是江西的最大河流，也是江西南北交通的主干道。赣江西侧支流袁水、锦江和修河形成了江西西部横向交通体系；抚河、信江以及昌江和乐安河在鄱阳汇合成的饶河形成了江西东部横向交通体系。这些河流在山地中形成的一系列分散的河谷平原，构筑起了古代江西的聚落布局体系（图2-0-2）。

沿赣江由南而北分布着以南安府、赣州府、吉安府、临江府、南昌府为核心的聚落群；其左侧支流袁水流域分布着以袁州府为核心的聚落群；锦江流域分布着以瑞州府为核心的聚落群；西北部的修河流域分布着以宁州为核心的聚落群；赣江以东的抚河流域分布着以建昌府、抚州府为核心的聚落群；

信江流域分布着以广信府为核心的聚落群；饶河流域分布着以饶州府为核心的聚落群；鄱阳湖入长江处分布着以九江府、南康府为核心的聚落群，此即为古代江西聚落的空间布局，从清《康熙江西通志》中的"江西郡县图"、"江西一十三府一州总图"（图2-0-3）中，我们都可以清晰地看到以赣江为主轴、其他水系与其及其源头的鄱阳湖呈支状相交，聚落选址则体现出逐水而居，攻位于汭[③]的特征。

南昌府位于江西中部偏北赣江入鄱阳湖处，地理位置优越，历代为江西省治所。作为省治，城市最重要的功能是行政和军事功能，其次其地处交通要道，也有一定的商业贸易功能。清代巡抚成为全省最高行政长官，下设承宣布政使司和提刑按察使司，分管民政、财政与司法监察，另设提学使司管理全省学务。因此南昌府城内最重要的建筑即为省级行政机关：巡抚部院署、布政司署、按察司署、提督学政署及开科取士的贡院。此外城墙高筑，城壕深挖，军事上重要的城门设瓮城，城东城门外有校场，防御体系完备。

府城皆以行政、军事功能为主，兼具商业、手工业等其他功能，因其地理位置不同其各功能的重要性各不相同。主要府级行政机构有府署、府学及试院，通常分布在城中重要位置，某些重要城市还设有更高级的行政机构：分巡道署、分守岭北道署、布政分司署等，如赣州府。

府级军事机构因其在军事上的重要性而有所分别，例如军事重地赣州府设有总镇府、坐营参将署、中营游击署、左营游击署、后营都司署、城守营都司署、教场等军事机构及设施。袁州府设有协镇副总兵署、都司署、千总署、大小教场等军事机构及设施。而宁都州城则设参将署、守备署等军事机构（图2-0-4）。

府城通常还兼作附郭县城，如南昌府又兼南昌、新建县城，临江府兼清江县城，吉安府兼庐陵县城等，使府城中还有一套县级机构，如县衙、县学、县城隍等。

综上所述，府城中大部分为统治机构占据，其

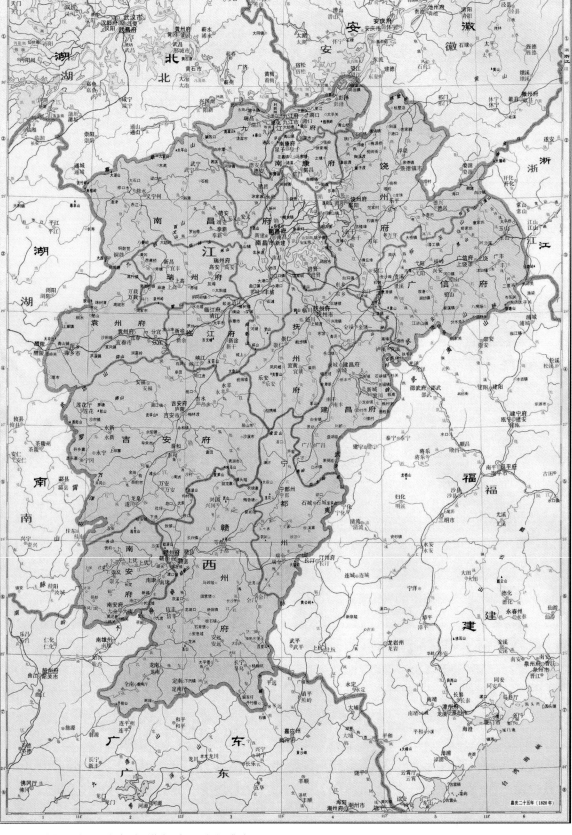

图 2-0-1　清代江西行政区域（引自谭其骧《中国历史地图集》）

图 2-0-2　江西郡县图（引自《康熙江西通志》）

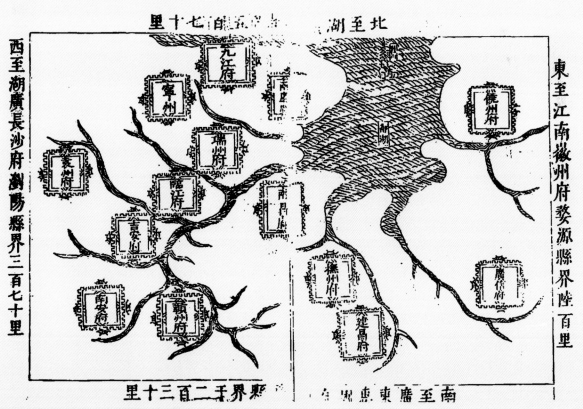

图 2-0-3　江西一十三府一州总图（引自《康熙江西通志》）

图 2-0-4 宁都州城图（引自《道光宁都直隶州志》）

余部分为民居、学校、寺庙和少量商业。城均设城墙及城门若干，城内道路由城门出发形成连接城内各区块的体系。部分府城有较完善的城内排水体系，如南昌、赣州。瑞州府领三县，高安为附郭县，府城被锦江一分为二，分成南、北两部分，两部分均设封闭城墙，形态在江西府城中较为特别（图2-0-5）。

县城为县治所在地，其主要功能也是行政、军事功能。县城均设城墙，城内主要行政机构为县署、县学，湖口县城还设有关署和税厂；主要祭祀机构城内为文昌宫、关帝庙，城外为社稷坛、先农坛；军事机构因地而异，如南丰县城设有防守署、龙池巡检署、校场等机构（图2-0-6），而湖口县城则有长江水师总镇廨、湖口镇巡检司廨、游击署廨等（图2-0-7）。

祭祀体系是传统社会统治的重要手段，府城常设的坛庙城内有府城隍、文庙、武庙等；秉承周制郊祭传统，保留原始自然崇拜特征的祭祀则位于城墙之外，如社稷坛、先农坛、历坛等，但也有例外，如建昌府社稷坛位于城内（图2-0-8）。

除了上述以统治为主要功能的城市，人们临河而居，因河成市，一些地方地处交通要道，逐渐由"墟"发展为"市"，再逐渐形成繁荣的商业和手工业市镇。明清时期，由于梅关和赣江是联系广东和长江流域最繁忙的南北交通线路，也带动了沿线江西城市的繁荣。同时，由于明代江西填湖广和湖广填四川的政策大批江西人向人口密度较低的湖南、湖北、云南、贵州、四川等省移民，从事商业或农业等。在此期间产生了著名的"江右"商帮，也形成明清江西四大名镇：景德镇、樟树镇、河口镇、吴城镇。其时，景德镇为全国四大名镇之一。

这些城镇不仅商业繁荣，也培育了发达的手工业，如景德镇的瓷器业、樟树镇的药材业、河口镇的制纸业。其聚落无城墙设置边界，布局自由，形态均沿河道展开（图2-0-9），建筑类型以住宅、商铺、会馆、作坊为主，常见作坊、住宅结合式，

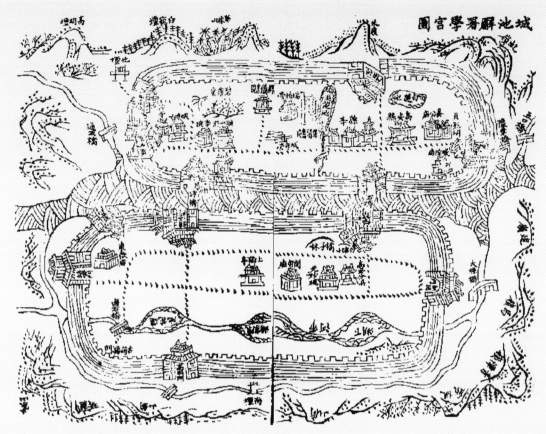

图 2-0-5　瑞州府城图（引自《同治高安县志》）

图 2-0-6　南丰县城图（引自《同治建昌府志》）

图 2-0-7 湖口县城图（引自《同治湖口县志》）

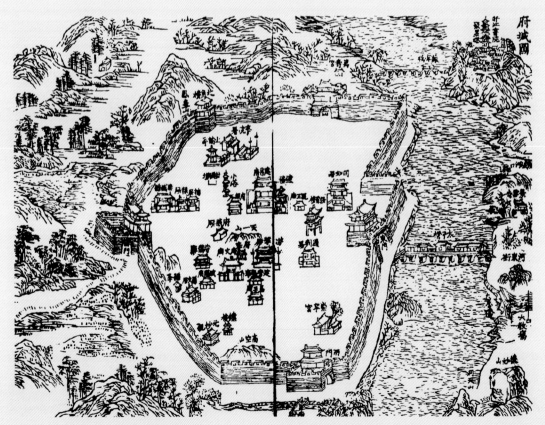

图 2-0-8 建昌府城图（引自《同治建昌府志》）

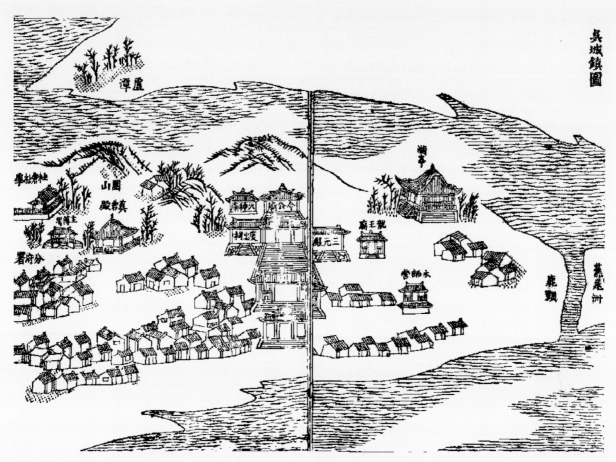

图 2-0-9 吴城镇图（引自《同治新建县志》）

商铺、住宅结合式的建筑。

清代的城郊及乡村聚落称为坊都，通常若干自然村为一都。乡村聚落的布局多因地制宜，无固定模式，其形态特征往往决定于其所处环境。一般而言，乡村聚落在选址上多临河而居，但也有水系穿过聚落，一村两岸沿河而居的聚落，如浮梁县瑶里镇。聚落格局多背山面水，向阳而建，但也有居于盆地中央的高安贾家村和四面环山的宁都东龙村。

乡村聚落大多为聚族而居形成的定居点，大型宗祠和庙宇为其主要公共建筑，它们多位于村镇边缘或中心地带，具有庇护和统率全族子孙的意义，而较小的宗祠和房祠等公共建筑，多依房派支系，散置聚落内部。地理位置较好、规模较大的乡村聚落也会有墟、市。

逐水而居的乡村聚落在布局上讲究风水，但自然地理状况千差万别，完全符合风水理论的极少，因此产生了经营"水口"，以提升聚落优势或改善聚落不足的做法。改造措施主要是"障空补缺"、"引水补基"。即在地理缺陷处培土增高，筑堤，筑水口坝，建造桥梁、亭阁、庙宇、文峰塔，广植树木为补其缺。即使符合风水理论，也仍需要搭建桥、台、楼阁、塔等建、构筑物，以锁钥的气势，扼住关口。这样形成的"水口"空间往往是乡村聚落最重要的开放空间。

第一节 古城

一、南昌古城

（一）建置沿革及城市建设演变

根据考古发现，距今五千年左右，南起今青云谱，北至艾溪湖一带已形成密集的居民点。到了商周时期，南昌先民已经掌握了用以制造武器和工具

的铸铜技术，及"印纹陶"和"原始瓷"的烧制技术。新建县大塘赤岸战国遗址中出土了铁斧范，说明在春秋战国时期南昌地区的先民已开始使用铁农具④。

汉高祖五年（公元前202年），遣灌婴率兵渡江平定南方。灌婴于公元前201年筑南昌城，作为豫章郡治。城址选在"诸道之冲"，位于今湖坊乡境内的黄城寺一带，城墙以土构筑，城周长十里（5公里）八十四步，城辟六门，分别为南门、松阳门、皋门、昌门、东门及北门，城区面积约1平方公里。并取"昌大南疆"和"南方昌盛"之意，定名"南昌"。此城俗称"灌城"。

东晋置江州，辖境为江西大部，南昌既是江州州城，又是豫章郡治。东晋文帝咸安年间，豫章太守范宁对城墙进行修整，在城东、西北两个方向各增辟一门。

隋朝废郡置州，改"豫章郡"为"洪州总管府"。唐朝南昌先后为洪州总管府、洪州都督府和江南西道治所。随着经济的发展，唐朝初年在土城的西北隅另筑新城，即今南昌旧城区所在位置。城墙材料也改土石为青砖垒砌。唐武周垂拱元年（公元685年），洪州都督李景嘉继续扩筑城围，仍辟八门。唐贞元十四年（公元798年），为适应城市交通需要，再次改建并加高扩大城门。唐宪宗元和四年（公元809年），韦丹任洪都观察使后，认为城内民宅建材多用毛竹，易失火，于是便改建瓦房，同时开辟南市和北市等三条街市。

经过二百余年的不断改造与扩建，此时南昌城面积已"广比汉城倍之"，方圆二十余里⑤。据记载，唐贞元年间（公元785～805年），洪州城周长31里，共设16门，面积约14平方公里，现青山路、贤士湖一带已属城区。城外有壕沟环绕，城内有子城四座。子城始建于三国时期，城周长2里（1公里）240步，城门四座，位于现民德路西段附近。唐代南昌文化昌盛，商业繁荣，制造业发达，成为江南都会。象征城市文明的滕王阁就是始建于唐永徽四年（公元653年）；而八大名窑之一的"洪州窑"则是当时南昌地区冶炼、纺织、造船等制造业发达的体现。王勃在《滕王阁序》中言及"桂殿兰宫"、"闾阎扑地"，便是对当时南昌盛景的写照。

南唐交泰元年（公元958年），中主李璟改洪州为南昌府，立为南都。一度大兴土木，营建殿宇，如长春殿（又名皇殿）、澄心堂等，同时将八座城门重新修葺，改东门称东华门，改西门称西华门。按照京都的建设格局，将城区拆迁规划，拓宽马路，即"鸣銮路"。这是南昌仅有的一次建都史，虽为时短暂，但影响深远。南昌从此别称"洪都"，至今还留有"皇殿侧"等地名。

北宋将南昌复名洪州，南宋又改称隆兴府，是江南西路治所。宋朝时，南昌在唐城的基础上续扩展十余里，今青山路口至贤士湖一带皆纳入城区，城中位于今子固路一带。南昌城池亦增至16座城门。从南面的抚州门向西，有宫步门、柴步门、井步门、章江门、仓步门、观步门、洪乔门、广恩门、北廓门共11门，再由北向东南有琉璃门、坛头门、故丰门、广丰门、望云门五门，这是南昌城池的极盛时期。淳化元年（公元990年），由于南昌城北沙阜高涨，几乎与城墙齐高（一说为防卫之需），毁坏城郭达30处之多，淹没民舍两千余户。知州赵概命人用石垒砌，城墙便高一丈五尺，长达两百余丈。这是南昌城建史上首次用石料筑砌江堤，称"章江堤"。南宋绍兴六年（1136年），名臣李纲出任江南西路安抚制置大使，为有利城防，截去东北隅一角，将城内缩3里（1.5公里）左右，北廓、故丰、广丰、望云四门因而被废，剩余12门。

元至元十二年（1275年），设行都元帅府及安抚司，仍领南昌、新建、丰城、进贤、奉新、靖安、分宁、武宁八县，置录事司。至元十四年（1277年）升隆兴府为路，改元帅府为江西道宣慰司，隆兴路为总管府，立行中书省。后又改隆兴路为"龙兴路"。

明朝改行中书省为承宣布政使司，改龙兴路为洪都府，之后又改南昌府，为布政使司衙门驻地，下辖十三府、一州、七十七县。明洪武十年（1377年），朱元璋命其侄朱文正都督南昌，因城西临江，不利防守，对城池进行了大规模改建，将城墙内缩30步，废去五门，形成明清南昌"七门"格局。此时全城面积较宋元时期减小了1/5，城墙周长二千七百丈，外有城壕环绕，共修城楼7座、角楼4座、铺70座，结合南昌城内水系、地势高低、赣江沙洲，形成了民谚所谓"七门九洲十八坡，三湖九津通赣都"的城市形态⑥（图2-1-1）。

清朝仍称南昌府，建置及城墙、城门均无重大变化⑦。

（二）山水环境

南昌地处江西中部偏北，赣江、抚河下游，鄱阳湖之滨。城市西部有西山，是江西省九岭山脉余脉，呈东北向逶迤绵延，其中段主峰洗药峰海拔841.4米，它与肖坛、花脑、雷公尖等山峰一起构成了湾里山区的主体。城市西北部的梅岭属西山山脉，峰峦叠嶂，横亘数里，有"小庐山"之称。

赣江和抚河在城南汇合，流经城西。城内外河道纵横，湖泊池塘星罗棋布。主要河流除赣江、抚河外，还有锦江和潦河。主要湖泊城内有东湖、西湖、南湖、北湖，总水面18.4公顷；城外有青山湖（约3.3平方公里）、贤士湖（原有水面0.55平方公里）、艾溪湖（约6.7平方公里）等。

全境地形以平原为主，山、丘、岗、水面、平原相间，南部相对平坦，西北部丘陵起伏，城市因水而发，缘水而兴，水网密布，河流纵横。王勃《滕王阁序》概括其地势为"襟三江而带五湖，控蛮荆而引瓯越"。

（三）古城格局

1. 内外交通与道路结构

南昌位于江西两大河流赣江与抚河交汇处，扼赣江入鄱阳湖通道，南朝人雷次宗在《豫章记》中

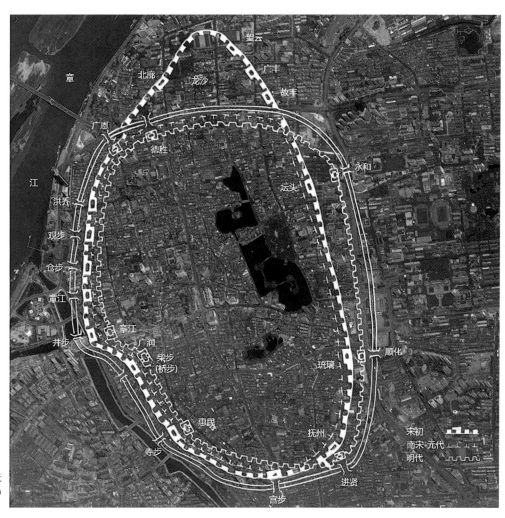

图2-1-1 南昌城址变迁图（据彭适凡"宋明南昌古城示意图"⑧重新绘制）

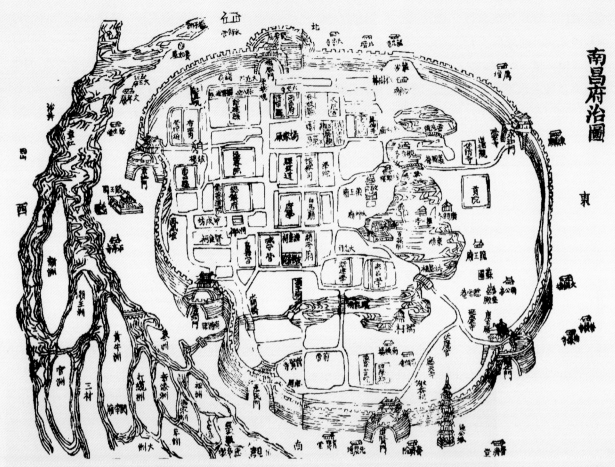

图 2-1-2　南昌府治图（引自《同治南昌府志》）

这样描述："豫章，水路四通，山川特秀，咽扼荆楚，翼蔽吴越"，是整个江西地区的地理要冲、历代兵家必争之地，又是地方行政中心。其区位价值对城市道路结构产生了重要影响。

明清时期，南昌的七座城门因其方位不同而具有不同的作用，其附近地块也有相应的功能。连接章江门与永和门的道路、连接广润门与顺化门的道路是城市两条主要的东西向道路；德胜门前下中街则是城市主要的南北向道路；它们与连接章江门、广润门、惠民门、进贤门的城西南环路及进贤门前南北向道路一起构筑了古城基本的道路体系（图2-1-2）。

由于城门重要的交通及经济价值，清代明确了各城门的管理，据同治《南昌府志》记载，章江门、德胜门、永和门属新建县管辖；广润门、惠民门、进贤门、顺化门属南昌县管辖。

各城门因其位置不同而功能不同，大致如下所述。

南昌城的南门进贤门，位于今永叔路与系马桩的交汇处。此处贯通东南驿道，连接两广官道，行旅繁多，相传当年孔子的门徒澹台灭明便由此门进入南昌城。民谚云："驮笼挂袋进贤门"。

惠民门，位于现今船山路与南浦路一带。因靠近运粮船只停靠的码头，故有"千船万帆惠民门"之说。城门附近建有大量粮仓，粮价较城内低，因此城门得名"惠民"。

广润门，位于今船山路、棋盘街、直冲巷的交叉口。门外是赣江，旧时外地来昌采买的人员大多在广润门下船。这一带钱、盐、粮、"五洋"等商店毗连云集，百货、布纱、颜料批发商号亦大量聚集在城门附近的棉花市、带子巷、下塘塍上这片区域。万寿宫也坐落在城门附近。因其城门地处闹市之区，故有"推进拥出广润门"之说。

章江门，位于今章江路西端与榕门路相接之处。南昌民谚有"接官接府章江门"或"吹吹打打章江门"之说，因为往来南昌的显官巨贾，一般都在章江门外登船或者上岸。南昌的藩台官署就紧靠城门，因此章江门比其他六重城门更为雄伟堂皇。著名的滕王阁即在章江门之侧。

南昌城的北门德胜门，原名"望云门"，位于今阳明路和胜利路的交汇处。因为德胜门易守难攻，且门外曾是处决犯人的刑场，因此有"杀人放火德胜门"和"凶神恶煞德胜门"的说法。

永和门，又名澹台门、坛头门。位于今八一大道、叠山路、南京西路的交汇处。因城门位于仙人黄紫庭台坛坛址之处，又因孔子门徒澹台灭明亦葬此附近而得名。永和门坐落于城东，不邻水陆码头，周边无繁华街市与密集居民区，与其他城门相较显得较为冷清，故而民谚有"冷坛社庙坛头门"的说法。

顺化门，位于今南昌市中心八一广场西侧。八一广场原为沼泽地，清朝中后期开辟作为大校场，因此有"枪刀剑戟琉璃门"之民谚。顺化门是陆路入城的必经要道，城内羊子巷经过顺化门城外就是金盘路。

2. 地形与水网

南昌古城城区地形正如民谚云"九洲十八坡"。

"九洲"指的是赣江南昌境内大大小小二十余处沙洲，即：新洲、潮王洲（今朝阳洲）、打缆洲、杨家洲、新添（填）洲、黄泥洲、里洲（现已填河成陆）、黄牛洲（已并入黄泥洲）、大洲（已并入潮王洲），除已并入他洲的沙洲，以上洲名现今大多仍然沿用。除沙洲外，江中还有几个墩滩，如应章墩、吉安墩、罗家墩等。

"十八坡"指的是城区地势高低不平，凸起的地方称"坡"。"十八坡"是概数而非实指。主要有以下这些：傅家坡（今傅家坡巷）、凤凰坡（今凤凰坡小学西侧）、骆家坡（今广外茅竹架附近）、戴家坡（今戴家巷）、十家坡（今十字街）总镇坡（今铁街）、铁树坡（今十字街）、十八坡（今前进路中段）、

槐树坡（今邓家巷）、帅家坡（今爱国路）、乐家坡（今高家巷）、砧头坡（今犁头咀街）、金鸡坡（今坡头街）、桃树坡（今象山南路、六眼井以南，都司前街口）、跃龙坡（今象山南路、古跃龙桥南端）等。

城北原有一块水面名东湖，它南面"折至南塘水，通大江，增减与江水同"。明清时期分成了三个区："自苏圃迤北曰北湖；由广济桥至洪恩桥曰东湖；由洪恩桥至南新两学前出水关闸曰西湖"，即"三湖"。

城内湖水在城南广润门和惠民门之间流经城濠与城外水系汇合，由于湖水与赣江相通，赣江水位高时城中经常发生内涝，刘宋景平元年（公元432年）太守蔡廓筑隄开塘作为水门，"水盛则闭之，内多则洩之，自是居民少水患。"唐元和三年（公元808年）刺史韦丹开凿南塘斗门、筑堤长二十里用以治水，堤内外均置水闸，湖水水位高则开闸放水入赣江；江水、湖水水位都高则关闭外闸，避免江水倒灌；开放内闸，引导湖水到达城壕，城壕绕广润门、章江门、德胜门、永和门四个城门而过，将水向东引入蚬子湖、艾溪湖，出牛尾闸过杨家滩入东鄱阳湖。以后历代均不断加固修缮这一城市引水防涝设施，宋嘉定年间通判丰有俊筑堤时种植大量柳树，号称"万柳堤"。

"九津"是城市的沟渠系统。据记载，广润门东面的水渠称"五行津"，东南面的称"五事津"；惠民门下的水渠称"八政津"；进贤门西面的水渠称"五纪津"；顺化门北面的水渠称"会极津"；永和门北面的水渠称"三德津"；德胜门下的水渠称"稽疑津"；章江门北面的水渠称"庶征津"，南面的称"五福津"。九津外接城壕，内与城东湖面相通，彼此相连绕过城市各街区，与三湖一起构成南昌城内部水系（图2-1-3）。

城内饮用水以井水为主，至今还存有地名"三眼井"、"六眼井"等。

民谚中对古城南昌城特征的概括："七门九洲十八坡，三湖九津通赣都"，今天仅存三湖的局部，其余均在城市发展中消失。

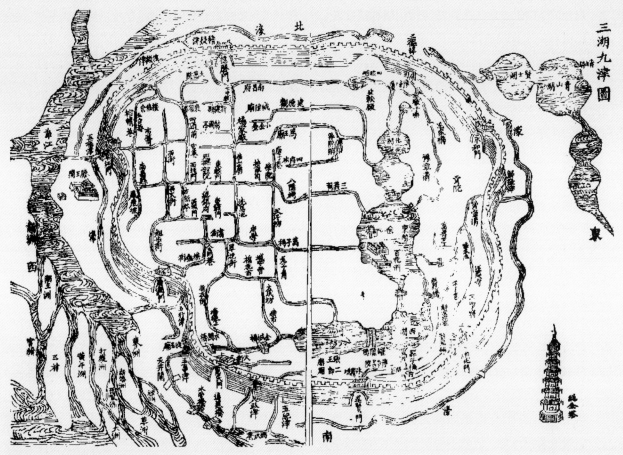

图 2-1-3　三湖九津图（引自《同治南昌府志》）

3. 功能及空间

（1）街坊

据同治《南昌府志》记载，清代南昌城共有十八坊，南昌县管理毓庆坊、昇平坊等十三坊，及广润门、惠民门、进贤门、顺化门、永和门等五门外街区和蓼洲；新建县管理五坊。其具体位置今已不可考。

（2）官署

城西北官署集中，以德胜门前南、北方向的中大街为轴，分布于大街东西。

省级行政机构巡抚部院署位于中大街西侧，原明宁王府子城内前朝王府遗址上，今民德路以北。总镇府在巡抚部院署以南，今中山路西段，所处地势高敞，是南昌民谚"十八坡"中的"总镇坡"。提督学政署在中大街以东，东大街以西，今民德路以北，象山路以西。按察司署位于提督学政署以西。

布政司使署在章江门内东北方，今榕门路以东、章江路以北；按察司在东大街以东、北湖以西，今渊明南路与建德观街交界处附近。

府级行政机构南昌府署在中大街以东，今叠山路以北（图 2-1-4）。

县级行政机构南昌县署在西大街以西，今章江路以南。新建县署在城西北角，中大街以西，今叠山路以北。

贡院是举行乡试的地方，南昌贡院在东湖之东、神龙庙以北，今八一公园内。据《同治南昌府志》记载，南昌贡院清代之前屡经兴废，多次搬迁。城南进贤门内有老贡院，历史始于南宋。清康熙二十年（1681 年），江西巡抚安世鼎在东湖之东北角（今民德路东段）重建贡院，规模宏大，有考生号房上万间。后来又经过多次扩建，至清同治六年（1876 年），增加至 17591 间。南昌县、新建县则在城内

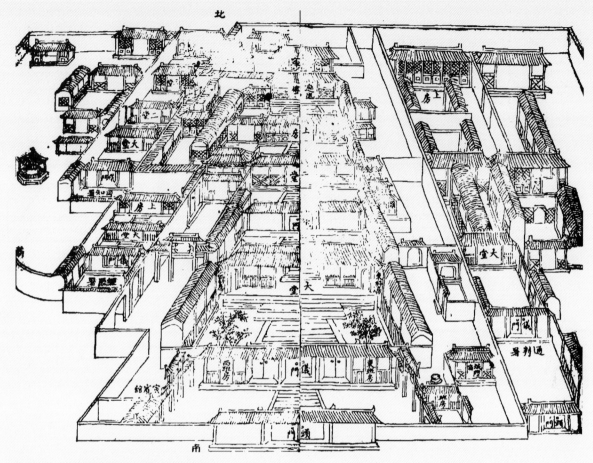

图 2-1-4　南昌府署图（引自《同治南昌府志》）

东北永和门内分别设有考棚，供县试之用⑨。

1930年，江西省政府拆除贡院，辟为省体育场和湖滨公园。它的一些遗迹成为街名沿用至今。相传老贡院北面原有大片桃树林，供考试的秀才观赏、休息之用，而桃林以西设有桩木，供考生拴马之用。这就是"系马桩"地名的由来。北湖和南湖分界的地方有一座石拱小桥，始建于明，称为"广济桥"。相传清朝乾隆年间的江西状元戴衢亨衣锦还乡时，南昌知县钱志遥主持翻修"广济桥"，并将之改为"状元桥"。此后每次参加乡试的秀才都会在此桥上走一圈，以求等到大比之年可以金榜题名，现在南昌民德路附近还有"状元桥"的地名。

此外，城内重要的官署建筑还有万寿亭、上谕亭等。万寿亭在东湖以东，贡院以南，今上营坊街以南。朔望庆贺之时全城文武官员均要到此行礼。上谕亭在瓦子阁（今瓦子角），是张挂上谕的地方。

（3）学校

府学和县学均位于城市中北部，属于城中官署区。

南昌府学自晋至唐皆建于城西，宋治平二年（1065年）洪州知州施元长迁于洗马池东、明堂路西。府学南有棂星门，中轴线上依次为大成门、大成殿，二旁是斋宿。北有明伦堂、赐书楼、文昌宫等。棂星门前直街上有两座牌坊，曰大成坊、横街坊，上书"物华天宝"、"人杰地灵"（图2-1-5）。

南昌县学原在东湖之北即故东湖书院，南宋嘉定四年（1211年）通判丰有俊得李寅涵虚阁故址，遂请于权府计使胡榘创书院以馆四方游学之士，元元统初县尹程大度更于抚州门外创县学，明洪武初知县黄德铭将其迁建于今渊明南路以东、中山路以南的位置。

新建县学在东湖之北，即原宗濂书院。原望云

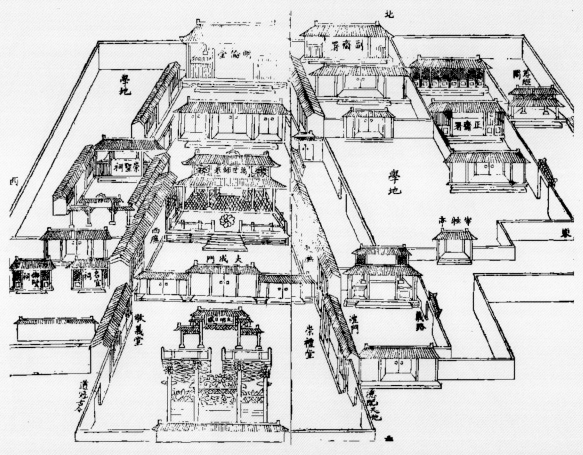

图2-1-5 南昌府学图（引自《乾隆南昌府志》）

门外（即后来的德胜门）龙沙冈有宗濂精舍，宋淳祐二年（1242年）隆兴知府江万里建祀濂溪周子，元元统初（1333～1335年）县令薛方即其地建县学，后别创宗濂书院于东湖上。明洪武五年（1372年）改书院为儒学，位置位于南昌县学以西。

江西素重文教，南昌作为江西首府，城内城外书院林立，今天仍遗有地名"书院街"。其中尤以豫章书院、东湖书院、友教书院、经训书院最为闻名，并称为南昌四大书院。

豫章书院位于江西南昌进贤门内，今为南昌市第十八中学所在地，创建于南宋时期，当时在朱熹理学的影响下，这里成为江西地区传播朱程之学的基地。元、明两朝书院得到了进一步发展，其中明万历年间（1573～1620年），因为政府的禁书院政策而一度被迫停办。后来江西巡抚凌云翼、潘季训修葺后改祀宋、元、明诸儒，称"豫章二十四先生祠"。

书院在清朝初期恢复了当初的办学规模，招生对象不再局限于南昌府辖地，开始选拔江西各府、州、县、厅学之生员才俊入学。书院在清中叶发展到达顶峰，名师云集、藏书丰厚，清康熙五十七年（1718年），皇帝御书"章水文渊"四字门额赐予书院，成为当时全国闻名的大书院之一。

友教书院，位于今棉花市小学。原名澹台祠书院，南宋初年，转运副使程大昌创建于澹台灭明墓前。后改为友教书院，取意于子羽南来友教于豫章，祀澹台子羽明。明万历年间巡抚王佐移于棉花街，改称澹台祠书院。清顺治十一年（1654年），巡抚蔡士英重修，与白鹿洞、白鹭洲、鹅湖并称为江西四大书院。

（4）坛社

南昌府城有完善的祭祀体系，文庙、武庙、城隍庙及万寿宫位于城内，涉及自然元素的祭祀大多位于城外。

武庙又称关帝庙，在棉花市（今棉花街以北），清顺治九年（1652年）敕封忠义神武关圣大帝，每年五月十三日致祭，清雍正三年（1725年）部颁致祭仪注俱照文庙之例。

文昌宫，在府学内，每年春秋仲月二次祭祀。

省城隍庙，据《南昌府志》记载始建于明洪武三年（1370年），由南昌知府赵文奎兴建。明朝以前，城隍庙位于南昌子城东（今象山北路），明朝重建后移址于府治东南。清末城隍庙位于今象山北路西面的工人文化宫处。府城隍庙在府署头门内东面；南昌县城隍庙在县署头门内东面；新建县城隍庙在县署仪门外东侧。现均已不存。

万寿宫在广润门东翠花街（今南昌市第二十一中学），晋时建，祀旌阳令许逊，宫东有一口井，井水与江水相消长，井中有铁柱，相传为许旌阳所铸，以镇蛟螭之患。唐咸通中额曰"铁柱观"，北宋大中祥符间赐名"景德观"，北宋政和八年（1118年）改"延真观"，上尊号曰"神功妙济真君"。政和中又降玉册上尊号曰"神功妙济真君"改观为万寿宫。嘉定中御书"额铁柱延真之宫"，明正统元年（1436年）按察使石璞奏许逊、韦丹有功德于民，列入地方祀典。明嘉靖中赐名"妙济万寿宫"。

南昌府社稷坛在德胜门外，俗称北坛，明洪武年间（1368～1398年）知府赵文奎自城西北迁建，每年春秋二仲月上戊日致祭。南昌县社稷坛在进贤门外，新建县社稷坛与南昌府社稷坛合而为一。

先农坛在进贤门外，每年仲春亥日各府州县举行祭祀。

郡厉坛在德胜门外，明洪武三年（1370年）始每年春清明、秋七月十五日、冬十月一日致祭。

神祇坛在进贤门外今十字街西侧，旧称风云雷雨山川坛，俗称南坛，亦为明初知府赵文奎改建，每年春秋二仲月上巳日致祭[10]。

（5）寺观

东晋南北朝时期，大力推广佛教，据记载当时豫章城内外就有数十座寺庙建筑。而发源于江西的道教也具有很大影响，晋代以降，南昌城内、城外一直建有不少宫观。今天不少南昌的街道、里巷的名称中仍保留了当时寺庙、宫观的名称，如普贤寺、佑民寺、大安寺、塔下寺、建德观等。

寺观大多分布在城市边缘靠近城墙的地方，或城门外。永和门虽然人烟比较稀少，但门内外却有众多寺庙道观，比如城门外有永和庵、乌遮塔；城门内有浴室寺、道德观、佑清寺、护国庵等。

绳金塔寺，在进贤门外，旧名千佛院，唐天祐年间建有绳金塔，至今仍存。

普贤寺位于惠民门内，原名"禅居寺"。晋隆安四年（公元401年）武昌太守熊鸣鹄舍宅为寺。唐神龙元年（公元705年）敕赐"隆兴院"，亦称"隆兴寺"。南唐保大二年（公元944年），袁州刺史边镐捐铁二十万斤，铸造了一尊普贤菩萨乘白象的佛像，因此得名"普贤寺"。因为惠民门位于寺庙附近，城门因此被称为"寺步门"、"寺福门"。南昌民谚中有"烧香拜佛寺福门"之说，以形容当年寺庙香火之鼎盛。普贤寺今已不存。

大安寺在城北，初名东寺，相传寺中有东吴赤乌元年（公元238年）造的铁香炉，高六尺许。晋时西域僧安世高来此传道，遂名大安寺。大安寺今已不存。

佑民寺，位于北湖东部。原为南朝古寺，建在城西。明初寺址改为南昌县衙，搬迁至此，改名永宁寺。清顺治年间，寺院更名为"佑清寺"。民国时期改名"佑民寺"，并沿用至今。

紫极宫在惠民门外，始建于晋，祀老子骑牛像。唐天宝年间御书额，内有吴彩鸾写韵轩，宋刘辰翁记，徐铉有《紫极宫石钟铭》。紫极宫内有道教园林清隐山房。今已全部不存。

建德观在易俗坊（今建德观街以北），晋咸和年间建，相传是南岳紫虚元君魏华存修真处，观后塘内有魏夫人丹井，井上有亭，亭旧藏玉皇天尊各像，皆金铜物，僧道义复建月涛庵于侧，文士每盘桓而偃息，僧亦延款不倦也。据《同治南昌府志》记载，建德观在明代屡经修葺，明末屋宇已荒废倒塌。但据当地居民回忆，建德观在民国初年仍是一座有相当规模的道观，直到20世纪30年代一场龙

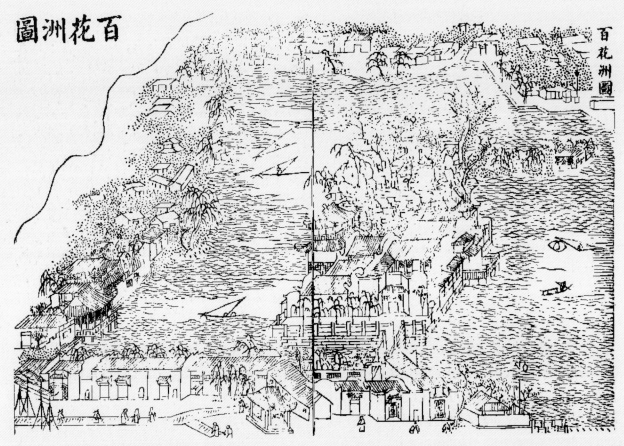

百花洲圖

百花洲圖

图 2-1-6　百花洲图（引自《同治南昌府志》）

卷风，建德观连同周围的居民住屋全都倒塌，当时经济凋敝，再也没人有能力出资修复建德观，它也就再没有恢复往日旧观。

南昌的清真寺位于广润门内醋巷，据《同治南昌府志》记载，约建于清道光年间（1821～1850年），据称系由传统住宅改造而成。1929年改造成楼房。20世纪80年代拆除重建为钢筋混凝土建筑，仍作为伊斯兰教宗教活动场所。2012年南昌市红谷滩清真大寺建成，醋巷清真寺不再进行礼拜活动，但仍为南昌旧城区穆斯林社区的中心[11]。

（6）园林

南昌筑城始于汉代灌婴，城址位于今南昌火车南站东南约4公里的皇城寺一带，俗称"灌城"。城外有"浴仙池"，传说灌婴在此濯马散步，因此后来改名"洗马池"。当时豫章城内外遍栽樟树，松阳门内有株高达十七丈、宽四十五围的樟树，"枝叶扶疏，避荫数亩"。"豫章郡"的名称被认为是由

此而来。樟树为亚热带常绿阔叶林的代表树种，现在是南昌市的市树，也是城市植物景观的重要特征。

据记载，南昌府城园林兴盛，位于城东的东湖作为公共园林为城市创造了良好的景观，也成为众多私家园林因借造景的重要因素，围绕东湖形成了许多著名景点。

东湖湖面约13公顷。自唐以来，东湖即为名胜。据《江城名迹记》记载，东湖在城内，亦名太湖，水经注云，东太湖十里二百二十二步，北与城齐，南缘回折至南塘，水通大江，增减与江水同，湖至清深，鱼甚肥美，沿堤旧皆植柳，名万柳堤，亦曰万金堤。明代以后，分成东、西、南、北四湖，有桥涵相通。

东湖之中有三座小岛，俗称三洲即百花洲（图2-1-6）。唐代洲上百花争妍，东湖水光潋滟，荷花满湖，堤上万柳成行，美不胜收。唐诗人李绅曾写诗赞道："菱歌罢唱鹢舟回，雪鹭银鸥左右来。霞散浦边云锦截，月升湖面镜波开。鱼惊翠羽金鳞跃，

图 2-1-7 滕王阁图（引自《同治南昌府志》）

莲脱红衣紫药摧。淮口值春偏怅望，数株临水是寒梅。"

东湖周边著名园林有苏翁圃，位于百花洲东，是宋代隐士苏云卿灌园植蔬之所；陈处士园，在东湖南岸，是南唐处士陈陶隐居洪州时，植花竹种蔬茹闲居之处；皆春园，在东湖傍，为宋宁州章丞相鉴所辟，园中竹石丛峙，花木疏野，等等。

东湖周边景观名胜有杏花楼、百花桥等。杏花楼始建于唐，位于湖内沙洲，三面环水，明代戏剧家汤显祖也曾登洲游湖并赋诗一首："茂林修竹美南洲，相国宗侯集胜游，大好年光与湖色，一尊风雨杏花楼。"

南宋绍兴年间，豫章节度使张澄居东湖北岸百花洲上建"讲武亭"，演习水军。洲畔有桥即以百花为名，曰"百花桥"，诗人况志宁有诗曰："讲武亭前水四流，游蜂飞蝶满芳洲，西风战舰知何处，赢得斜晖伴白鸥。"

除了东湖周边园林繁盛，南昌城其他地方也有诸多名园。城东南有南园，旧名桃源洞；城东北有北园、芙蓉园；松柏巷有晚香圃；永和门内的阆园

是明末大臣、南昌人李明睿所有，据说基于某位弋阳王的旧邸，园中有"山腰、宫阁、古石，堂碧、栏池，花池、天池诸迹，公自言阆园以池胜，以竹胜，尤以松胜，他园不敢望焉"[12]。

此外，城内、城外、湖边、江边还分布着大量名胜景点，如南浦亭、积翠楼、豫章台、望江亭、绿雪楼、物华楼等，其中最著名、最具影响力的是滕王阁。

滕王阁在南昌西面，城墙与赣江之间，始建于唐永徽四年（公元 653 年），为当时任洪州都督的唐高祖李渊之子滕王李元婴所建，故名。李元婴不久调离，该阁由其继任者接管。约二十余年后，诗人王勃过此，应时任都督之邀，即席而作《滕王阁序》，遂令滕王阁名垂千古。此后历经兴废，先后修葺达 28 次之多，建筑规模、配置也有诸多变化。至清末，滕王阁几度毁于战火，此时国家民穷财尽，修阁规模大不如前（图 2-1-7）。1926 年滕王阁又毁于军阀混战，直到 20 世纪 80 年代后期异地重建，已非旧观。

（7）豫章十景

"豫章十景"起源于明代诗人曾棨的《南昌八景》诗，每首的标题即为高度概括南昌景色的风景题名。这样就形成了明代豫章八景：西山积翠、洪崖丹井、铁柱仙踪、南浦飞云、滕阁秋风、章江晓渡、龙沙夕照、徐庭烟柳。清代在八景的基础上又添东湖夜月、苏圃春蔬二景，这便是豫章十景。

"西山积翠"描绘了与南昌城隔江而望的西山景色；"洪崖丹井"讲的是西山东麓伏虎山间景观，有中国音乐鼻祖之称的黄帝乐臣伶伦在此修道，称洪崖先生，故得名"洪崖"；"铁柱仙踪"即南昌万寿宫的传说；"南浦飞云"是指抚河桥畔沙浦风起云涌的胜景；"滕阁秋风"即滕王阁；"章江晓渡"指章江门外清晨过渡的景色；"龙沙夕照"指德胜门外江畔风光；"徐庭烟柳"是城内西湖景色；"东湖夜月"是城内东湖景色；"苏圃春蔬"是指东湖周边的著名园林有苏翁圃。

二、赣州古城

（一）建置沿革及城市建设演变

赣州，秦属九江郡。汉初设赣县，属豫章郡。三国吴嘉禾五年（公元 236 年）分庐陵郡置南部都尉，治雩都，赣县属之。东晋永和五年设南康郡。隋开皇九年（公元 589 年），改南康郡为虔州，以虔化水（今宁都梅江）得名。隋大业元年（公元 605 年），复名南康郡。唐武德五年（公元 622 年）仍名虔州，武德七年名南康州，武德九年复名虔州。天宝元年（公元 742 年），又改南康郡。乾元元年（公元 758 年），再复为虔州。因"虔"字为"虎"字头，宋代又别名虎头州、虎头城。南宋绍兴年间，赣南农民起义此起彼伏，朝廷认为"虔素难治"。绍兴二十三年（1153 年）改名为赣州，此后沿用至今。

赣州城址屡经迁徙。最初在现赣州城西南蟠龙镇一带，为赣县县城。西晋太康末年（约公元 289 年），因洪水泛滥，城址迁至今虎岗一带的葛姥

城。东晋永和五年（公元 349 年），南康郡太守高琰始建土城于章贡二江间。并将郡治从雩都（今于都县）迁于此。东晋义熙七年（公元 411 年），因城毁于兵火而迁今七里镇一带。南北朝宋永初元年（公元 420 年），改南康郡为南康国，移治雩都。梁承圣元年（公元 552 年），复迁南康郡治与赣县县治于章贡二江间，此后终于稳定下来。唐末五代后梁时期（公元 907～923 年），虔州刺史军阀卢光稠控制赣州，隐然有割据之势，将城区向东、南、西三面扩展，面积扩大近两倍，并设西津、镇南、百胜、建春、涌金五门，开凿护城壕，奠定了此后赣州城区的格局[13]。

（二）山水环境

赣州四边皆山地，东为武夷山脉，西为罗霄山脉，南为南岭山脉，北为雩山山脉。处于盆地中的赣州，紧紧依托着章贡二水发展。而这些山脉中，与赣州关系最为密切的属三阳山与崆峒山（今名峰山）。三阳山位于城北三十里，高 684 米，崆峒山位于城南六十华里，高 1016 米。赣州背枕三阳，面向崆峒，崆峒山被当作赣州城的"望山"，即"风水山"[14]。崆峒并非在该城的正南，约偏东35°～40°，为了使城市景观与区域景观相呼应，城内的一些重要建筑物中轴线和朝向改变坐北朝南的常规，而朝向崆峒山。如城内建于平地上的文庙（县学）、慈云寺等，轴线就是南偏东约40°，以求南对崆峒，遥遥相应，尤为壮观。

与崆峒山对峙的还有西南七十里的四会峰，三十里的九峰山；北二十里的储山、狮子岩及西北二十里的通天岩，形成了群山环抱的组景效果。这些高低不同、形态各异，连绵起伏的山峰簇拥着赣州城，形成了赣州城优美的绿色区域背景，再加上人工修造的寺庙、亭阁、古塔点缀于其中，山峦互为顾盼，亭台远望，山峦交映，是为赣州城的第一层叠翠。

赣州近郊东有马祖岩和天竺山，西有西隐山，章、贡二水从第一层叠翠中盘折而出，进入这层层叠叠的丘陵，历经千丘万壑，汇聚在一起而成大江，

是为赣州城的第二层叠翠，而这块汇聚处的三角形风水宝地孕育了与山河相辉映的古城赣州。

马祖岩离城五华里，为城近郊的最高峰，海拔235米，山上古木参天，清泉沥沥，离闹市入山林，仿佛居云端而观人间，登此山观城，正好在60°的视角之内，全城景色尽收眼帘。

天竺山在贡水之东，与城隔江相望，因唐僧韬光自杭州天竺来此驻足而得名。

西隐山位于城西四里，东与郁孤台隔江相望，西与通天岩遥遥相对，当时植被茂密，生态环境极佳，尤其在马祖岩西眺此山，隐隐于雾霭之中，为西隐山之真意。

（三）古城格局

1. 城墙

赣州现存古城范围3.05平方公里，呈近似三角形。现存的赣州古城墙长度约3.6公里，东起东河大桥头（原百胜门址），沿贡水蜿蜒北上，经建春门、涌金门至八境台，是为赣州城北端，章、贡二水汇合处；从此折而向南，沿章水伸展至西津门止。主要围绕旧城东、北、西三面，南面城墙已在城市发展过程中被拆除，仅存拜将台（弩台）相连的一段52米。

赣州三面临江，宋以前城墙为土筑，常遭江水冲坏。至北宋嘉祐年间（1056～1064年），地方官孔宗翰"伐石为址，冶铁固之"，开始将城墙改为砖石砌筑，并建八境台。此后历代均不断修缮加固，至明正德年间（1506～1521年），已形成一道周长6.5公里、高三丈、宽丈余，城门、警铺、雉堞等一应俱全的雄伟城墙。原有城门13座，不过至明代已仅余五门，即东门（百胜门）、南门（镇南门）、西门（西津门）、北门（涌金门）、东北门（建春门）[15]（图2-1-8）。清咸丰年间（1851～1861年）又在各城门外修建炮城，进一步提高了防御能力（图2-1-9）。

图2-1-8　建春门及城墙（姚糖摄）

图 2-1-9　西津门炮城遗址（姚糖摄）

现存城墙高度一般为 5～7 米，最低在涌金门一带高约 4 米，最高在西北一带高约 11 米。垛口完好的城墙有 2420 米，垛口失修段有 1100 多米。墙上警铺残存十个，马面一个，炮城三座（西门炮城、八境台炮城和东门炮城，东门炮城残存半个）。据调查，城墙基宽为 6～7 米。内夯土宽约为 4.6～5.6 米，夯土内外砌砖宽约为 1.4 米。城墙内外保存数以万计的纪年、纪事、纪修城官吏窑户等铭文城砖。铭文多为阳文，字体多样，"西窑务"、"第一务"、"第二务记"、"第三务"是最早一批铭文砖，"熙宁二年"（1069 年，图 2-1-10）是最早的纪年铭文砖，最晚为"民国四年"（1915 年）。共有从北宋至民国的 521 种铭文，是研究古城兴建、修葺、材料、技术、洪涝灾害、修城民工管理的宝贵档案。

2. 子城

唐宋赣州古城内之子城位于今城西北田螺岭东北，百家岭以北，八境台以西，赣州人称皇城（含花园塘、东溪寺、射箭坪等地）。田螺岭和百家岭原来地势高阜，今田螺岭仍比赣州城内一般地面高十余米。子城区经百年的变迁，今射箭坪东北、东溪寺仍保存东、西宽 40.3 米，南北最长 100 米，北倚城墙呈三角形，总面积约两千余平方米的台地。《同治赣州府志》记载："郁孤台……东北为王城，卢光稠僭拟地，按光稠官司仅节镇，称王无考……其在隋大业间，则有鄱阳林士宏据虔，称南越王矣，王城之称，其来已久，而或者误皇为王。……宋以后皆为府治，今为学使署，前有宣明楼，前志云楼踞瓮城上。"[16]

3. 城壕

城墙外章、贡二水间有护城河谓之"壕"。据《嘉靖赣州府志》记载，"延袤十里有百武，广十有四丈"[17]，《同治赣州府志》则称，西门至南门"有壕计长五百五十二丈，阔十三丈，又自南门至百胜门计三百八十五丈。深五尺有奇，阔十四丈"[18]，合计约 3900 米。今尚存花生坪米厂至东门壕桥约 420 米，西门至南门断断续续保留约 1160 米，宽 20～60 米不等。护城河深浅不一，养济院南护城壕被填时测得壕深 3.3～5.3 米不等，壕塘底至城墙基高差 10～12 米，而此段城墙据查高约 11～12 米。

图 2-1-10 北宋"熙宁二年"铭文砖（姚糖摄）

4. 浮桥

在赣州近郊水道与城区之间古代主要桥梁为浮桥,据《同治赣州府志》记载,建春门外有惠明桥(后称东津桥,即今天的建春门浮桥,见本书第八章第四节)、西津门外有西津桥、镇南门外有南桥、百胜门外有留工桥等,皆始建于宋。浮桥不仅方便两岸通行,还起到了锁江的作用,每天定时开启,查验商船是否缴税后才可通行。今仍有两座浮桥横卧于章、贡二水之上,将城区的建成环境与城外的自然环境连为一体。

5. 道路体系

赣州城内的道路体系在宋代已经初具雏形,形成南北和东西干道。据《嘉靖赣州府志》记载,"街"有阳、阴、横、长、斜、剑、瓦市、米市、南市街。"巷"有龟岗、龙船、均井、古越、老古、新开、白塔、米汁、铁炉、瓦子、竹树、盐仓、木横、幡、寸金、洪成、杨判、姜家、谢四、王将、观、丝、天一阁、池湖巷[19]。

其中阳、阴、横、长、斜、剑六街至今仍存,且均已扩大或延长。瓦市街(今阳明路)、米市街

(今濂溪路)、南市街,实际包含在前六街内。阳街为清代州前大街和南门大街(今建国路、文清路),贯穿古城南北,通镇南门;横街自东而西,为清代西门大街、豆豉凹街、县前街、县冈坡街(今章贡路、西津路),通涌金门、西津门;斜街与阳街北段相连,自清代府学前、牌楼街(今阳明路)、天后宫、世臣坊(今和平路)到南市街;阴街与阳街南段相连,自清代道署前、木匠街、生佛坛前经灶儿巷至坛前;剑街自北而南有清代米市街、樟树街(今濂溪路)接瓷器街(今中山路),长街则为东门大街(今赣江路),剑街与长街构成沿贡江的城市南北干道(图 2-1-11)。

据《同治赣州府志》府城全图,谢四巷(今厚德路)发展为城南连接阳街与斜街的干道;上、下棉布街(今赣江路)发展为连接斜街与剑街的干道。至此形成赣州古城四纵三横道路体系的骨架,并保留至今。

6. 给水排水

城内用水主要来自古井和池塘。仅清《同治赣州府志》有记载的古井便有三十余口,如东门井、

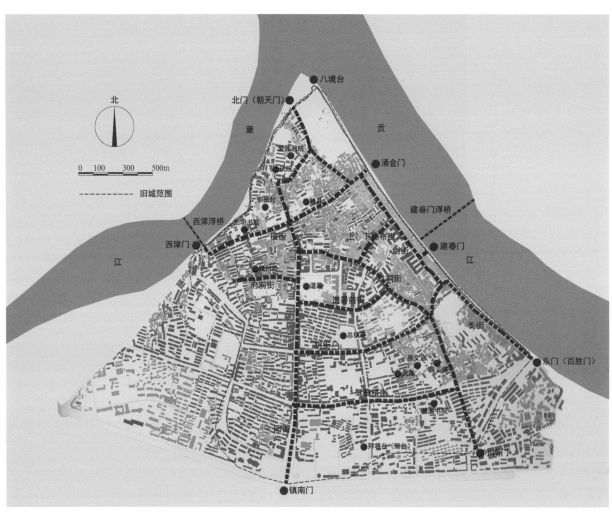

第一章

图 2-1-11　赣州旧城道路（蔡晴绘制）

八角井、东园前井、太尉庙井、廉泉井等，此外，还有许多分布在居民庭院内的无数大小不一的家井。位于今赣州一中内的廉泉井是"廉泉夜话"的发生地，苏东坡有诗云："水性故自清，不清或挠之。君看此廉泉，五色烂摩尼"，廉泉井井口直径约 60 厘米，有井亭夜话亭，亭中有一块高 2 米多的石碑，刻"苏阳二公夜话图"，此石碑为江西省级文物保护单位。

城内分布着数百口大小池塘。据冯长春先生1984 年调查统计，赣州古城的池塘面积约 0.6 平方公里，占整个城市用地的 4.3%[20]。这些池塘有人工挖凿而成的，也有由于河流改道和地下水出露在低洼地方形成的天然水塘，它们除了供居民生活用水外，还有调节气温、美化环境、防洪蓄水的作用。

榕树是赣州的市树，城内现有百余年树龄的榕树 72 棵，四百余年树龄的榕树 2 棵。榕树与池塘、建筑相映形成了赣州古城重要的景观特征。

城内排水系统是宋代知州刘彝主持修建的福寿沟。北宋熙宁年间（1068～1077 年），刘彝整理修筑了赣州城内的街道系统，同时根据街道布局和地形特点，采取分区排水的原则，建成了两个排水干道系统。因为两条排水沟的走向形似篆体的"福"、"寿"二字，故名福寿沟。福沟排城东南之水，寿沟排城西北之水。福寿沟完全利用城市地形的高差，以明沟和暗渠相结合，并与城区的池塘相串通，使城市的雨水、污水自然排入江中。既可避免沟水外溢，又可利用废水养鱼和种植水生植物。而当雨季，江水上涨超过出水口，为避免江水倒灌入城，刘彝

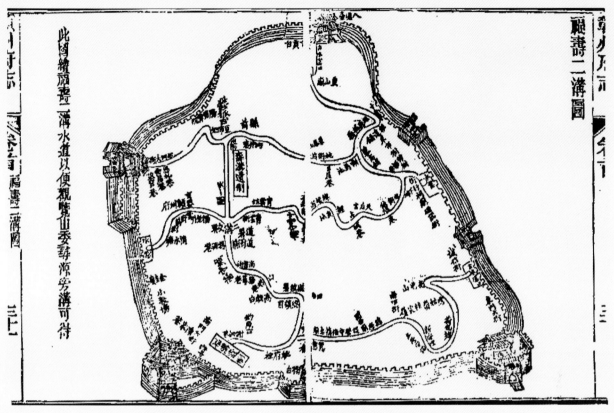

图 2-1-12　福寿二沟图（引自《同治赣州府志》）

在出水口处，"造水窗十二，视水消长而后闭之，水患顿息"。

福寿沟为砖拱结构，沟顶分布着铜钱状的排水孔。现存排水沟最大处宽约 1 米，高约 1.6 米；最小处宽、深约 0.6 米。水窗以度龙桥水窗为例，该水窗断面尺寸宽 1.15 米，高 1.65 米，水窗沟道坡度为 4.25%，是下水道坡度的 4 倍，确保水窗内能形成强大的水流，足以将泥沙排入江中。保留至今的福寿沟约长 12.6 公里，仍承载着赣州近 10 万旧城区居民的排污功能[21]（图 2-1-12）。

7. 功能及空间结构

赣州历来是地方的政治、经济、文化中心，其城市具有政治、军事、经济、文化和居住等多重职能。

代表政治功能的衙署主要位于古城中、北部。分巡道署位于今赣州公园（清道署前街以北）；府署位于今新赣南路西段（清府前街以北）；总镇署位于今大公路中段文体广场（清镇署前街以北）；赣县署位于今城北章贡路以北（清县前街以北）。

督学试院位于城北今赣州五中宿舍区。此外还有雩都、兴国、会昌、安远、长宁、宁都等地方公馆位于府署附近。官府粮仓则位于城南，六座大济仓位于城东登云坊；府义仓位于南门大街以东。

古城东部的剑街、长街与贡江平行，水运方便，是主要的商业区，章、贡江沿岸至清代已有大码头、二码头、三码头、四码头、煤炭码头、广东码头、福建码头等三十多个商业码头。专业性街道如米市巷、瓷器街、棉布街、纸巷、柴巷、烧饼巷和剑街、长街相交汇，与众多码头、仓库相连。北部靠近涌金门的寸金巷因其房地产值钱而得名；六合铺、诚信街因其商业繁荣，经营诚信而有"六合同春"之名。灶儿巷的筠阳宾馆、郁孤台下的广东会馆则是外籍商人在赣经商的见证。

古城南部地面开阔，是唯一的陆地出口，无江河天险，只靠高墙深壕，故为军事驻防之重点，南赣、州府军事指挥机关镇台、参署、兵营守备（左营、中营、后营、城守营、马营）、校场、拜将台（弩台）

图 2-1-13 郁孤台（姚糖摄）

都在阴街之南。

古城内学校体制完整，府学位于城北今新赣南路以北；县学位于城东南今厚德路小学西侧，现有县学文庙遗存。著名书院有创建于明朝的阳明书院，始建于城北郁孤台下，今于城东南赣州一中内尚有部分遗存；创建于宋朝的濂溪书院明末迁建于城东南光孝寺，今已不存。此外还有若干社学分布城中。

古城内楼台、寺观林立。以"一山郁然孤峙"而得名的郁孤台位于赣州城西北的贺兰山上，是古城区的制高点。它南对崆峒，北临章江，其东绵亘为百家岭、县岗坡、龟岗，西北直趋龟角尾入二江合流处，形成"群峰郁然起，惟此山独孤"的形象。郁孤台是赣州城市、近郊、区域三重景观圈的中枢（图 2-1-13）。

八境台坐落在赣州最北端，章、贡二水在这里汇合成赣江，登台"可东望七闽，南望五岭，览群山之参差，俯章贡之奔流"。八境台始建于宋，时任虔州太守的孔宗翰将登台所见绘成《虔州八境图》，并请苏轼作《虔州八境图八首并序》，由此形成赣州八景，分别为石楼、章贡台、白鹊楼、皂盖楼、郁孤台、马祖岩、尘外亭和峰山（崆峒山）。到了清代，由于景观发生变化，形成新八景：三台鼎峙、二水环流、玉岩夜月、宝盖朝云、储潭晓镜、天竺晴岚、马崖禅影、雁塔文峰。"八景"之说反映了古城人文与自然交相辉映的壮丽景观。

晋唐时在城外的寿量寺、慈云寺、紫极宫、光孝寺，随着五代扩张而形成城内东南隅宗教文化繁盛之所。此外，府治右侧有城隍庙，县学左侧有文昌祠等。城外近郊重要庙宇有西津门外北向的社稷坛，东门外马磐岭的先农坛，镇南门外南向的风云雷雨山川坛等。

综上所述，城东靠码头，商业繁华；城中西部地势高而起伏缓，又背闹市，官府衙署集中；城南为陆上通道，兵营驻防，是军事重地；东南有山泉之胜，为庙宇寺观胜地。城内的街道随地形而纵横成网，把城市各种功能有机地联系起来。

（四）历史街区

古城内现有三个保存较好的历史街区，反映

图 2-1-14　南市街（姚糖摄）

了传统的城市街区空间特征、建筑风貌和文化特色。

1. 南市街历史街区

位于古城东南面，以南市街为核心，北接大公路，西至忠节营，南临厚德路，东至蕨菜塘，占地约 10 公顷。

南市街格局初成于宋代，为宋代赣州主要街道之一的斜街南段。顾名思义，南市街是个商业性质与位置概念的街道。相对于商贸热闹的坛前街而言，它居于旧城区的南边，在宋代之前，这里是一片小丘地带，尚属于城区内的"荒山野岭"，后不断有兵勇及客家人迁徙定居于此，便把世臣坊与买菜坡的热闹延伸过来了，逐渐有了街市。明清时期，这段街因渐成为街市，又因居于城区东南隅而得名南市街。现存民居主要建于清末民国（图 2-1-14）。

2. 灶儿巷历史街区

位于古城东北部，与南市街历史街区毗邻，东接六合铺，西至和平路，南至大公路。包括灶儿巷、六合铺、油滴巷、小坛前、东门井、梁屋巷、烧饼巷、老古巷共八条街道，占地约 6.14 公顷。

灶儿巷历史街区格局初成于宋代，为宋代赣州主要街道之一的阴街东段。据明《嘉靖赣州府志》记载，灶儿巷原名姜家巷，清初巷内多住皂隶（官府差役），故名皂儿巷，后谐音为灶儿巷。

旧时街区居民除官府差役，还有较多外来经商户，现存民居主要建于清末、民国时期，街区内建筑类型多样化，有书院、宾馆、店铺、作坊、客栈、寺院、钱庄、住宅等；建筑风格多元化，客家、徽州、江西北部及近代建筑元素和手法均有体现（图 2-1-15）。

3. 姚衙前巷历史街区

位于古城北部，以姚衙前街为核心，包括街道两侧民居，东北端与桥儿口、纸巷、曾家巷相接，西北端与坛子巷、米汁巷、凤凰台相接，中通曾家巷、小坛子巷、吕屋巷，占地约 11.6 公顷。

据清《同治赣州府志》记载，姚衙前街因位于明代赣州卫指挥姚玺私衙前而得名[22]。街区格局初成于宋代，因其位置靠近涌金门码头而繁荣起来，成为商业区。相传街区内曾开设有多家旅社、赌

图 2-1-15　灶儿巷（姚赣摄）

图 2-1-16　姚衙前（姚赣摄）

场、戏院、烟馆等，还是赣州最早的电影院旧址所在。街区内传统建筑特征为典型的江西天井式民居（图 2-1-16）。

三、城楼

（一）临江大观楼

位于樟树市西南 21 公里的临江镇。临江镇原名潇滩镇，南唐升元二年（公元 938 年），析高安之建安、修德，新淦之崇学三乡为清江县，治所设

于此。北宋淳化三年（公元 992 年），分割袁州、吉州、筠州设置临江军，辖清江（今樟树市）、新淦（今新干县）、新喻（今新余市）三县，辖境还包括今峡江县等地，治所仍设于此，从此成为袁河下游与赣江交汇处的行政中心。元朝元世祖至元年间改为临江路，明朝洪武年间改为临江府。直至 1913 年临江府被废除，当地行政中心移至樟树，该地作为府城的历史长达九百多年。

大观楼坐北朝南，面对府前街，原本是临江军、

图 2-1-17 临江大观楼正面（姚赯摄）　　　　　　　　　　图 2-1-18 临江大观楼回廊（姚赯摄）

路、府署的正门门楼，同时又是临江府城的谯楼。始建于宋代，尔后几经修缮，屡有改观。在过去，登楼眺望，远山苍松，橘林农舍，风帆上下，城郭烟云，历历在目。明洪武三年庚戌（1370 年）、明弘治三年庚申（1490 年）、清康熙九年庚戌（1670 年）作了三次较大的修缮，史称"三庚"大修。清乾隆三十七年（1772 年）、清道光三十六年（1846 年）亦相继维修。清咸丰七年（1857 年）太平军撤出临江时，楼被毁，仅存台基。清同治十二年（1873 年）复建，名为大观楼[23]（图 2-1-17）。

台基以青砖实垒砌成，高 6.45 米，长 25.6 米，宽 14.2 米，四面收分呈梯台形。中设木梁为通道，开两扇木制大门。台基背面左右两侧各砌石台阶 40 级，转折登台。台基顶面再立通柱，起 3 层五间木结构楼阁，通高 22.4 米。楼阁一层有周围廊，内分明间和左右室。二、三层为敞厅，面积逐层递减。各层设腰檐，四面棂窗，板梯上下，穿斗木结构，歇山顶，泥瓦覆盖，正脊饰几何对称云纹图案，两端鱼形鸱舌脊。脊檩墨书铭文"皇清同治拾贰年岁次癸酉仲冬谷旦"。二层原设有漏刻复壶，用以司更定时。正面中部原悬挂有解缙所书"临江府"竖额，内向原悬"大观楼"木匾，现均已不存（图 2-1-18）。

抗战期间，国民党军在这里设立荣军疗养院。

1951 年，江西省临江荣复军人疗养院进驻原县府旧址，该楼为院门楼。虽修缮时局部略有改变，但风貌基本如旧，1984 年公布为樟树市文物保护单位。

（二）南康府谯楼

南康府谯楼位于星子县城南康镇紫阳路中部。南康镇原名星子镇，五代杨吴大和年间（公元 929～935 年），于庐山之南立星子镇派兵驻守。北宋太平兴国三年（公元 978 年），升星子镇为星子县，管辖庐山山南及原柴桑县东部地区，治所设此。太平兴国七年（公元 982 年），又分割洪州、江州设南康军，辖星子、都昌、建昌三县，辖境大约包括今天星子、都昌、永修、安义四县之地，治所仍设于此，成为鄱阳湖西岸地区的行政中心。元至元十四年（1277 年）改名南康路。元至正二十一年（1361 年），朱元璋占领江西，改名为西宁府。明洪武九年（1376 年），又改名南康府。直至 1913 年南康府被撤销，这里作为府城的历史也超过 900 年，比临江府还长 10 年。

谯楼始建于南宋乾道年间（1165～1173 年），为南康军衙署大门。元代毁。元末至正年间（1341～1370 年）重建，不久又毁。明洪武十三年（1380 年）再次重建，改为全木结构，作为南康府署大门。明天顺三年（1459 年），知府陈敏政第三次重建，"筑

图 2-1-19 南康府谯楼（姚糖摄）

台为址，上构以木"，恢复成传统楼台式样。此后屡有整修。清咸丰三年（1853年）又遭兵灾，此后逐渐修复，基本仍保持明代格局[24]。当地传说为三国时期周瑜点将台。2000年列为江西省文物保护单位（图2-1-19）。

现存的南康府谯楼，下为石台基，长30.5米，宽16米，高6.6米，全以花岗石砌成。中开拱券门洞一个，宽3.3米，高5.6米。台上为楼，面阔五间，进深四间，双槽无外廊，明间开门，次间、梢间为实墙开窗。屋顶为重檐歇山顶，绿色琉璃瓦屋面为近年修复（图2-1-20、图2-1-21）。内部为全木结构，明间为抬梁式构架，前后槽均为双步梁，中间为七架梁。次间为穿斗式构架，中柱落地。外墙均涂朱，与石砌台基一起组成浑厚苍劲的体量造型。

鼓楼门洞两侧刻有长联一副："曾是名贤过化，前茂叔后考亭，我亦百姓长官，且试问催科抚字；纵使绝险称雄，背匡庐面彭蠡，谁作一方保障，敢徒凭形势山川"款署"乾隆癸未仲春下浣　山右刘方溥书"。茂叔即北宋大儒周敦颐，字茂叔；考亭即南宋大儒朱熹，号考亭先生。二人均曾任宋代南康军知军。乾隆癸未为清乾隆二十八年（1763年）。刘方溥，山西洪洞人，乾隆二十七年至二十九年（1762～1764年）间任南康府知府。此联在"文化大革命"期间曾砌砖石覆盖，1979年拆去砖块，得以重见天日。

（三）袁州府谯楼

袁州府谯楼位于宜春市旧城区鼓楼路中段。宜春是江西最古老的城市之一，汉高祖五年（公元前203年）建宜春城，取名于城西美泉，以其"夏冷冬暖，莹媚如春，饮之宜人"而得名。隋开皇十八年（公元598年）设袁州，辖宜春、萍乡、新喻（今新余市）三县，治宜春。北宋开宝八年（公元975年），万载县由筠州划入。北宋雍熙元年（公元984年），析宜春立分宜县，仍隶袁州。北宋淳化三年（公元992年），划新喻入临江军。元至元十九年（1282年），袁州改袁州路。明洪武二年（1369年），改袁州路为袁州府，辖宜春、分宜、万载和萍乡四县[25]。宜春作为袁河中上游地区行政中心的历史超过1400年。

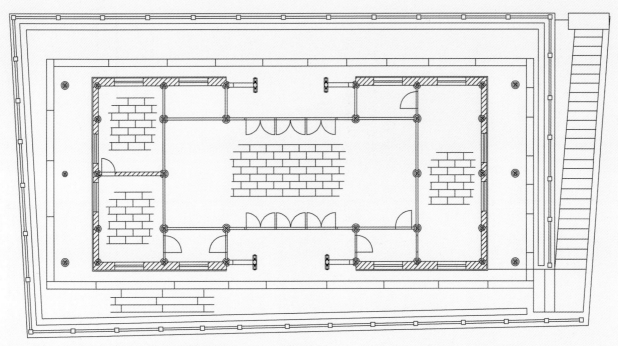

图 2-1-20　南康府谯楼平面图（江西省文物保护中心提供，徐少平等测绘）

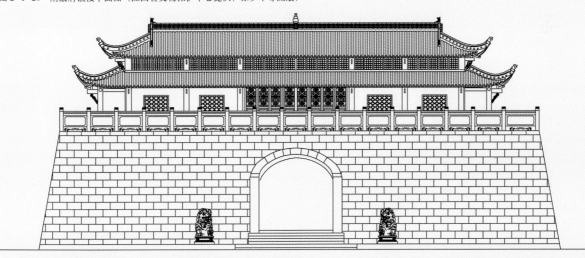

图 2-1-21　南康府谯楼南立面（江西省文物保护中心提供，徐少平等测绘）

谯楼始建于南唐保大二年（公元944年），为袁州衙署的大门。南宋嘉定十二年（1219年），袁州知府滕强恕"筑台为楼"，并置铜壶、夜天池、日天池、平壶、万水壶、水海、影表、定南针、添水桶、更筹、铁板、鼓角，设阴阳生轮值，候筹报时，建成集测时、守时、授时三大功能为一体的天文台^㉖。1994年经江西省科委鉴定为中国现存最早的地方时间天文台遗址，2006年列为全国重点文物保护单位（图2-1-22、图2-1-23）。

谯楼在南宋以后屡经修缮，现谯楼墙基底部仍为南宋时期砌筑，有"皇宋淳祐十一年"（1251年）铭文砖。台体墙身经明、清两代维修，有明"洪武十年"（1377年）、清"道光十六年"（1836年）、清"同治二年"（1863年）铭文砖。主台上的谯楼于明嘉靖二十二年（1543年）毁于火，知府范钦、同知张泽、同判林日昭重修主楼。明万历年间（1573～1620年），袁州知府郑淳典加修谯楼，清康熙六年（1667年）、清乾隆二十年（1759年）、清同治七年（1868年）、清光绪十四年（1888年）分别进行了维修。现谯楼脊檩上有"大清光绪十四年"墨书。

图 2-1-22　袁州府谯楼东侧外景（姚糖摄）

图 2-1-23　袁州府谯楼西侧外景（姚糖摄）

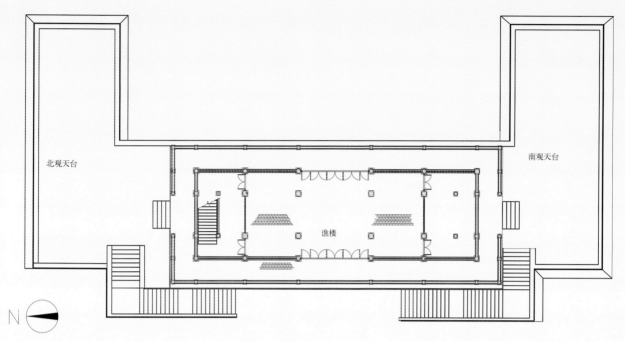

图 2-1-24　袁州府谯楼平面（江西省文物保护中心提供，徐少平等测绘）

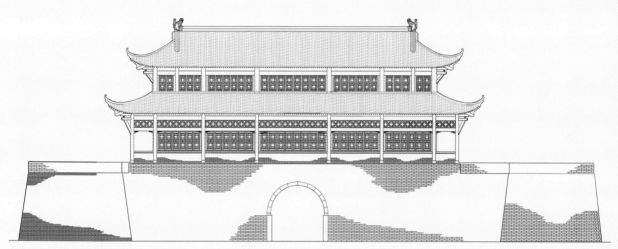

图 2-1-25　袁州府谯楼东立面（江西省文物保护中心提供，徐少平等测绘）

袁州府谯楼坐西朝东，由高台和台上的木构谯楼组成。台体为开口朝东的"凹"字形，由主台及南、北观天台组成，总长约 48 米，总宽约 24 米，高约 5.5 米。主台上建楼，台中设一券洞作为通道，宽 4.3 米，高 5.6 米。南、北观天台用于放置天文仪器观测天象。台内部为夯土，周边包砌青砖墙体，收分明显，墙顶砌矮墙护栏，高约 1 米。台上地面为青砖铺地。西侧砌有台阶为上下通道（图 2-1-24）。

楼体面阔七间，进深六间，实际为五开间带周围廊。通面阔 27.00 米，通进深 10.80 米。东、西两面的廊沿即为台缘，廊柱嵌入护栏。2 层重檐歇山顶，灰筒瓦屋面。各缝均为抬梁式木构架，中跨为五架梁，前后槽为双步梁，周围廊为三步梁。明间东、西两面均设隔扇门，次间、梢间设隔扇窗（图 2-1-25）。

由于楼阁与楼台同宽，这座谯楼视觉形象非常饱满，比例匀称，端庄稳重。

第二节 古镇

一、景德镇

（一）建置沿革

景德镇春秋时属楚东境，秦为九江郡番县辖地，汉属豫章郡鄱阳县。魏晋南北朝为江州鄱阳东北境，改称新平镇。唐武德四年（公元 621 年）置新平县。武德八年（公元 625 年）即废。唐开元四年（公元 716 年）复置，县治设在新昌江口，称新昌县。唐天宝元年（公元 742 年）改名浮梁。镇先后隶于新平、新昌、浮梁县。宋景德元年（1004 年）置景德镇，属浮梁县，并设监镇厅。元元贞元年（1295 年）浮梁升为州，属饶州路。明、清时期属饶州府浮梁县。

（二）地理、地质环境

景德镇境内以中低山丘陵为主，东北方向为黄山余脉，群山环峙，地势高峻；东南方向为怀玉山北坡，山岭逶迤，延至西南方向渐趋平衍。这些丰富的森林资源是景德镇烧瓷制瓷的主要燃料和材料。如松柴油脂多，火焰长，烧成温度高，是烧制优质细瓷的燃料；狼鸡草和松树枝火焰长，不耐久，烧成温度低，但便宜易得，是烧制粗瓷的燃料。

景德镇周围的地质形成，多属浆体为主的花岗岩，这些岩体经过风化蚀变，形成风化残积型高岭土矿床。此外，还有长石岩、微晶花岗石、长石石英斑岩等脉状岩浆岩，经风化蚀变后，常形成软质或硬质瓷石，这些都是制瓷的重要原料。这其中粉刺状的称高岭土，块状的称瓷石。高岭土最早开采于景德镇附近的麻仓山，官窑为了垄断将其称为御土，民窑不得开采。明万历年间在距景德镇 45 公里的高岭山发现了同样的优质瓷土，为景德镇的陶瓷业发展提供了重要基础。

镇区地处群山环绕的一个小盆地中，东面倚山，西、南、北三面环水。东北为石埭山、五龙山；正东为东山、青峰岭；东南为马鞍山；西面依傍昌江，与阳府山、力马山、金鱼山相望。南临南河，与禅师山、南山、沙土山为邻。景德镇位于昌江中游，昌江发源于安徽祁门大洪山，自北向南穿越古镇西部，在镇区与其支流东河、南河、西河汇合后，折向西南，在鄱阳姚公渡与乐安河汇合形成饶河，至鄱阳县城入鄱阳湖。景德镇至鄱阳的水路仅 90 公里左右。历史上，景德镇瓷器的出口几乎完全依赖于昌江水运，经鄱阳湖至九江入长江，转运各地（图 2-2-1）。

（三）制瓷业历史

景德镇的瓷业历史相传始于汉代。唐初武德四年（公元 621 年），新平人陶玉进献假玉器，官府为此在当地设置了专门机构"务"，以管理瓷业生产，是景德镇官办瓷业之始。20 世纪 50 年代以后，在景德镇周围发现过多处五代时期的窑址。北宋景德年间（1004～1007 年），由于烧制的精美御瓷获皇帝赞赏，命此后该地出产的瓷器须书底款"景德年制"，于是"天下咸称景德镇"，景德镇由此得名。[27]

明初设御器厂，即所谓官窑，为满足宫廷需求，不惜代价向高精度发展，促进了新品种的制作和产品质量的提升。明嘉靖（1522～1566 年）以后，官窑采用"钦限"御器在民窑中烧造，促进了民窑技术的提高，民窑产品与官窑日益接近。除生产一般民用产品外，还能生产各种高级瓷器，并远销海外，使得景德镇真正成为大瓷都，产量极为巨大，人口和资本高度集中。

明末清初受战乱影响，景德镇一度有衰落。不过自康熙十九年（1680 年）起，御器厂恢复烧造，标志着景德镇陶瓷业的全面复苏。此后，景德镇的陶瓷业在清中前期进入一个新的发展高峰。18 世纪起，欧洲诸国陆续在广州开办贸易机构，为景德镇瓷器外销提供了便利。国内外瓷器市场的扩大，使得生产规模和技术进步都得到强大推动，不论是瓷器的产量、质量和技术、艺术水平，均达到了空前的高度。

清末国力衰弱，市场萧条，高岭山瓷土开采已近尾声，景德镇的陶瓷业每况愈下。自明嘉靖朝始，御窑厂已无专司其事的督陶官，而是由地方官兼管，此时官窑和民窑生产都处于因循守旧的状态。自清光绪之后，生产方式渐渐手工作坊向半机械化过渡，艺术风格也展现出近代特征。[28]

图 2-2-1　浮梁县境局部（引自《道光浮梁县志》）

（四）古镇的形成、发展及道路格局

景德镇是在古集镇的基础上发展起来的。唐代以后，当地陶瓷业逐渐发展。这时的景德镇已出现小规模的街市，当时的作坊、窑厂、街弄大多为生产、生活便利而沿河流分布。镇区以外浮梁县的窑厂以南河、东河原料丰富的地区为多，规模较大的如湖田、白虎湾等窑厂附近形成的村市。

景德镇于北宋设立，但在元代以前，这里主要是一个陶瓷出口的集散地，并非主要生产地，虽也散布着一些制瓷作坊和窑房，但还没有形成规模的镇区。据调查，北至邻县婺源、祁门，南至乐平、鄱阳，均有分散的明代以前的古瓷窑遗址。直至元代，陶瓷业才从农业中分离出来，随着制瓷业的进一步发展，对制瓷技艺和烧制工艺既分工又协作上的要求越来越高；而制瓷原料、燃料供应的范围越来越大，由浮梁县的东、南乡，扩大到浮梁县的西、北乡，甚至到了徽州府祁门县境内，这都要求有一个交道便利的地点进行物资、产品、信息交换，才开始逐渐形成集中的手工业市镇。

元至元十五年（1278 年）在将作院立浮梁瓷局，掌烧造瓷器。这个瓷局并非生产机构，而是官府对窑场进行征派的机构。明洪武年间设御器厂置官督造，位置在珠山南侧，范围大致为今东至中华路，西至东司岭，北至彭家弄，南至珠山路，约 5.4 万平方米。

明中期之后，开始实行"官搭民烧"，为了使民窑服从官窑的利益，便于对民窑的管理，官府有意识地将分散在周边地区的各个民窑向镇区集中。珠山附近因地势较高，可免昌江水患，民窑为避免水患，逐渐向珠山以北较高地势转移，兴建制瓷坯房和窑房。从童家坞，经五龙山，经现今景德镇市第一人民医院所在地的白云寺，直到原天主堂背后右侧之雷公山，约 2 公里长，多为民窑占据，并有"三山四坞"之称，现在这些地带，地下遗存有窑具、匣钵和瓷器的残片，其中夹有不少明代宣德、成化时期的青花瓷碎片。明代初步形成了以制瓷业为主业，以现珠山区御器厂为中心，东至马鞍山、西沿昌江、南至小港咀、北到观音阁的镇区[29]。

明末制瓷的坯坊和烧瓷的窑房的建造沿五龙山脉南下，经薛家坞、药王庙，绕珠山东侧，直达青峰岭。青峰岭位于今赛跑坦居委会以东 100 米处，弄长 150 米。唐初，此处是山岭，峰峦青翠，故名"青峰岭"。明末清初形成弄，沿用原名。明末著名的烧造瓷器小南窑，就在青峰岭下。

街道的形成与御器厂的建立及其周边制瓷坯坊和烧瓷窑房的兴起紧密相关。明代景德镇主要街道"正街"，就是从御器厂的东门起，向北伸展，经龙缸弄、邓家岭、三角井、徐家街和五龙山西首，将民窑连成一片，这里曾是珠山在历史上的最繁华的地带。与正街交叉的斗富弄、监生弄、火烧弄、五王庙、三角坦以及与火烧弄西向延伸段的青石街，当时也很热闹；还有与今半边街、徐家街相距不到 1 公里的里市渡，是明代祁门瓷石卸货和景德镇瓷器出口的码头。对岸有一个小集市，名曰"三间庙"，是粮食的主要交易地。位于今珠山区南边地带的小港咀，与著名的湖田窑遗址相距约 3 公里，是古代湖田窑烧造的瓷器出口之地。

清代镇区发展沿昌江向南延伸，在南部形成了几个新的繁荣街区，如位于御窑厂东南的陈家街，宋建司务厅，清设监镇厅，驻有众多督陶官员，街东南便是十八桥，是清代的镇中心，这里商业繁荣，素有"买不到的十八桥，卖不掉的泗王庙"之说；

图 2-2-2　清代景德镇图（引自《道光浮梁县志》）

瓷器街，据《景德镇陶录》记载："瓷器街颇宽广，约长二三百武……街两旁皆瓷店张列，无器不有"，以及"方广约二里许，遍地皆瓷器摊"的黄家洲[30]（图2-2-2）。

因清代制瓷原料多来自昌江下游，中渡口在这时成为颇为兴旺的渡口，其附近的八卦图和泗王庙，是牙侩和搬运工居住的地方。清嘉庆二十年（1815年），镇区已有可观规模，《景德镇陶录》记载："其自观音阁江南雄镇坊至小港咀，前后街计十三里，故又有陶阳十三里之称。"清道光十二年（1832年），镇区已"烟火近十万家，窑户与铺户当十三、七，土著十二、三"。依地域乡族关系组成的会馆、公所、行帮也大批涌现，大多分布在镇的四隅。到清宣统元年（1909年），镇内有同知驻防、巡检协防、把总专防、外委把总协防，并设有厘局、厘卡和盐卡。

现在的中山路，就是当年的前街；而中华路则是当年的后街，20世纪30年代拓宽成马路，另将麻石弄至马鞍山、斗富弄至莲花塘、东门头至莲花塘，连通、拓宽整理成三条东西向的马路，形成二横三纵的道路体系，这是目前有据可考的古镇街道格局。镇区沿昌江呈南北走向的狭长条带状，首先是因为昌江是其生产、生活的主要依托，其次因为东面受山岭阻挡，可拓展的空间有限，所以道路也与河流平行或垂直布局（图2-2-3）。

（五）古镇的功能空间

古镇各功能空间呈现出相互交织、复合的状态，没有任何街区尺度的功能划分，如昌江边既是对外交通要道，也是陶瓷原料加工制作的场所；御窑厂集手工工场、官府、祭祀于一体；窑场密集的南门头至里市渡一带，瓷器街、南昌会馆、通津桥、徽州会馆、青石街等与窑场杂糅在一起；东门头到徐

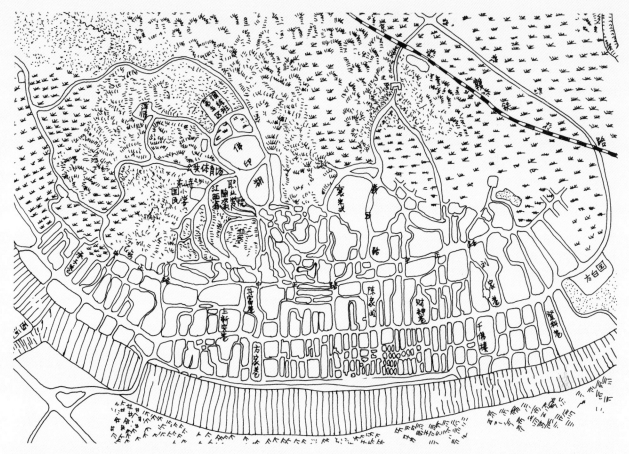

图 2-2-3　民国景德镇图（引自《景德镇老城区保护整治与更新规划》，中国城市规划设计研究院编制）

家街则龙缸弄、师主庙、风火仙祠、邓家岭、三角井、童关栅门等弄巷与祭庙混合而建，等等。窑场、作坊、庙宇、住宅、会馆、商店自由穿插布局，呈现自组织的特征，模糊而复杂完善，混杂却充满活力，这与它形成的方式密切相关，反映了传统手工业市镇的空间特征。

1. 居住建筑

景德镇传统住宅中保留有珍贵的明代住宅。按其空间组合的特点可分两类。第一类，明间堂屋与厢房都设楼层的住宅。这类住宅简单的是由正屋和两厢廊屋组成，复杂的是加倒座成为四合院。正屋面阔一般为三开间，符合明初"庶民庐舍……不过三间五架"的定制。底层高度相对比楼层高。详见本书第五章第一节。

明间堂屋为单层的住宅，平面布局是一堂两厢加后天井，或堂前加倒座。正屋面阔也是三开间，但堂屋空间处理得格外高敞，据调查这是因为住宅不仅是生活起居的场所，也可兼作瓷器工场，必须满足制瓷工艺及堆放的要求。

由于瓷窑窑体需定期更新，拆除重砌，拆下的废窑砖常用于砌筑住宅墙体，成为景德镇民宅外墙的一大特色。

2. 工业建筑

御器厂建筑分生产和管理两部分，管理部分是典型的衙门建筑，坐北朝南，中轴线上仪门之后是三开间的正堂，之后是一间穿堂，再接着是三开间的寝堂，堂后高地上筑一亭，明代题额"兀然"，清代改为"化绩"，正堂两旁，还各有三间厢房，东南开有三座门，正堂的左边建有官署，官署开设大门三座，正堂三间，东西廊房六间。正堂之前，有仪门三座，鼓楼三间，东西大库房各六座，御器厂的东边，是九江道的衙门，西边是官员的公馆[31]。

生产部分建筑分"作"兴建，"作"按生产的品种和手工工序来划分，如大碗作、酒钟作、碟作等以及画作、写字作、大木作、小木作等。各作房间各不相等，多则三四十间，少则仅一间。据《景德镇陶录》记载，明初御器厂有大龙缸窑、色窑、风火窑等20座窑，至宣德中已增至58座。厂内还有井两口，柴房一百余间，烧窑人役歇房八间，督工亭三座。此外厂内还有玄帝、仙陶、五显三座神祠及师主神祠[32]。

民窑制瓷作坊包括制作瓷器坯胎兼瓷器坯胎釉下彩绘的工场"坯房"和陶瓷烧成车间"窑房"，详见本书第七章第二节。

3. 商业、交通

景德镇民谚云："富则为商、巧则为工"，自古商业发达。位于御厂北部青石街与中山北路之间的新安巷，明代徽州人迁入并建造徽州会馆（又名新安书院）而逐渐拓展，徽商财力雄厚，控制了全镇金融业，还拥有不少当铺、绸布店、药店及粮食、南货生意。传统店面有1层的、1层加阁楼的，也有民国后出现的少数3层店面。店铺多为木构，三开间，中为板门店堂，两次间为板门柜面，开间宽度3米左右，首层空间较高，后与内宅相连，以半天井相分隔。也有建于清末、民国时期砖木结构的西式门面建筑。

清代景德镇瓷业发展的鼎盛时期，四方商贩云集，景德镇当时号称"十八省码头"。外省、外县人来此做工、经商，为了保护自己的利益，都在景德镇先后建立了自己的会馆。会馆是行业洽谈工作、商量业务和往来接待的场所，也是行会内部联络乡谊、进行行会活动的中心。它们有的以县为单位，如都昌会馆；有的以府为单位，如徽州会馆；有的是毗邻地区合建，如苏州和湖州合建的苏湖会馆；有的以省为单位，如湖南、湖北、山西、福建等省的会馆。据记载，景德镇在明代就建有"都昌会馆"，但多数会馆建于清代，有湖北会馆（见本书第七章第一节）、丰城会馆、青阳书院等，如今大部均已不存。

景德镇古代运输主要依赖昌江，码头成了重要的构筑物，最繁忙的渡口为里市渡、许家码头（位于半边街）、曹家码头（在中渡口）、湖南码头（通津桥）等，沿昌江由北向南分布。还有刘家码头（现刘家下弄西口附近）、南洲码头（现南门头河边）和袁洲码头（十八渡口）、石狮埠等。现在里市渡及其对岸的三间庙码头依稀还可见当日风貌。船到码头，必有装卸工人，这些人逐渐形成帮派，头目称"把头"。像曹家码头和湖南码头附近窑柴行较多，挑窑柴的挑夫就多；南洲码头挑瓷器的多；袁洲码头挑槎柴的多。如果乱了套，便容易形成斗殴。因而把头们便制订帮规，挑夫要按时间向把头缴帮费，新进的挑夫还要交进帮费，名曰"买扁担"。

4. 宗教、祭祀

景德镇镇区古寺庙甚多，据调查，民国年间，景德镇十里长街从观音阁到小港咀，共有大小寺庙91座，其中著名的古寺观有观音阁、五龙庵、东岳庙、九皇宫、地藏庵、禅师庵、东山寺、五王庙、泗王庙、陶王庙等十余座。自18世纪初就有传教士来景德镇传教，故城中还分布着天主堂、福音堂、耶稣堂、圣公会等教会建筑。

御器厂坐北朝南，集工场、官府、庙宇于一体，佑陶灵祠和巡司署设于御厂东西两侧，佑陶灵祠向南为饶州分府，官方祭庙与政府机构基本围绕御厂建立。佑陶灵祠建立在御窑厂内就意味着其独尊的地位，享受这一待遇的还有真武殿和关帝庙，而后者是全国范围内祭祀的神灵。佑陶灵祠内，中间供奉风火仙童宾神像，两边是窑厂内烧炼工的神像，包括把桩、驮坯、加表、收兜脚、打杂、一夫半、二夫半、三夫半等，构筑起景德镇独有的烧窑行业程序神祠格局。

其他行业神如师主庙、华光神、高岭土神、五王庙、汪王庙、泗王庙、陶王宁封子等，分布在景德镇各处；此外，每座窑房都供奉风火神的神龛，内放书写"风火仙童宾神位"的木质灵牌，并且常年供奉香灯，如果遇有烧窑或者倒窑事故发生的时候，就要到神龛前面祈祷。

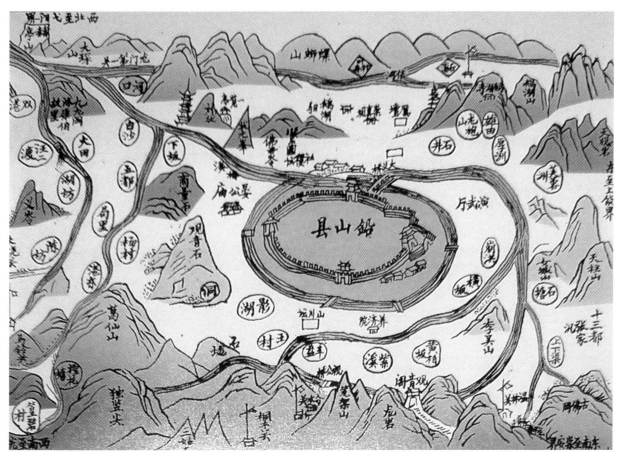

图 2-2-4 河口在铅山县位置图（引自《同治铅山县志》）

二、河口镇

（一）概况

铅山县位于江西省东北部，南唐保大十一年（公元 953 年）设县，县治设在永平（今铅山县永平镇），因永平西 4 里（2 公里）有铅山（今排山）产铅而得名。

河口镇位于铅山县境北部，东与鹅湖镇为邻，西接弋阳县，北隔信江与新滩乡相望，南临福建省的崇安县。古称沙湾市，铅山水在此汇入信江，故名河口（图 2-2-4）。

（二）山水环境

河口古镇北为信江，傍九狮山流过，南边是铅山河，沿金鸡山流过。

《同治铅山县志》载，"河口镇，县北三十里，即古沙湾市也。当信河铅河二水交会之冲，在汭口九阳石之上。"[33] 信江是鄱阳湖水系五大河流之一。发源于浙赣两省交界的怀玉山区，玉山县东北部三

清山大岗主峰平家源西南麓，南流称金沙溪。《同治广信府志》载，"信江，唐李翱谓之信河，朱子谓之高溪。……西南流经铅山县之河口镇，合诸溪之水，……汇于鄱阳湖入江。"[34]

古镇坐落在信江南岸，隔江相望北岸有九座石山排列，如九只雄狮，欲渡过江来；又似踞江拱卫古镇。这就是著名的九狮山，又名九石山，"九石相连，无林木，色如生铁，状如覆金，为西北之门户，所谓龙门也。上镌'龙门第一关'五字。"[35] 当地民谚以"门傍信江水，窗含九狮山"来概括河口古镇的风貌。

（三）聚落历史源流

在宋代以前，河口还是荒无人烟的沼泽地带，信江河和铅山河穿流而过。由于河水泛滥，河漫滩沉积，天长日久，形成冲积平原，在两河之间出现一片沙洲，渐成附近农民的集墟之地，名"沙湾市"。

明万历年间（1573～1620 年），河口文人费元

图 2-2-5　清代河口镇图（引自《同治铅山县志》）

禄在《晁采馆清课》中记述，"余祖始迁时，河口仅二三家，今阅世七十余年而百而千，……技艺杂耍，盖期舟车四出，货锪所兴。"[36] 此时，河口已成为南方诸省水运的重要通道，由河口顺信江而下可达于鄱阳湖，经鄱阳湖出湖口即可进入长江；由鄱阳湖溯赣江而上至大庾，越大庾岭入北江可抵广州；由河口沿信江溯流而上，至玉山转陆路可达浙江常山，进入钱塘江水系，号称"八省码头"。

因靠近物资转运的枢纽，河口及周边地区的手工业也兴旺发达。铅山河上游的造纸业成为江南地区五大手工业区域之一，与松江的棉纺业、苏杭的丝织业、芜湖的浆染业、景德镇的制瓷业齐名。此外，铅、铜开采与冶炼业、茶叶加工业也有相当规模。

入清朝以后，河口进入鼎盛时期。《同治铅山县志》记载，河口"货聚八闽川广，语杂两渐淮扬。舟楫夜泊，绕岸灯辉；市井晨饮，沿江雾布。斯镇胜事，实铅巨观。"[37] 这时的河口，是纸、茶、布匹、药材、瓷器、粮食等物产的集散地，有大小商店五千家，遍布九弄十三街，有"买不完的汉口，装不尽的河口"之称，与樟树、吴城、景德镇并称为江西四大名镇（图 2-2-5）。

清朝末年，随铁路、公路、海运等新交通方式的兴起，河口水运衰落，陆路不通，从此衰落。

（四）聚落空间结构

古镇的空间层次由北而南分别为信江码头区；沿江带状商铺、仓库和会馆混合区；南部会馆、客栈、庙宇与居住混合区（图 2-2-6）。

古镇没有明确的功能分区，大多街区都集商业、作坊、居住及其他相关功能如宗教等于一体，甚至许多建筑就集门市铺面、居室、库房、作坊于一身，具有明显的传统商业、手工业聚落的特征。

图2-2-6　河口古镇总平面图（引自《江西省铅山县河口历史文化名镇保护规划》，上海同济城市规划设计研究院编制）

1. 码头

在河口商业发展的盛期，宽阔的狮江江面上，樯如林，船如织，千帆竞发，川流不息。抛锚泊驻的大小船只连绵不断，伸至江心。另外，还有成千上万排的竹筏在此游弋或停泊。多时每日停泊大小货船达两千多艘，少时也有几百只，货物日吞吐量达数十万斤之多。

沿河有十余座码头，从一堡头到三堡尾依次排开，分别是官埠头码头、金家弄码头、巴家码头、井边码头、兴隆口码头、小桥弄码头、常州码头、肖公庙码头、蒋家码头、福星码头等。这些码埠通过巷道连接街道。它们或大或小，但大多以与码头相通或相近的街巷命名之，也有借用码头附近建筑物的名称的，码埠多以巨大的青石或麻石砌筑，有半圆形、长方形或梯形之别。官埠头是官船停靠的码头，始建于明代。其余则属于各商帮，如小桥弄码头，又称贵溪码头，是停泊贵溪运石灰、瓦罐、粮食和杂货船只的。肖公庙码头，是运输竹器行业所需毛竹的主要码头，因为在河口经营此业的几乎全是抚州人，又称抚州码头。青石埠码头，停靠建昌、余江人的船只，多半装运粮食和瓷器，等等。

2. 街巷

河口镇素有"九弄十三街"之称。九和十三皆为概数而非实指，为数量可观之意。

主要里弄有：严家弄（曾是青楼、杂货店集中地）、戴家弄（纸业、轿行、烟店、纸花店、轿行等商铺所在地）、油篓弄（油篓作坊）、金家弄（贸易市场）、五福弄（水产店、弹棉花行业）、旧弄里（典当行、旧衣加工改装）、新弄里（竹制品、花篾作坊）、石狗弄（车匠、小棺材店）、小桥弄（篾匠工具店）。

十三街即：一堡街、二堡街、三堡街、棋盘街、永庆街、半边街、一字街、火爆街、郑家街、工字街、天星街、旗杆街、新街。

此外还有黄公里、五云第、巴公里、典当边、官山沿、金塘沿、花园背、方家楼、三角地、牛皮厂、石牌弯、油麻滩、小河沿等地名。

临河老街，长约 1280 米，临信江东西走向，由东端的一堡街、二堡街、棋盘街、三堡街和西端的半边街组成。街面平均宽 6 米，二堡街和三堡街之间的棋盘街，街面最为宽广。

其他街弄，分布在临河老街以南，或纵或横，因地形而随宜变通，不拘轮廓的方整和道路网的均齐，自然地舒展铺排开来，或长或短，街面宽约 5～6 米，弄面宽约 4～5 米；街弄两边的店屋结构和布局与临河大街相似。临河大街是以纸号、茶庄、客栈、银楼、钱庄、药店等为主的综合性大街，火爆街专营烟花爆竹，桃花弄是花柳烟雨营，"过戴家弄不吃烧饼不回家"，总之各街各弄所经营的"物什"各不相同，各有特色。

街道路面用长条青石和麻石铺成，中间横铺，两侧纵墁。这些纵横铺就的青、麻石，留下一道道深深的辙痕迹。过去，有一种箍着铁箍的独木轮手推车（铅山人称"花车"），车上载满货物常年穿行其上，就在石质街面碾下道道深辙。这道道斑斑驳驳的车辙痕迹，录下了当年独轮花车轮轴间的吱呀碎响，刻印着街市熙来攘往的热闹，述说着古镇市肆往昔的荣光。

3. 官署

明万历年间，鉴于河口镇市井繁荣，朝廷将原驻铅山县福建边境石佛寨的巡检司移驻河口，以强化管理。清康熙十八年（1679 年），在一堡街建立巡检衙门。至清乾隆三十九年（1774 年），广信府知府王廷钦"因该镇人居稠密，廛肆纵横，商贾云屯雨集，五方杂处，非巡司所能临驭抚绥"，在河口设立分防同知署，又称分防府[38]。官署仍设在原巡检衙门。

4. 商店

典型的商业建筑有前街后河式与近代骑楼式，均为商住混合。

"前街后河"式一般沿街开店，中进为作坊，后面是仓库，直接通河。货物从河边运到后，直接在作坊进行分类、加工，再送至店面销售。店面多为传统木结构和砖木混合结构，铺面有活动门板可拆卸，檐很高，面宽小，进深大，进数多。

"近代骑楼"式则多为上住下店，或纯粹的店铺。

钱庄还设有地下金库，如位于二堡街的"朱豫立钱号"，老板朱直斋在屋内辟有一间约有 10 平方米大小的地下室作为银库，存放银钱。

一堡到三堡两侧店屋尚存 500 多家。这些店屋，南北相向，均为两层砖木结构，连续多进，有的进深达数十米；临街头进为门市铺面，里进依次为客厅、居室、库房、作坊等，二层为居室、账房、绣房等。建筑两侧有封火山墙，封火墙之间有 1 米多宽的通道，铺面宽一至三间不等，大多装有板门，营业时卸下（图 2-2-7）。店堂多采用木、砖、石三雕或彩画等装饰，并悬挂牌匾，或挂有幌子，以招徕顾客。其中，以银楼、钱庄、茶庄、纸号、药店、绸缎店最为豪华富丽。

5. 住宅

居住建筑多为穿斗式传统民居，二到三进，临河而居。

位于惠济渠中段左侧的"林壬锡暇"宅（可惜前不久这栋三百多年的老宅毁于火灾），其正立面墙体从河床上壁立砌起，大门口接架青石跨水梁桥，通小河右侧道路。其宅门楼为木雕拼镶，制工精细。大门内为一横天井，中门（仪门）与大门偏正改移，配置于天井右部。如此移位在风水讲究的是为了"避凶迎吉"，既畅不漏。实际上，这是空间处理的需要——门不相对，有限的空间才可能避免呆板并使其丰富。中门之后又是一方天井，接着才是前厅、正厅、厢房。左侧建有粮仓、厨房和题额"馀居"的便门，开辟在大门以内横天井左侧，形成了廻路。这样的空间处理，是为了起到曲折幽致、紧凑而有变化之效。整个宅子外观看似殷实小户，内部却豪华精美。惠济渠两岸，多是这种外观小户内则实豪的民宅，如"东海第"等。

图 2-2-7 二堡街某店铺（姚赣摄）

6. 会馆

商业的繁荣吸引了各地商人云集河口，以福建、安徽、南昌、抚州和建昌商邦为多。各地商帮建立的同乡会及会馆共 19 所。其中山陕会馆、徽州会馆、全福会馆、浙江会馆、旌德会馆、南昌会馆、建昌会馆号称八大会馆。会馆建筑通常在轴线上设置照壁、大门、戏台、享堂、后寝等建筑。

山西和陕西商人共同修建的山陕会馆在最热闹的一堡街。西客们财大业大，不但在河口，而且在附近的石塘、陈坊茶乡都修建有山陕会馆。《铅山县志》载：山陕会馆在河口一堡后街。清道光三年（1823 年），山陕客商重修。内祀关圣帝君[39]。规模甚为宏敞，画栋雕梁，藻井飞檐，前进有雕镂精美的戏台，前场可容千人；后进为大殿。另外，山陕会馆还置有店屋、田地等。

7. 宗教

古镇北面，九狮山天池岩下有天乳寺，与河口镇隔江相望，因岩下有泉，虽久旱而不涸，筑池蓄之，以泉养寺，酷似天乳，故而得名。池上有摩崖石刻"天乳池"三字，字大一米见方，笔力遒劲。天乳寺始建于明，它门临信江，有石阶盘曲而上，寺庙借前倾之山岩修建，古寺修竹，清幽不俗。

古镇内也有多处寺庵，有名的如位于一堡的寿世庵。此外镇内还有许多地方祭祀建筑，如位于一堡的天后宫、三宫殿、荆州社庙，位于宫埠的许真君庙，位于三堡的萧公庙等，惜今多已不存。

8. 惠济渠

河口镇中有惠济渠，又名惠济河、福慧河，相传为明朝宰相费宏个人出资开凿的人工河，建成于明嘉靖八年（1529 年）。惠济渠从镇东南郊起首，在向西入城时，又脉分主流、支流，其主流"引铅山河水曲折十余里，萦绕河口，自二堡大街出，会信河，可通小舟，容水破，居民利之矣。"另一支向西经清湖汇入信江。

惠济渠全长约 4700 米，在古镇范围内长约 2000 米，最宽处约 19.5 米，最窄处在小河沿约 3.5 米，罗家桥水面宽约 16.7 米。既有供居民日常用水的功能，又起到消防作用。

沿河建有护栏、码头，每隔三五十米就有别具一格的小桥横跨其上。这些石桥均两墩三孔，桥面用麻石铺砌而成，桥墩大多砌成凤头龟背状，取吉祥永固之意。沿惠济渠原有三十余座大小不同的石梁桥，现存 16 座，叫得出名字的桥有：龙洒桥、林板桥、罗家桥、大桥口桥、凡溪桥。每隔 10 米左右就有石砌台阶到河边，河岸护栏用麻石或红石砌成长方形带孔石栏（图 2-2-8）。

三、上清镇

（一）概况

上清镇位于龙虎山风景名胜区东南部，属重点建制镇，镇域土地面积 86 平方公里。泸溪河和鹰厦铁路均由东向西横贯镇域。上清古镇区位于镇域

图 2-2-8 惠济渠（姚赣摄）

图 2-2-9 泸溪河（姚赣摄）

中北部，泸溪河北岸，沿河展开，呈一长条形。

古镇区地势基本平坦，北部和东部略高，但高差不大。气候温和，雨量充沛，日照充足，四季分明。

（二）历史沿革

上清古镇原为唐代沂阳市，以其位于沂溪之阳，即今泸溪河之北岸而得名。一说为唐末人倪亚在此任官，政绩卓著，获封郡王，其后人定居于此，因名倪洋市。北宋崇宁四年（1105 年）在镇东建上清宫，因改称上清市。后又在镇内建天师府。明清时称沂洋镇，清乾隆三十年（1748 年）改称上清镇[40]。

上清镇的繁荣，除依托上清宫和天师府外，与泸溪河关系甚钜。泸溪河发源于武夷山脉福建光泽县的白云山西北麓，经江西省资溪县、贵溪市流经上清镇。上游古称沂溪，又称泸溪河，上清附近又称上清溪，下游称白塔河，在余江县锦江镇附近汇入信江，为其最大支流，最终入鄱阳湖。由于水路交通方便，使上清镇在古代成为闽赣之间的交通要冲，也是重要的商贸集散地（图 2-2-9）。

明初，上清镇即已形成近于今日的规模，沿泸溪河东西向伸展，自东向西分为三坊，分别为：五通坊、中坊、长庆坊。南面沿泸溪河形成贯通东西的上清街。至明代后期，上清街已相当繁荣，《徐霞客游记》称其"甚长"。沿泸溪河设有 16 处码埠，供水路交通之用，并成为镇内的重要公共空间。镇内南北向巷道也已基本形成，有柴家巷、关门口、

姜家弄等（图 2-2-10）。

晚清咸丰年间（1851 ～ 1861 年），太平军和清军曾在上清激战，镇内建筑损毁严重。此后陆续修葺，至民国年间大体恢复，其面貌一直保持到 20 世纪 80 年代。

（三）自然与人文背景

上清古镇是龙虎山风景名胜区六大景区之一上清宫景区的核心部分。龙虎山风景名胜区为东汉时期道教创始人之一张道陵修真得道之地，近两千年来一直是中国三大宗教中的唯一一种本土宗教道教的名山胜地，也是张道陵历代继承人，道教正一派历代天师的驻锡之地。传说张道陵于东汉永元二年（公元 90 年）来此地修道炼丹，经 36 年"丹成而龙虎见"，此地遂得名龙虎山。汉晋之间，第四代天师张盛移居此地，在上清镇一带先后建立了上清宫、天师府、静应观等宏大的宫观府邸，有"十大道宫、八十一道观、三十六道院"之说。张天师传位 64 代，历一千九百余年，历代帝王几乎都给予封诰、扶植，从而使龙虎山成为我国道教活动中心之一。

在整个龙虎山风景名胜区中，上清古镇历来是道教活动的中心，也是最重要的工商业集镇。上清宫位于古镇区东面，距古镇区仅 500 米；天师府位于古镇区中央，将古镇区一分为二；在古镇区南沿，临泸溪河，还有一条长约 1 公里的古街，称上清街，历来为本地区商业重地（图 2-2-11）。

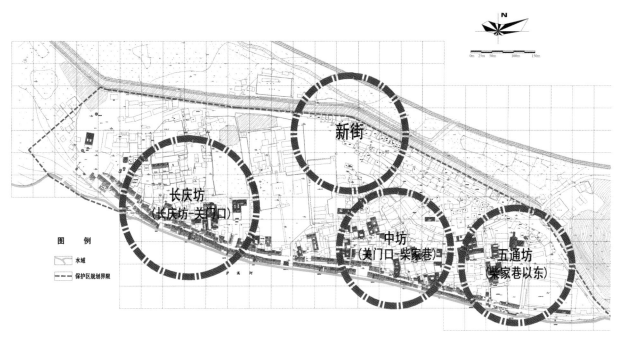

图 2-2-10　上清古镇总平面图（引自《上清古镇历史风貌保护规划及详细规划》，南昌大学城市规划研究所编制）

图 2-2-11　上清街（蔡晴摄）

图 2-2-12 蔡家码埠（姚糖摄）　　　　　　　图 2-2-13 长庆坊外景（姚糖摄）

（四）聚落空间结构

上清镇沿泸溪河东西向伸展，自东向西分为三坊：五通坊、中坊、长庆坊。天师府位于古镇中部，中坊与长庆坊之间。南面沿泸溪河形成贯通东西的上清街，另有若干与上清街相垂直的里弄与之相连，自东而西分别为李家弄、柴家弄、关门口弄、老姜家弄、新姜家弄、龙马弄。里弄命名与其附近居民的姓氏相关，宽度为 2～3 米。

泸溪河每隔四五十米便有一个码埠，码埠常以修建者的姓氏或其所处位置命名，沿河共有 15 处码埠，自东而西分别为汪家码埠、新渡口码埠、李家码埠、天主堂码埠、柴家码埠、张家码埠、蔡家码埠、方家码埠、关门口码埠、石衔口码埠、天师府大码埠、大码埠、观前码埠、姜家码埠、龙码埠。码埠与街道有宽约 2 米的通道及台阶相连，码埠用麻石铺砌而成，平面呈扇形，大的约 200 平方米，小的约几十平方米，与街面的高差约 3～5 米（图 2-2-12）。天师府大码埠是上清最大的码埠，其功能不仅有装卸货物，还是道教做法事取水的场所。

上清街长约 1400 米，最宽处约 10 米，最窄处约 1.2 米，街道两侧分布着大量传统店铺，沿泸溪河的一面，建筑呈现出吊脚楼的特征，为江西地区少见。古街的路面中部以条石铺砌，两侧则密密地排列着泸溪河里的鹅卵石，某些部位这些鹅卵石还

排成太极或八卦的图案。

上清古镇的发展与其为历代张天师起居之地密切相关，道教文化影响较大。但同时也存在多重信仰并存的状态。位于古镇入口处的长庆坊，又称朱丹溪先生祠，南宋有长庆寺，坊因寺名，元代废。明代初年，著名医学家朱震亨（浙江义乌人，号丹溪先生）在上清行医，颇有善举，镇民遂捐资重建长庆坊，内祀朱震亨像，以为纪念。故此建筑名为长庆坊，实为朱震亨祠。现存建筑基本保持晚清面貌。作为地方民间祭祀，至今仍香火极盛（图 2-2-13）。

天师府在镇区中部，详见本书第四章第一节。

聚落还有一批保存状况较好的居住建筑，其布局大多坐西北朝东南，与天师府轴线有一致的趋势。吴家大宅位于李家弄 16～20 号，为清末南平知府吴炳所建，规模宏大，横向分四路，中间两路为主人居所，东路为供佣工等居住的杂务院，西路为客房。东二路均为三进，西一路二进，西二路竟多达五进，其西尚有杂务院。

位于府前街 138 号的何家大宅，始建年代不详，现存建筑为清末所建。三间四进，前有门厅，其后为一纵长天井，为南方地区少见之形制。天井后有中门，其后又有一横长天井，其后为大厅，大厅后又有一天井，其后为厨房等杂务用房，形制完整，建筑保存基本完好。

第三节 村落

一、高安贾家村

（一）概况

贾家村位于江西省高安市新街镇西南 5 公里，全村现有四百余户，是新街镇景贤行政村村委会所在地。

（二）历史

据《畲山贾氏族谱》记载，此地原系畲族聚落，有蓝、雷两姓族人定居，故称"畲山"。宋开宝年元年（公元 968 年），世居汴梁之鄢陵的贾湖致仕以后自汴梁赴任筠州刺史，贾湖长子贾九四定居高安为高安贾氏始祖。

贾湖十七世孙贾季良于明洪武初年定居畲山，为畲山贾氏始祖。至今已有六百三十多年的历史。贾季良生有四子，分别为舜夫公、周夫公、鲁夫公、汉夫公，这四位应为畲山贾家的二世祖，今天贾家村仍保留着这四位先祖的祠堂。

相传此地曾有六姓人家在此聚居，贾氏入住之后不断发展壮大，此盛彼衰，现在全村除一户孙姓外，其余皆为贾姓后裔。位于贾氏宗祠东侧面的"七宝祠"就是这一历史的见证。七宝祠又称"七宝庙"，由贾氏、李氏、王氏、付氏、罗氏、兰氏等七姓村民合建，供奉玉观音菩萨一尊。

贾家自迁居畲山后，定居繁衍，逐渐发展成完全由贾氏家族居住的单一家族聚落，从此自称"畲山贾村"。

（三）聚落环境与结构

贾家村坐落在一个四面环山但较开阔的盆地的中心偏北，村落四周是平畴远山。按照村中老人的说法，贾家村始祖贾季良娶位于现贾村西南 1 里(0.5 公里)处的南家村南氏之女为妻，有一天路经畲山胜地，站在制高点，俯视整个地形，发现这里良田沃野，周边地形高，中间呈"凹"字形，似"金盆"堕地，具有雄浑景色尽收眼底之气势，遂决定在此建家立业（图 2-3-1）。

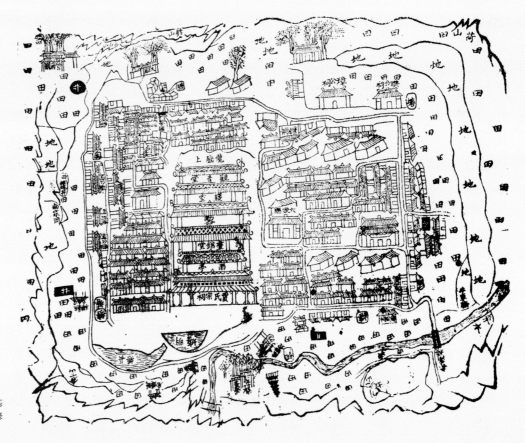

图 2-3-1 贾家古村基址图（引自《贾氏十修族谱》）

贾家村的选址并不符合中国传统中理想的风水布局模式——"负阴抱阳，左辅右弼，枕山、环水、面屏"，但贾家村的祖辈们仍煞费心机附会传统的风水理论，对其所处自然环境进行了独特的解释，并进行了相关营造，如《畲山十修贾氏族谱·基址图赋》所记：

"粤稽胜代，我祖季良，选幽卜筑，相其阴阳。畲山胜地，县治南乡，是曰仁里，爱宅此疆。既安居而，植业乃笃，庆而锡光。致椒聊之蕃衍，启瓜瓞以荣昌。览山木之环绕，用图绘于篇章。尔其团圆成象，平地为基，论家则八百莫罄，计口则数千有奇，稳水潆洄，平畴资灌溉之利；名山环绕，景行生仰止之思。远而望之，恍金盆之落地；近而察之，洵玉宇之高垂。乃有蠢然后峙，厥名钧山，峻不可极，高不可攀，崔嵬巍屼，拱卫屏藩。忆西涧之高风，名传汗简；望东岭之初日，秀揽烟峦。其南则阁皂仙峰，峥嵘巩固。望崒嵂之青苍，疑空蒙之烟雾，实邻邑之名山，亦畲山之屏护。至若玉塔高尖，恍文笔之右峙；平洲方正，似古砚之当前。爰有一水，绕塔而流，红波混混，来往砚洲。"

贾家村位于盆地的中心偏北，村落最北端距最近山脉山脚的直线距离约为3.3公里，村落最南端距最近山脉山脚的直线距离为37公里，四周实际上没有自然边界可作屏障依靠。按山势为南方传统聚落选址之基础，通称"龙脉"。贾家村将距村北3公里之外的钧山、三台山视作本村龙脉所依之山。钧山层峦叠嶂，长14公里，即《基址图赋》中所谓"乃有蠢然后峙，厥名钧山，峻不可极，高不可攀，崔嵬巍屼，拱卫屏藩"。三台山则被列为贾村八景之一"台山拱秀"。聚落主要建筑均呈偏西约20°，坐北朝南，与钧山—三台山一线垂直布置，成为贾家村基本的坐标系统，从而形成北偏西约20°、坐北朝南的村落格局。

但是贾家村的龙脉靠山钧山、三台山距村落有3～5公里之远，因此在村北入口处，又人工堆土丘一座，称为"畲堆"。村民将其视为村庄龙脉的龙头所在地，又是"畲山"的象征，贾氏成为村中

第一大姓后，继承了"畲山"崇拜的习俗。每年大年初四，村上男女老少都要到这里跪拜，迎接本地"大王神"，并举旗敲锣鸣礼炮将"大王神"迎至贾氏宗祠朝拜。

贾家村东北有庐泉湖，西有珠山湖，稳泉、庐泉交汇形成的小河自北而南绕村西而过，再向东流入肖江；村南有赤溪河由东而向西南注入肖江。稳泉、庐泉交汇形成的小河距村北约0.4公里，是古村用水的主要来源，而赤溪河距村南约0.5公里，是古村排水的主要去处。由于水源距村落有一定距离，村内散布着12口水塘，用以调蓄雨水、吞吐淤泥，它们与四口古井、路边沟渠一同构成了村内给水排水系统，这个系统沿用至今。

赤溪河因符合"龙高虎伏，弯抱有情"的好格局，被绘入贾家村的"基址图"，作为村落选址的依据。"入山观水口，登穴看明堂"，贾家村的水口位于村东南约0.7公里处赤溪河河湾处，即"巽位"吉方。

水口的营建也颇费了一番功夫，水口有形似古砚的沙洲一块，为增强锁钥的气势，还建有七级玉塔、文昌宫、翠竹庵，文昌宫前的千年古柏根深叶茂，苍劲挺拔，古樟等古树比比皆是。砚洲以东沿赤溪河有一系列土丘和一座略大的山丘——月光山，被描绘为"上有高峰平列，与月同钩，倒映波影，共月齐浮。……且也星堆成行，联珠累累"，月光山以东是赤溪桥。这些自然与人工的设置，暗合了风水术中"财源茂盛、人文之举、连绵科甲"的含义。

距村落南端约37公里处有阁皂山，"阁皂仙峰，峥嵘巩固。望崒嵂之青苍，疑空蒙之烟雾，实邻邑之名山，亦畲山之屏护。"虽然阁皂山在樟树市境内，借作贾家村的"屏护"，以使它符合"枕山、环水、面屏"风水佳境的要求。

经过这样一系列环境的经营和考察，坐落在一个开阔盆地中心偏北的贾家村"恍金盆之落地"，周边良田沃野适宜家族繁衍发展，佳山胜水又为家族聚居地畲山提供天然屏佑，成就了一个心理上家族聚居的风水宝地[41]（图2-3-2）。

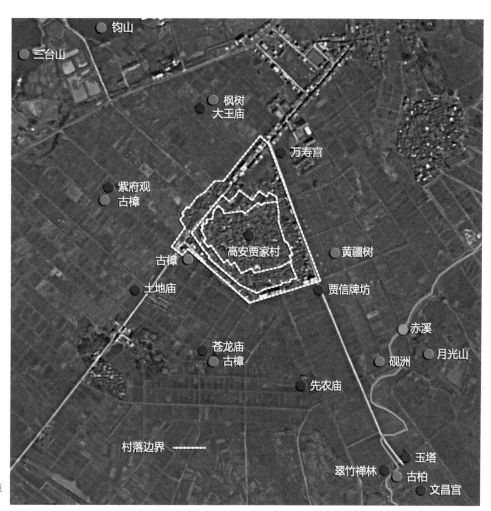

图 2-3-2 贾家古村周边环境图（蔡晴绘制）

如前所述，贾家村坐落在一个开阔的盆地中部偏北，村落四周无任何天然屏障，山区古代社会匪盗猖獗，因此它的聚落营建具有很强的防御性。

贾家村将居住区分"关内"、"关外"两部分，以八个关门区分，关门与环村主巷道相连，共有八关六十四巷。一旦遇上紧急情况，村民可以很快地集合在一起，而封锁了八个关门，外人也很难进入村子，而且这64条巷道中明巷道、死巷道纵横交错，很难分辨，外人入内似进入迷宫，可见整个村落的布局对安全的重视，不仅如此，贾家人还崇尚习武，有专用练武场地。

贾家村内部建筑以贾氏宗祠为核心，是全族管理和祭祀的中心，此外许多房祠如瓒公祠、璋公祠等分布村落各处；优秀的民居建筑如怡爱堂、赐福堂、泰盛堂等，不仅建筑精美，还留下不少传奇（图2-3-3、图2-3-4）。

贾家村外围则寺庙、宫塔林立，佛寺有村南的翠竹庵、村北的普贤禅寺；道观有村北的紫府观、村东的万寿宫；文庙有村南的文昌宫；还有地方祭祀建筑村北的大王庙、村西的土地庙、村西南的苍龙庙与先农庙等。它们和祠堂一起构筑起贾家村的传统文化和精神的家园。

二、吉安渼陂村

（一）概况

渼陂村位于吉安市青原区文陂乡，靠近吉泰盆地东部边缘，东北临赣江支流富水河（亦称"王江"），清代属庐陵县纯化乡七十六都。

（二）历史

南宋初年，北方饱受兵乱，陕西户县人梁仕

图 2-3-3 贾家古村总
平面图（蔡晴绘制）

图 2-3-4 贾家村景观
（蔡晴摄）

图 2-3-5 聚落沿河景观（姚赯摄）

阶带领族中子孙迁徙至江西，在当地基于立业，从基祖绅公至今已传了 33 代。为表明不忘自身来源，而将定居地命名为"渼陂"。"渼陂"是古池名，在今中国陕西省户县西，源出终南山，西北流入涝水。

南宋末年，已被文天祥称为"文献名宗"、"衣冠望族"（文天祥《梁氏合修大宗谱初序》）。明代中后期，渼陂逐渐发展成为当地的一处重要集市，在村东北面沿富水河畔形成了一条商业街道，称陂头街。清末，陂头街达到极盛，每逢墟日，四方客商云集。梁氏家族控制了陂头街九成的店铺，在内修建祠堂，续修族谱，增置族产，巩固宗法秩序；在外倡建义仓，督办团练，扩大宗族影响。凭借经济实力和政治影响，梁氏家族成为当地首屈一指的望族，渼陂进入历史上最兴旺的时期，由此奠定了聚落至今的基本格局和面貌。

民国时期，渼陂的商业逐渐衰落。抗日战争爆发后，江西省政府及所属机构纷纷南迁，曾带来陂头街的一时繁荣，但很快又重新衰落。

（三）聚落环境与结构

渼陂村东临富水河，水面宽阔，大帆船可由此直抵吉安入赣江，是吉泰盆地东南的重要通道之一，也是渼陂村主要的对外交通路线，是其商业繁荣的重要因素（图 2-3-5）。

发源于渼陂西南方向泰和县境内的小溪渼水，从西面流经渼陂村汇入富水河。它在村北一分为三：一支直接流入富水河；第二支以明沟的形式穿过聚落北端入富水河；第三支折向东南入村，从陂头街以南穿过整个聚落，沟通一连串池塘，将街市与村落分开，成为一条明显的地理边界，最后在村东南角以暗沟入富水河（图 2-3-6）。

在渼陂村周围另外还有一系列池塘，据历史记载总数为 28 口：一组环绕聚落的东南面，数量最多，连绵不绝形成条明显村落的界线；另一组分布于村落西侧。池塘对聚落周边的农田起到蓄水作用，同时也是鱼池。池塘铺装十分考究，用的都是整齐的青砖立铺，铺砌高度足有 1 米（图 2-3-7）。

渼陂村所在地文陂乡地层由沉积的红石岩、青

图 2-3-6　渼陂古村总平面图（姚糖绘制）

图 2-3-7　村中池塘（姚赯摄）

石岩和地下喷发的火成岩组成。东面高山峻岭，以火成岩为主；其他大部分地区以红石岩为主；少数热泥田地区地底层以青石岩为主。这一地质状况使得美陂传统建筑大量采用红石作为门框、窗框、建筑转角护角及天井井栏。路面及台阶则采用青条石。

渼陂村村落总体结构为"前村后街"。临河的陂头街部分以一系列池塘与南部的村落相隔，陂头街宽约 3 米，全长约 900 余米，今保存完好的尚有 600 余米。街面中为麻石纵向铺砌，以便推车行驶，两侧为鹅卵石，路两侧还有下水明沟。店铺临街而建，临河店铺后门可以直接停靠货船。此外临河店铺之间还有若干小弄通往江边码头，古村范围内现存码头 14 处。河上有简朴的木桥。

古街店铺早期集中在栋头，一般经营棉纱土布、竹木土产，之后不断向沿河向西北延伸，当地民谚有"先有栋头街，后有陂头街"之说。全盛时陂头街有店铺一百四五十家，还有规模宏大的万寿宫、义仓、福神祠等公共建筑，今尚存临街铺号百余处（图 2-3-8）。

店铺建筑简洁实用，不事雕饰，面宽约 4 ～ 8 米不等，店前有一两级台阶，前墙为板壁，板壁通常为可自由装卸的"响板"。进深较大，中间横向有隔断，前为店面，后为仓库或作坊。也有主体建筑后另建专供货船装卸货物的仓储屋，谓之"漕房"。

街北大当铺达尊堂现仅存八角楼一座建筑，楼为平面近正方形的歇山顶建筑，砖木结构，明 2 暗 3 层。明间后檐步有楼梯，楼层有平坐。

万寿宫位于村北，陂头街中段西侧，背村面河。主体建筑占地约 240 平方米。规模、形制在江西乡村万寿宫建筑中具有代表性，主体建筑三进，大门上方中有"王江铁柱"牌。进入大门有装饰华丽的戏台，二进是忠孝堂，三进供奉"万寿仙人"神龛，天井有雕饰精美的石栏。现仅存入口牌坊门、部分院墙和半截前墙。

义仓位于万寿宫以北，共三进，均为三开间，明间较次间为宽，柱径约 38 厘米，八角形红石柱础，

图2-3-8 陂头街（姚赟摄）　　图2-3-9 渼陂民居（姚赟摄）

用材硕大，构件无雕饰，中跨为抬梁式，边跨山墙承檩。山墙以青砖叠砌成五花墙，上覆青灰瓦。"凹"字形入口，红石门框，上有"义仓"门匾，款署"光绪四年九月吉"、"七十六都公建"。

富水河自东而西于村庄北缘流过，其下游转弯回旋处是为该村下水口，为锁住下水口，"护住如流的财源"，明万历壬子年（1612年），僧人朗然在此结庵，名铜窝庵。明天启三年（1623年）梁海华捐金重修，后又在庵旁增建观音堂、地藏阁。清嘉庆年间（1796～1820年），地藏阁毁于火灾，清同治乙丑年（1865年）由村中四个最富有的家族捐资重建，并更名为"养源书院"，江西最后一位状元刘绎曾作《渼陂养源书院记》记之。清代，铜窝庵、观音堂辟有精舍，为梁氏学子读书之所，称为"渼陂书舍"。今仅存地藏阁。阁为三开间，歇山顶，楼层有挑出的平坐。

村落部分以梁氏宗祠永慕堂为核心组成一个大组团，村东栋头、村南镜湖各自一个小组团。村落建筑类型丰富多样，主要有祠堂、书院、民居、牌坊等。

梁氏总祠永慕堂位于村南，开基不久后即构建。元末毁于兵燹，明武宗正德己卯年（1519年）重建，以后又多次扩建重修，规模不断扩大，今存建筑占地约1200平方米，雕梁画栋、飞檐翘角，南面有

面积近千平方米的池塘与之相映衬，为古村标志性建筑。除永慕堂外，保存完整的还有四座房祠，即节寿堂、孝友堂、洪庆堂、求志堂；另有两座家祠，即启明堂、岩敬堂（诚意斋）。

村中现存书院三处，分别为敬德书院、明新书院和振翰学舍。敬德书院为"达亿"家族所建，坐北朝南，面宽三间二进，前置小院。明新书院为村中最富有的四个大家族共建，坐北朝南，东西两侧附建廊屋作为学舍。振翰学舍为"三义"家族兴造，坐西朝东，西、北面有平面呈曲尺状的双层学舍。

村中民居多建于清末、民国初年，结构方式多采用砖墙承檩，平面形式多为二进天井式民居，清水砖墙或土坯墙，门楣前厅为装饰重点，大门门楣上方有门罩和题额，厅堂常有彩绘天花（图2-3-9）。

牌坊是传统社会为表彰功勋、科第、德政以及忠孝节义所立的建筑物。渼陂村现存牌坊两处，其中两处贞节坊：一在古街街头（栋头），一在古街街尾。两坊之后，均建有节孝祠。栋头坊砖构，四柱三间式，通面阔4.4米。明次间顶部均已拆毁，高度不详。此处原有大小贞节坊两座，表彰的是母女二人。所残遗者为女儿之坊，由于是未嫁而寡，故牌坊明次间均填以砖墙而不开门，仅在明间隐现拱门形状。通往节孝祠，则经由坊侧的院门。街尾

贞节坊亦砖构，三开间，通面阔 5.5 米，明楼高 5.8 米，于明间辟门，是节孝祠之院门。

古槐第牌坊是牌楼式门，为启公祠前院门，坊六柱五间式，石柱作垂莲柱状。明间花枋中置石匾，刻"古槐第"三字；次间则填绘彩画。顶角皆起翘，变成龙形吻，正脊中央镇以宝葫芦。檐下彩绘风景、诗文。全坊保存完好。

三、宁都东龙村

（一）概况

东龙村位于宁都县田埠乡境内，相传东龙建村于唐代，原名东屯，因其"东南有一脉群山，蜿蜒起伏，形如卧龙"，故改名东龙村。清代属宁都直隶州仁义乡上团。

（二）历史

相传在宋以前便已经建村，当时居住在村里的主要有曾、刘二姓，其聚居地在今东龙村西南的南坑。北宋乾德五年（公元 967 年），一位来自石城半迳的李姓村民在狩猎时看上了这块风水宝地，从石城半迳迁宁都田埠东龙开基，他就是现今东龙村民一致认同的开基始祖翊俊公（《宁都陇西李氏十修族谱》）。此后，李氏家族日益繁盛，而曾、刘两家则日渐衰落。

目前，在东龙村两千多名村民中，李姓占了 98.5%。尽管这些人都声称来自同一个开基祖，但却分成了两个不同的支系，两支人各有各的祠堂，各修各的家谱，各祭各的祖先，各扫各的坟墓。除了每年会共同举办庙会之外，几乎没有其他来往。其中一支，因其宗祠坐落在龙脉的上方，人称"上祠李氏"，其人口约占全村李氏总人数的 2.5%；另一支因宗祠建在龙脉的下方，人称"下祠李氏"，其人口约占全村李氏总人数的 97.5%。

（三）聚落环境与结构

东龙地处武夷山支脉，地势东高西低，聚落四面群山环抱，中间盆地是村民们耕作与居住的地方，有"架上金盆"之称。

李氏先祖依据周围环境的特点，在诸多山岭中选择了来路最长、山势最为雄伟的东龙岭、南桥岭作为该村的两大龙脉。这两座山岭都发源于石城东北部的武夷山支脉牙梳山。该山由东向西而行，在东龙村北面的石城小松镇镜内形成灵华山，之后，由北向南，从东龙村东北面入村境。入境后便兵分两路。一支由西北向东南，在村落的东面形成高耸入云的东龙岭，当地人称"虎嶂"。该岭向村内延伸部分，形成五条曲折的山梁，形如五匹奔驰的骏马，村民们称其为"五马归槽"。另一支由东北向西南，在村落北面形成雄伟的南桥岭。该岭向村内延伸部分，安稳停蓄，形如蹲踞的玉兔，村民们称之为"兔形"。由于东龙岭、南桥岭山势深远、林木苍翠，村民们便认为此处是真龙所在。

与东龙岭、南桥岭隔地相望，则是由东龙岭继续向西延伸而形成的尖峰山、糖罂寨、玉尖峰、上高山，这些山岭高低错落、耸秀峭峻，于村落而言如有山来朝。而在村落中部，则又从"五马归槽"中分出一支低矮的小山梁，匍伏在糖罂寨与南桥岭之间，名曰"凤形"，为村落之案山。于是东龙李氏便选择靠近"五马归槽"处作为聚居中心（图 2–3–10）。

东龙村的水流共有三条。一条发源于村东北的南桥岭，出山后便沿着"兔形"的山脚，从村子的西北部流过。另两条发源于村东南的尖峰山，出山后便合成两支：一支沿糖罂寨的山脚，绕过南坑，由东南向西北流；另一支则沿"凤形"山脚，由东向西流。三条小溪在村子的西面先后汇合，从而把整个村落环抱在一起。为消除来自村东北和村东南两个山坑里的风煞，村中挖了大小百余口池塘，建筑均依塘而建，这些池塘也解决了村中排水、防火等问题，又调节了小气候。

如此聚落环境，正如清康熙十二年（1673 年）翰林学士孔敏英在上祠李氏二修族谱序言中所描述："其形胜则四面皆山，高峰顶上中开大墩，豁然平旷，良田美池，阡陌交通，步履所至，湛然如大明镜。肖之曰：架上金盆，诚似也。两涧清流，一隘疆分，文峰东秀，御屏西峙，金星仙桥，

图 2-3-10　东龙村总平面图（蔡晴绘制）

玉堑天马。龙峡高耸，崔巍嵯峨，阁建凌峭，桥巩文昌，屋舍俨然参差者，万瓦康庄。衢辟曲径者，四路贞松挺翠，绵亘数里。桃、梅、梧、柳、绿竹间成一荫，如虬如龙，似画似图。鸡犬桑麻，都非恒境，宏信宿者屡矣。每当旋归，流连不忍去之。予听之，不禁击节曰：桃源洞欤，仁厚里也。"嘉庆年间村民李宽也赞美自己的家乡"风土清佳，山有巽峰、辛峰文秀丽，水有东涧、西涧之潆洄。"（图 2-3-11）

　　由于东龙村四面环山，地理条件上具有极高的封闭性，村中曾开辟出四条小路与外界相通。东北角有通往石城小松的石阶小道；西北角有通往本乡马头村的石阶小道；西面有通往杉涧的泥泞小道，西南有通往田埠的石阶小道。每条路的出入口都非常狭小，具有"一夫当关，万户莫开"之势。

1. 水口营建

　　东龙村西面出水处，有狮山、象山夹峙之美，但水一流出村，便跌入一条十多丈高的峡谷，大有泄泻之虞，于聚财十分不利。水口所在位置在风水罗盘上属于辛位，风水师认为辛位上若有山峰峻峭，可多出文才，故为增其势，明嘉靖年间，村民们在水口外的一座小山上建起一座 7 层砖塔，取名文峰塔，并在水口建起一座石桥，取名接龙桥，以示连接起东龙、南桥两支龙脉，锁住外泄水流。又在水口四周遍植杨、柳、桃、梅、梧桐等观赏树木。

　　据说该塔后因年久失修，加上其位置距村子较远，建好之后并未给东龙村人带来好运，反而让塔脚下的王沙村人占了便宜。为此，清雍正五年（1727年），在风水师的指导下，各房筹银 759 两 3 钱 5 分，将塔迁建至狮山顶上，并把塔下原有寺庙更名为宝塔寺。

　　接龙桥为一孔石拱桥，长 12 米，宽 7 米，后更名为玉虹桥。

2. 商业街

　　在聚落的中部，有三口大塘及一条东西走向的街道，这条街叫"早早街"，是东龙的集市"早早

图 2-3-11 聚落景观（姚赟摄）

市"。由于该村位于宁都通往石城，乃至福建的主干道上，且村民以往在外地的田产比较多，口粮大多可由外地佃农解决，故村内土地多用以栽种白莲、泽泻、糯米、烟叶、大蒜等经济作物，当地许多村民长期从事各种商业活动，贩运白莲去福建建宁，贩烟叶、糯米到福建长汀，回来时再把食盐、海产品贩到周围乡镇出售。与浙江、湖南也有贸易往来。此外村中手工业也很发达，木匠、篾匠、铁匠、泥水匠、豆腐师傅、鱼苗养殖师傅一应俱全。每到鲅鱼苗成熟的季节，来自福建、广东及周围县、乡的贩运者都云集于此，人数最多时可达一二百人。因此在清乾隆中期，东龙村已形成一个供本村人及外来客商进行商业交易活动的集市，集市每天清早开市，早餐后便收市，故称为"早早市"。相传开市之初，集上约有十余家店铺，分别经营杂货、酒饭、豆腐制品、鱼、肉等商品。这个集市历经数百年之久，一直延续到现在，尽管如今的集市规模已大不如前，但每天清早，这里依然有猪肉、豆腐、蔬菜等供应，

还有几家整天营业的百货、副食品、农资店。据集市统计报告，其猪肉销量，平时 1 头猪，农忙时 2 头猪，节日可达到 7 ~ 8 头猪，这在其他山区村落是很少见的。

3. 住宅与祠堂

祠堂和住宅是村落的主要建筑类型。李氏上、下祠是东龙李氏的总祠，位于村落西部，其位置远有朝山，近有案山，左右砂手远近高低适宜，宗祠前面有一片开阔的水田，田中间还有一口面积不小的水塘正对宗祠。李氏上祠位于村西北的"兔形"山脚下，因其地势较高称为上祠，祭祀东龙第六代上祠开基祖念四郎，由其后裔十五世李经禄、李经达于明洪武年间兴建。清乾隆、道光、光绪年间均有重修。李氏下祠距上祠约 50 米，为了不阻挡上祠的朝向，其建筑略显宽敞低矮，形似生蛋俯卧在地的母鸡，暗合子孙人丁兴旺之意，后人称之为"鸡婆形"。该祠由下祠开基祖李大郎后裔十七世李思常（东山公）及其子孙出

图 2-3-12　李氏下祠（蔡晴摄）

资建造，始建于明，后世有重修（图 2-3-12）。祠堂前有宽广的墀，墀前建有一巨大的照壁，为"藏风纳气"所用，壁前植有古杉树两棵，树龄已达四百余年。

除了属全族人所有的上、下祠之外，村中还曾建有五十余座分祠与房祠，现保存完好的有 28 座。这些分祠、房祠按照各支各房人居住的位置而分布于住宅之间。如慎斋祠、育斋祠、朴斋祠、坦夫祠、守政祠，等等。

一座具有围屋特征的居住建筑"东里一望"位于村落南面。该建筑由李氏下祠二十七世孙李光恕建造，详见本书第五章第二节。李光恕字仁方，致力于村中的公益事业，受到普遍尊重，因此该宅又称"仁方公祠"。

村中的许多李氏富户也都乐善好施，据记载清康熙初年到清末，东龙李氏就在村内外建了石桥 15 座、木桥 3 座、石亭 8 座。村中还很多常设公益机构和基金会，如"图会"、"桥会"、"学租田"、"房份田"、"义仓田"、"冷酒会"、"谷雨会"等。

4. 寺庙

东龙村有两座重要的民间宗教建筑，其间祭祀活动绵延近百年而不绝。

玉皇宫是村内最大的寺庙，位于"凤形"山脚田塅上，侧对祖祠。由 1942 年李英士捐资建造。该宫坐西南，朝东北，前朝之龙山为香炉峰和五马落槽形。廊厅供奉的是道教的护法神王灵官。前厅神龛空着，留待建醮时挂"功德"使用。上厅楼下为观音殿，供奉观音，楼上为玉皇殿，供奉玉皇大帝、李老君、托塔天王李靖。每年正月或七月之吉日，玉皇宫要分儒、佛、道三坛同时进行醮会。

胡公庙位于村北，牌楼式入口，明间上书"凌霄阁"三个大字，两侧写有"护国"和"佑民"。庙中祭祀地方神胡雄。每年农历四月初一至十一，东龙都要举行胡太公庙会。

除此之外，东龙村现存寺庙还有位于村东北角的将军庙、七仙庙，位于村南面糖罂寨上的永东寺，位于村西的宝塔寺（图 2-3-13）、三仙庙。

图2-3-13 宝塔寺（蔡晴摄）

5. 其他

此外东龙村还有书院、义仓等传统建筑类型。今东龙小学即原为书院所在地，义仓则附设于总祠侧屋。

明末清初，闽、粤、赣边境局势动荡，匪盗猖獗，为了加强村落防卫，东龙村民在对外通道的出入口用大石块各建了一个隘亭。清咸丰年间，为防备太平军攻击，村民们又在宗族的组织下，采取"照丁派工"的办法，选择四周的山岭，建起了尖峰寨、玉尖寨、龙公寨、鳅篓寨等四座石寨。寨内储备粮食、柴火、枪、炮、碾石等物，一旦村周边的隘口失守，村人便转入寨中，踞寨抵抗敌人。尖峰寨是目前仅存的一座石寨，墙厚2米许，内有简易住宅，挖有水井。

四、浮梁严台村

（一）概况

严台村，古称"严溪"，道光《浮梁县志》称"严岚"，位于浮梁县江村乡北部，与安徽省祁门县渚口乡和闪里镇相邻，距浮梁县城74公里。清代属浮梁县新定乡长宁都。

（二）历史

据严台《济阳江氏宗谱》记载，严台始祖江仲仁于南宋嘉泰元年（1201年）自世居地浯峰村迁来此处。名士涵月云在严台八景诗序中写道："仲仁公溯洄从之，见有严溪山明水秀可以式廓村基，况夫山有天水庵，溪有富春桥，犹是严家旧址，正可慕子陵之高风，徙居于也，而以严台之名称焉。"由此"严溪"得名"严台"。

另据村里老人介绍，严台村是自明代由徽州江姓人家迁此而建。村口的一座古廊桥富春桥，桥头"富春桥记"石碑注明了该桥始建于"明弘治十五年"（1502年）。因此可以认为至少明代此处已形成村落。

"富春桥记"石碑还记叙了该村的历史，称东汉严光在此隐居垂钓。按《后汉书·严光传》载："严光字子陵，会稽余姚人也。少有高名，与光武同游学。及光武即位，乃变名姓，隐身不见……乃耕于富春山，后人名其钓处为严陵濑焉。"严光隐居处当在浙江，距严台甚远。这座石碑的记述虽不真实，却对当地村民产生了很大的影响，他们将村南的山

图 2-3-14 严台村总平面图（蔡晴绘制）

岭命名为"富春山"，山下小桥命名为"富春桥"。

严台村四周群山拱峙，耕地十分有限，但该村的茶叶、茶油生产和销售从明代到民国年间都十分兴旺。经济的繁荣带来了人口的增长，到明末清初，村中男丁已逾一千。

清末至民国初年，人口不断增加，而聚落环境的限制使该村的发展空间有限，许多严台村民因经营茶叶、茶油及其他山货而迁居到湖北孝感，安徽东流、建德、江西彭泽、景德镇等地，但村中人气依然旺盛，也日渐拥挤。民国4年（1915年），江村乡严台村江资甫"天祥"茶号经营的"浮红"茶，在美国旧金山举办的"巴拿马万国博览会"上荣获金奖。

（三）聚落环境与结构

严台村地处黄山余脉，村中溪水环绕。《济阳江氏宗谱》描绘其聚落写道："浮梁极北偶，源尽见严溪。相其形与势，秋叶最相宜。负山更带河，四塞固村基。村藏天府内，左右密包围。天然内城堞，不待人修持。当日桃花源，风景总依稀，三面山环抱，鸟道极崎岖。一面通大道，关锁复重围。"严台村

依照"风水"说选址，枕山面水，前有照山，左右并有"青龙"、"白虎"。村落轮廓与地形地貌吻合，和山川自然和谐（图2-3-14）。

严台村的总平面犹如一片树叶，聚落自西南向东北面展开，其东北有山，临村落方向有五道山脊，形若五指，称"五云山"。此山是本村的龙脉，村落建筑均背靠此山，坐西北而朝东南。聚落东南方向较低矮的山丘当地人称作"富春山"，此"富春山"因其形似笔架，因此又称笔架山。村落东北面山岭名黄巡源岭，这样形成三面环山的格局。五云山和富春山向西南方向延伸，在村西南村落入口处形成交汇之势，留下约50米宽的开口，便是严台村的水口。水口西南方面有一块较开阔的盆地，一条大路延伸过来，这是古代通往安徽祁门的大路（图2-3-15）。

张汪坑来水经五云山流入，石库里来水经黄巡源岭流入，在村前汇合成严溪，再向东北流入村内，直行一段后分成两股，靠东南方向的称一股水，靠西北方向的称二股水。沿两股水形成的道路分别称为"一股街"、"二股街"，水流入村直行部分沿水形

图 2-3-15 浮北长宁都严溪村基图（引自《济阳江氏宗谱》）

成的道路称"前山街"，它们形成了古村的道路骨架。其他支路称"里"或"弄"，如村头上弄、方井里、花屋里弄、老虎弄等约有六十余条，它们与一、二股街相连而构成古村的道路体系。道路大多铺有青石板、细石片，两股水则构成排水体系（图 2-3-16）。

村落的水口经营颇具匠心，村落的入口绕开水口，在离水口南面四五十米处的严溪上建一小桥"富春桥"（图 2-3-17）。过桥沿溪而上走入村口，村口一座封闭的桥亭，又似村门，上书"严溪锁钥"四个大字。门右边雄峻的山体上几棵硕大而茂盛的古树雄踞山腰，威严而苍劲。俨然一个军事要塞，大有一夫当关万夫莫开的气势。门东侧沿严溪蜿蜒，门西侧是山坡，茂竹修林，当地人称为左青龙右白虎。

村中主要传统建筑类型为民居、祠堂、学校和油坊（图 2-3-18）。据记载明清两朝，严台村曾先后修造过合一堂、重美堂、世清堂、世隆堂、德一堂、德二堂、念一堂和崇义堂等八座祠堂，合一堂为总祠，始建于明。

据家谱记载，明、清两朝，严台村教馆、私塾、义塾共有 17 处。

明末清初，严台村经济繁荣，建造了大新、泰新、泰和、新泰、新和等五个油坊。其中四家现已消失，唯有大新油坊仍保留着原有的手工装备和手工榨油工艺，详见本书第七章第二节。当地村民仍记得当时，劳作一天深山里采摘油桐子，翻山越岭担下一担担的油桐子，交给油坊过秤，现在大新油坊的房梁上仍悬挂着一杆专用的杆秤。榨油时用两

图 2-3-16 村中道路（蔡晴摄）

图 2-3-17 富春桥（蔡晴摄）

图 2-3-18 严台村内景（蔡晴摄）

头牛蒙上眼睛，拉着巨大的石碾子，把干油桐碾成粉末，然后上火蒸熟，再用巨大的木槽，打入木契子，将油料榨出，静置一周再出售。

五、乐安流坑村

（一）概况

流坑村，今属江西省抚州市乐安县牛田镇，流坑村位于乐安县西南部，处在乐安县东南山区向西部中低丘陵的过渡地带。清属乐安县云盖乡三十八都。

（二）历史

流坑村建村于五代南唐升元年间（公元937～943年），村民大都姓董，据《抚乐董氏族谱》记载，董晋裔孙董清然在唐末战乱时，由安徽迁入江西抚州宜黄县，他的曾孙董合迁至流坑定居，成为流坑的开基祖。

宋时流坑因董氏科第而兴旺，成为江南大家族，时有"一门五进士、两朝四尚书、文武两状元，秀才若繁星"和"欧（欧阳修）董（流坑董氏）名乡"之美称。

元代遇兵燹，村子遭毁。明代之后，村中有识之士接续祖业，兴教办学，修谱建祠，以书香仕宦名世的流坑董氏复开登科之例，仕者渐盛。明代中后期，董氏族人受长江中下游商品贸易的影响，利用地处恩江之便利，进行竹木贸易，使村落经济有了新的发展。徐霞客到流坑村游历后记载："其处阛阓纵横，是为万家之市，而董氏为巨姓，有五桂坊焉。"[42]

清代流坑社会发生了重要变化。一方面，董氏的科举功名已是江河日下；另一方面，竹木贸易日渐兴旺。他们从恩江上游的金竹、招携等地，贩运竹木到赣江沿岸的三湖、樟树、南昌等埠，以及长江下游的南京、扬州、常州等地销售，从而使流坑的社会经济在清朝前期步入它的黄金时代。他们组织了竹木贸易行会——木纲会，垄断了恩江竹木运

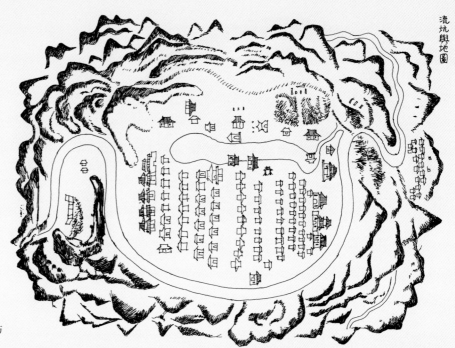

图 2-3-19　流坑舆地图（引自《万历
董氏族谱》)

输。致富之后通过捐纳的途径挤入士绅、官僚阶层，
又投入大量积累从事宗族和社区建设，修建祠堂、
编刻族谱、修桥助学，等等。清道光年间，村中祠
堂增至 83 座，书院、学馆增至 28 所，今天保留下
来的历史建筑大多建于这一时期[43]。

（三）聚落环境与结构

流坑村三面环水，恩江（又名牛田河、乌江）绕村南、
东、北三面自东南向西北流去。选择此处作为村址，
符合传统聚落"攻位于汭"的选址理论（图 2-3-19）。

流坑村四面环山，所谓"天马南驰，雪峰北耸，
玉屏东列，金绛西峙"，钟灵毓秀，山川形胜。其
山系属东北—西南走向的雩山山脉，从流坑村沿江
到下游的峡圳村，两岸古樟有上万株。

至明代中叶，从南京辞官回乡的刑部郎中董燧
带领族人在村子西南方用人工挖掘出七口池塘，它
们由南而北，紧密相连、绵延如龙而被称之为"龙
湖"。湖水与江水连为一体，对流坑村形成环抱之势，
当地人形象地称之为"活水排形"。村中道路体系
也同时进行了整理，原来密如蛛网的小巷，逐渐形
成"七横（东西向）一竖（南北向）"八条较宽的街巷，
使整个村子形成"七横一纵"的梳子形状。七条横
巷自东而西分别为上巷、闯家巷、圩上巷、明经巷、
贤伯巷、中巷、隆巷，南北向名为横巷（图 2-3-20）。

每条巷的巷口都直对乌江河岸，并且都建有一
个码头。建筑均临巷而建，各条大巷首尾都设门及
望楼，望楼之间有村墙连接，用于村人关启防御。
形成"一门一巷一码头"的格局。

有效的排水系统也逐渐修筑完善，巷道均用鹅
卵石铺地，一侧挖下水沟，将雨水和生活废水汇入
龙湖，再流进村西北的恩江下游。这些水道至今还
在发挥作用。

全族大宗祠则建于村北，房祠建于各房住宅附
近，其他宫观庙宇均建于村外，以合古礼。村西沿
龙湖有朝朝街，是流坑村的集市、贸易之地。

全村地势东部平坦开阔，西部略呈向东倾斜，
因此东部聚落更密集，整个村基西高东低，西部的
雩山山脉西北麓的金鼓峰则为其龙脉，东侧远方有
东华山为屏，形成理想的居住环境（图 2-3-21）。

村中现存五百余幢建筑中，有明清古建筑及遗
址计二百六十余处。

流坑村历史建筑物、构筑物类型丰富多样。有
民居、宗祠、庙宇、书院、戏台、店铺、牌坊、桥梁、
水井、古墓、风雨亭、码头、古塔遗址、古村门遗
址等，几乎包括了大部分传统民间建筑类型。

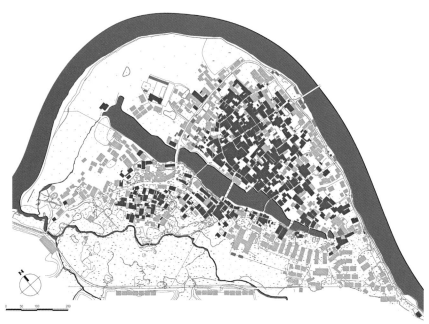

图 2-3-20　乐安流坑村总平面图（蔡晴绘制）

图 2-3-21　流坑村内部景观（姚糖摄）

图 2-3-22　大宗祠遗址（姚糖摄）

村内还有若干组由于数代同堂或以血缘关系聚族而居形成的建筑群组，如"大宾第建筑群组"、"星第门建筑群组"、"思义堂建筑群组"[44]。它们数幢建筑前后相连，左右相通，合纵连横，曲折多变，既珠联璧合，又独立成章，给人形成院内有院、门里套门、变幻莫测的感觉，其规模气魄之大，令人叹为观止。

五处风貌保存较完整的历史街区为老朝朝街历史街区、龙湖东岸历史街区、贤伯巷历史街区、隆巷历史街区、中巷历史街区。

因特殊因素形成的历史场地——大宗祠遗址，现在是位于村北的一处开放空间，民国时期，北洋军阀孙传芳的部队焚毁了董氏大宗祠——"敦睦堂"，现仅存五根高8米、直径0.7米的砖柱，被称为流坑的"圆明园"，它们孤独矗立所形成的朴实深沉的景观加深了流坑村的历史厚重感和沧桑感（图2-3-22）。

注释

① 江西省文物考古研究所，樟树市博物馆 . 吴城——1973～2002年考古发掘报告 . 北京：科学出版社，2005.

② 光绪江西通志 · 卷一 · 地理沿革表 .

③ 汭即水体相交处形成的水湾，见《说文解字》。攻位于汭，典出《尚书 · 召诰》，谓占领水湾处。

④ 彭适凡 . 再论古代南昌城的变迁与发展 . 南方文物，1995，4.

⑤ 乾隆南昌府志 · 卷三 · 建置 .

⑥ 万历南昌府志 · 卷四 · 城池 .

⑦ 同治南昌府志 · 卷九 · 城池 .

⑧ 同4。

⑨ 同治南昌府志 · 卷十一 · 建置 · 南昌公所 .

⑩ 同治南昌府志 · 卷十三 · 典祀 .

⑪ 同治南昌府志 · 卷十四 · 寺观 .

⑫ （清）陈宏绪 . 江城名迹记 · 卷二 .

⑬ 同治赣县志 · 卷十 · 建置志 · 城池 .

⑭ 同治赣州府志 · 卷之四 · 山 .

⑮ 嘉靖赣州府志 · 卷五 · 创设 .

⑯ 同治赣州府志 · 卷之三 · 城池 .

⑰ 同14。

⑱ 同15。

⑲ 同14。

⑳ 冯长春 . 试论水塘在城市建设中的作用及利用途径——以赣州市为例 . 城市规划，1984，1.

㉑ 万幼楠 . 赣南传统建筑与文化 . 南昌：江西人民出版社，2013.

㉒ 同治赣州府志 · 卷之三 · 城池 .

㉓ 同治临江府志 · 卷五 · 建置 · 公署 .

㉔ 同治南康府志 · 卷五 · 建置 · 公廨 .

㉕ 同治袁州府志 · 卷一 · 沿革 .

㉖ 同治袁州府志 · 卷二 · 建置 · 公廨 .

㉗ 道光浮梁县志 · 卷八 · 食货 · 陶政 .

㉘ 余家栋 . 江西陶瓷史 . 开封：河南大学出版社，1997.

㉙ 同27。

㉚ 本节所引《景德镇陶录》，均据（清）蓝浦，郑廷桂著 . 连冕编注 . 景德镇陶录图说 . 济南：山东画报出版社，2004.以下不一一注出。

㉛ 道光浮梁县志 · 卷五 · 公署 .

㉜ 方李莉 . 传统与变迁 . 南昌：江西人民出版社，2000.

㉝ 同治铅山县志 · 卷二 · 地理 · 疆域 .

㉞ 同治广信府志 · 卷一之二 · 地理 · 山川 .

㉟ 同治铅山县志 · 卷三 · 地理 · 山川 .

㊱ （明）费元禄 . 晁采馆清课 . 上海：商务印书馆，1936.

㊲ 同33。

㊳ 同治铅山县志 · 卷十一 · 职官 · 河口分防 .

㊴ 同治铅山县志 · 卷七 · 建置 · 附各会馆 .

㊵ （清）娄近垣编撰 . 张炜，汪继东校注 . 龙虎山志 . 南昌：江西人民出版社，1996.

㊶ 蔡晴，姚赯 . 传统乡土聚落环境意义的解读 . 农业考古，2012，4.

㊷ （明）徐弘祖著 . 褚绍唐，吴应寿整理 . 徐霞客游记 . 上海：上海古籍出版社，1982.

㊸ 周銮书主编 . 千古一村——流坑历史文化的考察 . 南昌：江西人民出版社，1997.

㊹ 同43。

江西古建筑

江西古建筑

第三章 衙署与学校

江西衙署与学校分布图

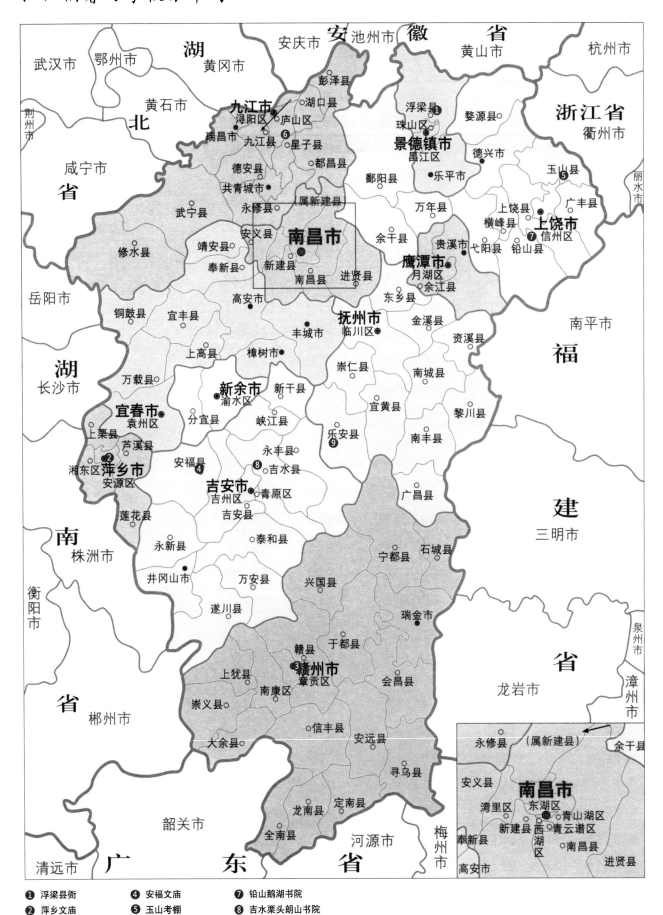

（地图引自：中华人民共和国民政部编. 中华人民共和国行政区划简册 2014. 北京：中国地图出版社，2014.）

❶ 浮梁县衙	❹ 安福文庙	❼ 铅山鹅湖书院
❷ 萍乡文庙	❺ 玉山考棚	❽ 吉水栗头朗山书院
❸ 赣州文庙	❻ 庐山白鹿洞书院	❾ 乐安流坑文馆

现存的江西古建筑受北方官式建筑的影响相当有限，即使官府建造的衙署和学校亦如此。

江西各级传统衙署绝大部分均已不存，现存较完整者仅浮梁县衙一处，具有较明显的地方特征。

江西现存的官学仅有几处县学，其中仅萍乡县学保留学校部分，其余仅存文庙。考试设施则除玉山考棚一处外，均已不存。在这少量的学校中，也可以见到显著的地方做法，与官式建筑差别明显。江西历史上文教发达的主要表现，是自唐代以后，一直有相当数量的民间书院存在，代替官学，履行教育职能。据李国均等统计，唐代江西就开设有七所书院，为全国最多；至宋代增加至224所，清代再增加至323所[①]。事实上，还有大量乡村书院未统计在内，如本书将要介绍的吉水朗山书院。这些书院，有些至明、清已具有官学色彩，建筑形制亦具有官学特征，如白鹿洞书院、白鹭洲书院，但仍有部分为完全的民间书院，建筑形制亦与民居近似，是江西文教传统的具体而鲜明的体现。

第一节　衙署：浮梁县衙

浮梁县位于江西省北部，在历史上曾两撤两立，三易县名，五迁县治。唐高祖武德四年（公元621年），析鄱阳县东界置新平县，包括现在的祁门县和婺源县的一部分，县治设在今浮梁县江村乡沽演村，系当时县域的地理中心。唐武德八年（公元625年）新平县撤销，重新并入鄱阳县。唐开元四年（公元716年）在原新平县范围内置新昌县，县治设在昌江与其支流东河交汇处的南城里（今属浮梁镇）。开元二十八年（公元740年），析县东南的游金乡与歙州休宁县西南部合置婺源县，新昌县版图缩减1/4以上。唐天宝元年（公元742年），新昌县更名为浮梁县。唐永泰二年（公元766年）又分出浮梁县东北部与歙州黟县西南部合置祁门县，版图再次缩减1/3以上。唐元和十一年（公元816年），因水患，县治迁往昌江之西的高地，即今日的浮梁镇旧城村，从此历经1100年不变，直至民国5年

（1916年）浮梁县县治迁往景德镇[②]。1927～1929年一度改为景德市，后恢复为浮梁县。1949年新中国成立后市县分离，景德镇单独划出建立景德镇市。1960年浮梁县建制撤销，行政区域由景德镇市直辖。1988年重置浮梁县，县政府驻浮梁镇大石口至今。

在一千多年的历史中，浮梁以瓷茶互利、农工商并举的经济格局在各个时代发挥着重要的作用。浮梁县在天宝元年即定为上邑，知县为五品衔；以后又屡次被越级定为五品县衙，是少见的高品级县治。

现存的浮梁古县衙建于清末，占地约6.5公顷。现保留中轴线上的头门、仪门、大堂、二堂及三堂，基本保持了县衙主体风貌。1987年公布为江西省文物保护单位。

头门主体为三开间马头墙硬山顶建筑，两旁设八字砖照壁，后设门房。主体前后设通廊，以砖墙分隔。明间中央开一门，设宽大青石门仪（图3-1-1）。入内为宏大前院，两厢为诸赋税公事房，系近年重建。仪门位于前院端部中央，亦为三开间马头墙硬山顶建筑，前后通廊，以板壁分隔，三开间均开门（图3-1-2）。

入仪门，为另一宏大庭院，两厢为礼、吏、户、兵、刑、工六房司吏办公处，亦系近年重建。端部即为县衙大堂，为五开间带前廊马头墙硬山顶建筑，中央三开间打通为厅堂，明间有匾，称"亲民堂"（图3-1-3）。明间脊檩下书有墨书"大清宣统元年岁次己酉孟冬月下浣吉立　钦加同知衔赏戴花翎权知浮梁县事张、毛公建"。按清宣统元年即1909年。结构体系为抬梁穿斗混合木结构，明间二贴为抬梁，边贴为穿斗，与赣东北地区一般大祠堂做法颇为近似，斗栱均为丁头栱或撑栱，毫无官式建筑特征（图3-1-4）。

大堂后为一狭长天井，中植花木，有穿廊通向二堂，系一座明三暗五开间建筑，中央三开间亦打通为厅堂，亦有匾，称"琴治堂"（图3-1-5）。两梢间为暗间。二堂后为一更为狭长的天井，称三堂，实际为知县居住部分，天井中亦设有穿廊通往三堂，实仅明间一开间而已（图3-1-6）。

图 3-1-1　浮梁县衙头门（姚糖摄）

图 3-1-2　浮梁县衙仪门（姚糖摄）

图 3-1-3 浮梁县衙大堂（姚糖摄）

图 3-1-4 浮梁县衙大堂近景（姚糖摄）

图 3-1-5　浮梁县衙二堂（姚糖摄）

图 3-1-6　浮梁县衙三堂（姚糖摄）

第二节　官学

中国古代的学校体系总体可分为官学与私学两部分。官学大约起于西周，历代时有更张，名目不一，大致分县学、府（州、郡）学、国学等层级，有名无实时多，名实相符时少，至宋代以后逐渐沦为科举制附庸，已失去教育意义，主要负按国家订立的标准行督导考核之责，并相应地推销法定的意识形态，实际上更接近于一个考试机构。

中国官学体系的一个重要特点是各级学校都担负了祭祀职能——祭孔。东汉永平二年（公元58年），汉明帝就下令国学与郡县学校皆祀周公和孔子，这是在学校内祀孔子之始，但当时学校并不立庙。北魏孝文帝统治期间，谥孔子为"文宣尼父"，各地官学祀孔子的礼制有所发展，开始在各地地方学校建立孔庙，但尚未形成制度。至唐初，先是唐高祖李渊在京城的国子学设周公、孔子庙，奠定了学庙合一的雏形；至唐太宗统治时期，将周公祭祀从学校移出，学校专祀孔子，又命各州县皆立孔庙，从此，学庙合一的制度开始广泛推行，并逐渐形成了完善的学庙祭孔制度。③唐玄宗加封孔子为"文宣王"，此后，孔庙又称文庙。

官学在各地的发展先后不一。江西地方学校的建立，最早可追溯到西晋建立的豫章郡学和鄱阳郡学。豫章郡学于西晋太康年间（公元280～289年）由豫章太守胡渊创建。鄱阳郡学由鄱阳内史虞溥创建，具体年代不详。虞溥生卒年亦不详，约在公元240～300年之间，任鄱阳内史值其早年，因此鄱阳郡学的建立有可能早于南昌郡学。县学则始于唐高祖武德年间（公元618～626年）创建的萍乡县学。宋代地方学校出现大发展，至北宋末年，江西所有州县都已建立学校④。

清末废科举，民国停祭孔，官学两大职能全部消失。部分官学转为现代学校，另一部分官学逐渐湮灭。至今，江西境内传统官学的学校部分几乎已完全消失。

一、萍乡文庙

萍乡文庙位于萍乡市旧城区南部文庙巷，原系萍乡县学的一部分，创建于唐武德年间（公元618～626年），在江西所有官学中兴建最早。此后亦经过多次迁建，至明嘉靖三年（1524年）迁至今址，此后又经过数次重修，现存建筑格局形成于清雍正十二年（1734年），建筑本身则经过清同治十年（1871年）重修。1987年列为江西省文物保护单位（图3-2-1）。

萍乡县学原由三路建筑组成，东路即文庙，由棂星门、泮池、戟门（大成门）、厢房、月台、大成殿、后花园组成，总占地面积近4000平方米（图3-2-2）。文庙之西为县学，西一路设有明伦堂、崇圣祠和教谕署、训导署，西二路为斋舍。现仅存文庙部分的大成门、大成殿（图3-2-3）和殿前东西两庑，以及学校部分的明伦堂（图3-2-4）和训导署（图3-2-5），其余均已不存。棂星门为近年重建，并非原物。

建筑单体具备浓厚的地方色彩。大成门面阔五间，进深两间加前后廊，明间及两次间为大门，东梢间为名宦祠，西梢间为乡贤祠。通面宽约29米。中央三开间设楼，覆以歇山顶，两次间中又加入不落地的柱，使楼层变为五开间。两梢间为两坡硬山顶。出挑全为挑梁，梁下加雀替，梁头插纱帽翅插栱。

门内为庭院，两侧设廊庑，庭中设月台，上为大成殿。大成殿外观面阔五间，实际为五开间加周围廊，但南北外廊减柱又移柱，先减去梢间外侧廊柱，再将梢间内侧廊柱移至明间廊柱与转角廊柱之间，使外廊亦为五开间，导致柱网梁架组织颇为复杂。明间廊柱为透雕盘龙石柱，其余廊柱均为抹角方石柱，重檐歇山顶。殿内满铺平闇天花，绘山水花鸟图案，明间设斗八藻井，绘云龙麒麟图案。梁架为穿斗式。下檐为挑梁出挑，梁头插纱帽翅插栱。上檐为四跳如意斗栱。整个建筑的装饰十分复杂。

图 3-2-1　萍乡文庙大成门（姚糖摄）

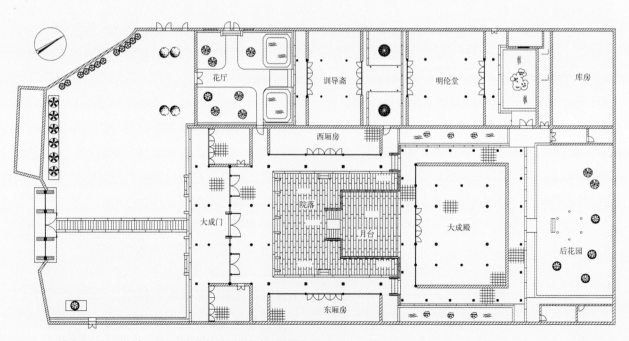

图 3-2-2　萍乡文庙总平面图（江西省文物保护中心提供，徐少平等测绘）

图 3-2-3 萍乡文庙大成殿（姚糖摄）

图 3-2-4 萍乡文庙明伦堂（姚糖摄）

图 3-2-5　萍乡文庙训导署（姚糖摄）

二、赣州文庙

赣州文庙原系赣县县学的一部分，历史悠久。创始于北宋，但此后经历数次迁移，直至清乾隆元年（1736 年），才最终迁于今址。其地位于赣州旧城东南的厚德路东段，东侧有慈云寺，西侧有武庙，南面隔道路有濂溪书院。乾隆四十二年（1778 年）又经过完全重建，形成保留至今的格局⑤，不过仅有文庙幸存，其余部分均已毁去。2013 年列为全国重点文物保护单位。

文庙坐北朝南，前有开阔广场，中设棂星门及泮池，均系近年重建（图 3-2-6）。泮池后有戟门，两侧又设东西二门，内有一横向庭院，东、西两端设官厅。院北正中为大成门，系三开间歇山顶二层楼房，木结构纯为民间做法，下层明栿为月梁，斗栱为某种丁头栱与撑栱的混合；上层斗栱纯为细杆型撑栱。大成门两侧分设名宦祠、乡贤祠。内为一

纵长庭院，两侧有宽广廊庑，用曲线封火山墙分隔成三段。中有甬道通向一方形月台，台后即为整个建筑群的核心大成殿，殿后还有崇圣祠。总占地7000 余平方米。现存的这些内容实际上仅是原县学的中路，东、西两侧原来还各有一路。东路为县学主体，外有头门，内部沿南北轴线延伸，前半部为学校，依次设明伦堂、正斋、后堂，现已不存；后半部为文昌宫，设魁星阁和尊经阁。西路较小，外也设有头门，内部有副斋，后设节孝祠和孝子祠，现均已不存。

大成殿是文庙建筑群的精华所在，坐落在 1.5米高的石台基上。殿身面阔七间 31 米，进深六间24 米，实际为五开间带周围廊，重檐歇山顶。正脊高 15 米。屋顶覆以青绿菱形剪边黄琉璃瓦，加上青花瓷的屋脊和吻兽，并配以彩瓷宝顶，气势华贵庄严（图 3-2-7）。

结构带有浓郁的地方风格。廊柱采用红石柱，

图 3-2-6 赣州文庙外景（姚糖摄）

图 3-2-7 赣州文庙大成殿及月台（姚糖摄）

图 3-2-8　赣州文庙崇圣祠（姚赯摄）　　　　　　　　　　　　　　　　图 3-2-9　赣州文庙东庑山墙（姚赯摄）

下层斗栱为明间出丁头栱二跳，次间出丁头栱三跳；上层斗栱为明间出丁头栱三跳，次间出丁头栱四跳，各层栱头上均有纱帽翅。廊上每开间均覆以覆斗藻井，明间藻井四边以如意斗栱承托。大殿中塑有孔子像以及孔伋、孟子、曾参、颜回四配之像，两侧还塑有十二哲人像，供人们祭祀。两侧廊庑和殿后的崇圣祠（图 3-2-8）多使用曲线山墙，是赣南受到闽广地方建筑影响的体现（图 3-2-9）。

三、安福文庙

安福文庙原来也是安福县学的一部分，创始于北宋庆历（1040～1048 年）年间，后来也经过两次搬迁，至南宋绍兴十二年（1143 年），迁建于今址，即安福县平都镇西门。此后历经修葺。至清同治二年（1863 年），再次重修，形成保存至今的形制[⑥]。2013 年列为全国重点文物保护单位。

现存建筑有泮池、状元桥、大成门、名宦祠、乡贤祠、东庑、西庑、大成殿等。

大成门前为半月形泮池，状元桥横卧于泮池之上，名宦祠、乡贤祠分别位于大成门东、西两侧，大成门与大成殿之间东、西两侧分别为东庑和西庑，状元桥、大成门、大成殿位于同一条中轴线上，名宦祠和乡贤祠、东庑和西庑均呈对称分布（图 3-2-10）。

建筑布局虽符合一般官学文庙规制，但单体建筑造型、结构与构造则几乎纯为地方民间做法。

大成门为一座十一开间建筑，长约 40 米，将大成门与名宦祠、乡贤祠组合成一体（图 3-2-11）。中央五开间为大成门，两端各三开间分别为名宦祠、乡贤祠，进深两间加前后廊。整体而言是一座两坡硬山顶建筑，明间和两次间设楼，覆以单檐歇山顶，明间楼层又设一牌楼式厦顶，使整个轮廓成为类似于大牌楼的三叠水形状。前后廊柱均为红石柱，正面明间的两棵石柱为透雕盘龙圆柱，其余为抹角方柱。中柱为木柱。出挑纯用丁头栱承挑檐檩，下檐两跳，上檐三跳。厦顶檐下作曲颈轩。

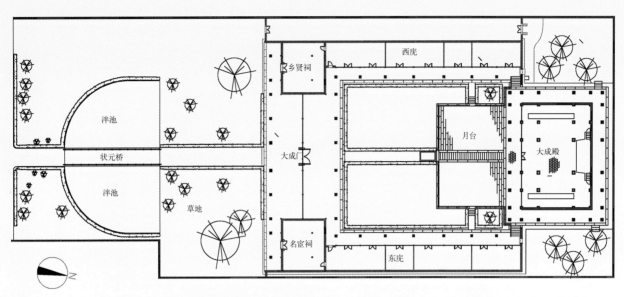

图 3-2-10 安福文庙总平面图（江西省文物保护中心提供，徐少平等测绘）

图 3-2-11 安福文庙大成门（姚糖摄）

图 3-2-12 安福文庙大成殿（姚糖摄）

大成殿面阔七间，进深六间，实际上为五开间前后槽带周围廊，通面宽22.50米，通进深16.90米，重檐歇山顶。形制与赣州文庙类似，但体量较逊。所有廊柱均为红石柱，明间亦有两棵透雕盘龙圆柱，柱的尺度、做法均与大成门类似。内部结构为彻上露明造，内槽为九架梁承檩，外槽为三架梁。所有檩均由柱或蜀柱直接承托，是典型的南方抬梁做法。下檐出三跳如意斗栱承挑檐檩，上檐出三跳丁头栱承挑檐檩，均为地道的江西民间祠祀常见做法。整个建筑的装饰性很强（图3-2-12）。

四、玉山考棚

玉山考棚即玉山县试院，位于玉山县城冰溪镇宝庆桥南头东侧。其东原有魁星阁、文昌宫，现均无存。始建于清乾隆五十七年（1712年），清道光十八年（1838年）重建，清同治六年（1867年）再次重建⑦。2000年列为江西省文物保护单位。

试院与府县学同为传统科举教育体系的重要组成部分。明清科举分为童子试、乡试、会试、殿试四个等级。童子试又分为县试、府试和院试三个阶段，全部通过者可入府县学，称为生员，俗称秀才。县试在各县进行，由知县主持，一般在每年二月举行，连考五场。考试合格，方可参加由各府主持的府试。府试合格者称为童生，可以参加由各省督学官员主持的院试。故县试院是科举考试体系中最基层的考场。玉山历史上人文荟萃，出过三百多名进士，每年参加县试的人数众多，故专门建造试院，是罕见的保存至今的县试院的实例。

玉山考棚共由四幢建筑组成，建筑面积1600平方米，占地近3000平方米（图3-2-13）。出入口在南端，外设围墙大门，入内为一座五开间门厅，设中柱，每开间均设板门，即为考场正门"龙门"（图3-2-14），举行考试时，考生由此进入点名搜检，之后锁闭，至考试结束方开门，称"锁龙门"。北端为一座五开间正厅，考试时考官在此休息监场（图3-2-15）。两厅之间，建两座号舍东西相向（图3-2-16），各有25个开间，背靠背设50间号房（图3-2-17），形成共四列100间号房的规模，可容100名考生应试。两座号舍之间有一条长75米，宽3米，用青石、鹅卵石铺就的甬道，号舍背面又各设狭窄甬道供考生进出（图3-2-18）。

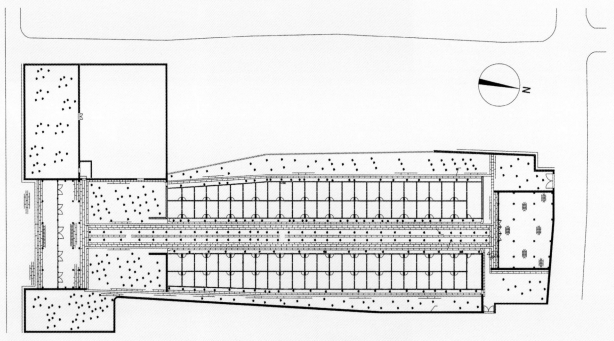

图3-2-13 玉山考棚平面图（江西省文物保护中心提供，徐少平等测绘）

图 3-2-15 玉山考棚正厅（姚糖摄）

图 3-2-14 玉山考棚龙门（姚糖摄）

图 3-2-16 玉山考棚号舍庭院（姚糖摄）

图 3-2-17 玉山考棚号房（姚糖摄）

图 3-2-18 玉山考棚西面号舍（姚糖摄）

第三节 书院

中国私学的传统亦源远流长，至少可追溯到孔子设帐收徒，有弟子三千之多，故孔子身后被尊为中国历史上第一位大教育家，而历代仿效者亦众。尽管自汉代之后，孔子创立的儒学就成为官学千古不易的唯一经典学科，然而历代都有众多的学者自行创办私学，宣讲他们对孔子遗留下来的经典的研究心得和增补发展。这些内容往往在其生前受到当权者的排斥甚至镇压，而在身后又常常会获得当权者的承认，成为儒学正宗经典的一部分。如朱熹的理学、王阳明的心学，其命运都属如此。而在另一方面，私学的基本形式私塾，又是一般民众接受启蒙教育的唯一途径，同时也是通向官学之门的进身之阶。所以官学与私学的关系，是非常复杂有趣的。大体上说，私学既是中国教育的基础，又更多地推动了中国古代学术思想的普及、发展和提高，同时又常常为官学多少提供一些新鲜的内容。

私学的基础是遍布城乡的私塾，但其较为高级的形式，后来通常称作书院。书院始于唐代，大兴于宋代，至清代逐渐衰落。宋代至明代的书院，多数以学者聚众讲学为主；明代中期以后，许多书院逐渐也变成科举制附庸，学生主要学习的是八股文制艺；清代初期对书院多有压制，但至雍正十一年（1733年），皇帝发布上谕，将书院纳入学校系统管理[⑧]。此后的书院大多已属官办，也像官学一样变得有名无实，不仅内容几乎全为科举时文，所谓教学其实也不过就是每年举行若干次考试考查而已，师生均鲜有住校，只在年节日时前来行礼如仪。

然而在这千年之中，确实有许多书院在当时成为中国思想、学术界注意的焦点，为宣扬学术、培养人才起到了显著的作用。而江西的书院在其中又扮演着重要的角色。如庐山白鹿洞书院，常被认为是中国最著名的由私人创办的书院；铅山鹅湖书院，则因中国历史上第一次哲学辩论会在该地举行而成为一处学术圣地。除此之外，还有大量乡村书院在山野田畴之中无声无息地为社会和民族提供了最基本的教育服务。在现代化过程中，大量书院消失了，但仍有少数书院保留至今，使我们今天可以一睹古代的教育环境。

一、庐山白鹿洞书院

白鹿洞书院，位于庐山五老峰南麓，面临鄱阳湖通往长江的水道（图3-3-1）。庐山在唐代已成为著名风景胜地，多有高人雅士在此结庐隐居。唐德宗贞元年间（公元785～805年），有一个叫作李渤的隐士，养有白鹿一只，据说善通人意，竟能来往山间，传递书简，甚至入市沽酒，被山民奉为神物。李渤遂得名白鹿先生，而他所隐居的无名山谷也就从此被称为白鹿洞。李渤后来出仕，曾在九江任刺史五年，其间在白鹿洞大兴土木，使其成为一处名胜。但李渤身后，白鹿洞迅即从历史中消失，留下了一段百多年的空白。

唐代于公元907年灭亡，庐山初属吴王杨行密管辖，后属南唐。南唐升元四年（公元940年），在白鹿洞建"庐山国学"，与首都南京的正式国学——国子监并驾齐驱，学生曾达数百人之多。但在南唐亡后，庐山国学也随之瓦解。虽然在地方人士的维持下，白鹿洞作为一个私人书院又延续了几年，但很快就又变得毫无声息了。

又经过了一百多年的空白，到南宋孝宗淳熙六年（1179年），著名学者朱熹任知南康军，成为管辖星子县的地方官。到任不久，他就亲自前往白鹿洞考察，决定重建湮灭已久的书院。次年三月，修复工程初步告竣，朱熹率各级官吏，召集师生，前往书院，先行礼如仪，再升堂讲说《中庸首章》，并与同人作诗唱和。接下去的一年中，朱熹制定了《白鹿洞书院揭示》，后来成为全国书院广泛遵循的办学条例；邀集了陆九渊等多位著名学者前来讲学；还建立了一整套书院礼仪制度。虽然南宋淳熙八年（1181年），朱熹即调任他职，而且一去不回，但终其一生，他始终遥控书院的事务，出资建造书院中祭祀孔子的建筑——礼圣殿，遂使白鹿洞书院的声誉日益增大，后来还不断得到皇帝和朝廷的赐书、

图 3-3-1　白鹿洞书院院外道路（姚糖摄）

赐额，成为南宋最著名的书院之一。

　　南宋亡后，白鹿洞书院在元代屡有兴废，事迹不多，元末又废。至明代正统三年（1438 年），翟溥福担任星子县地方官员期间，才纠集地方人士共同出资，对荒废已久的书院进行大规模重建，奠定了直至今日的书院格局⑨。此后直至晚近，续有修葺。

　　现存的白鹿洞书院由不对称的五路四合院组成，背依山坡，面对流水，规模在江西三大书院中首屈一指。西端一路现有朱子祠等建筑，东端一路原为号舍，清宣统二年（1910 年）在此兴办"江西高等林业学堂"，现为白鹿洞书院文物管理所的办公和生活服务部分，均已非原有格局。中间三路则基本保持着晚清时期的面貌，占地约 4200 平方米（图 3-3-2）。1959 年列为江西省文物保护单位，1988 年列为全国重点文物保护单位。

　　西路是书院主轴线，前有棂星门，为一五开间石牌坊，上有明人所书"白鹿洞书院"石刻（图 3-3-3）。门后为一形制少见的长方形泮池。池后为礼圣门，为一幢两坡顶五开间平房。门内为一广庭，庭后两侧有廊庑，中间即为书院等级最高的建筑——礼圣殿，规制较一般县文庙减等，面阔五间，进深六间，实际为一座三开间前后槽带周围廊平面，重檐歇山顶（图 3-3-4）。

　　中路也是一条重要的轴线，前为八字头门，门内有御书阁，为一座三开间二层重檐歇山顶楼阁（图 3-3-5）；阁后亦有一庭，庭后为明伦堂，乃一五开间大厅；堂后在山体中凿有一洞，题曰白鹿洞，洞内有一座白鹿雕像；洞前从山中挖出一小块平地形成一个小院，院侧有蹬道，拾级而上，即可到达白鹿洞顶上的书院制高点——思贤台，在此可一览整个书院的风光⑩。

　　东路前亦有一八字头门，门内有宗儒祠，为一五开间带前廊建筑；祠后有小院，再穿过一道院墙，又有一组小型三合院，号称文会堂。此外，周遭尚有漱石、独对亭、枕流桥等名胜遗迹（图 3-3-6）。

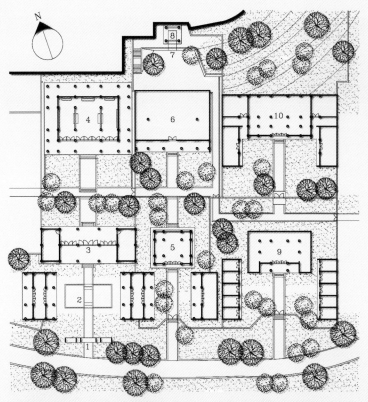

1.棂星门；2.泮池；3.礼圣门；4.礼圣殿；5.御书阁；6.明伦堂；7.白鹿洞；8.思贤台；9.宗儒祠；10.文会堂

图 3-3-2 白鹿洞书院主体部分平面图（姚糖测绘）

图 3-3-3 白鹿洞书院棂星门（姚糖摄）

图 3-3-4 白鹿洞书院礼圣殿（姚糖摄）

图 3-3-5 白鹿洞书院御书阁（姚糖摄）

图 3-3-6 白鹿洞书院贯道溪中刻石（姚糖摄）

二、铅山鹅湖书院

鹅湖书院位于江西省铅山县鹅湖镇境内的鹅湖山麓，其地原有鹅湖寺。南宋淳熙二年（1175 年），著名学者吕祖谦邀集朱熹与另两位著名学者陆九龄、陆九渊兄在此聚会五天，讨论思想与学术问题。结果这次集会成了中国哲学思想史上的一次极为重要的学术活动，史称"鹅湖之会"。辩论虽无结果，但朱氏的理学和陆氏的心学，从此都声名大著。

南宋嘉定年间（1208～1224 年），朱熹死后不久，他的理学思想被朝廷承认为唯一正宗的儒家学说。遂有人在鹅湖寺西侧建起一座"四贤祠"，祀朱、吕及陆氏兄弟四人，以为纪念。南宋淳祐十年（1250 年），朝廷赐"四贤祠"名"文宗书院"，鹅湖书院的历史这才算真正开始。所以它是办在一处学术圣地的一所纪念性书院，这在中国历史上有过的无数书院中可称相当独特。

元代，文宗书院曾迁至当时的铅山县治所永平镇，后毁；鹅湖寺旁仅余四贤祠，元末也毁去。至明景泰四年（1453 年），地方官员又在鹅湖寺侧宋代旧址上重建书院，并正式题名为"鹅湖书院"。但明弘治年间（1488～1505 年），书院曾一度被迁往鹅湖山顶，因其地势险峻，人迹罕至，迅速毁坏。直至明正德六年（1511 年），当时的江西提学副使李梦阳前来视察，颇为不满，遂令知县秦礼再在鹅湖寺侧的旧址上重建书院。此后，这所书院才算是摆脱了播迁不已的命运，但屡毁屡修，仍然不可避免。直到清康熙五十四年（1715 年），铅山知县施德涵大规模重建书院，这才形成延续至今日的建筑格局[⑪]（图 3-3-7、图 3-3-8）。1957 年列为江西省文物保护单位，2006 年列为全国重点文物保护单位。

鹅湖书院纵向发展，有很长的南北向中轴线，占地八千余平方米。主入口在东北角上，称右礼门，进去之后是一个东西狭长的院子，走到院子中央，向右转 90°，迎面见到五开间带前廊的头门，才进入书院的中轴线。

门后为围墙围合的开敞庭院，中有一座石坊，为三间四柱式，体量虽不甚大，尺度却很合宜，而且雕刻颇有特色（图 3-3-9）。石坊后面就是泮池，为典型的半圆形水池，池上有石桥一座。庭院两端

图 3-3-7　鹅湖书院外景（姚糖摄）

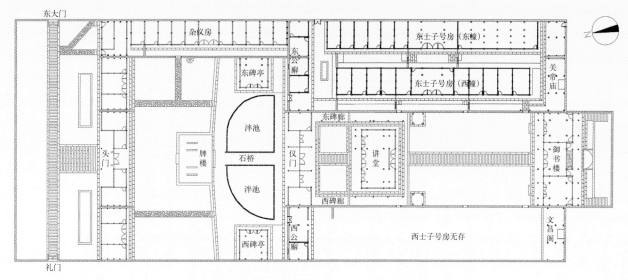

图 3-3-8　鹅湖书院平面图（江西省文物保护中心提供，徐少平等测绘）

图 3-3-9　鹅湖书院牌坊（姚糖摄）

靠围墙各立有一座碑亭。

走过石桥，又是一座五开间建筑，是为仪门；穿过仪门有一小院，对面即为五开间带前廊、单檐歇山顶的讲堂，为书院中的主体建筑（图3-3-10）。

讲堂后面又有一个开阔的庭院，两侧各有一座碑亭，尽端是一座七开间带前后廊、重檐歇山顶的2层楼阁，即为书院的藏书楼，号称御书楼（图3-3-11）。在讲堂和御书楼之间，原来还有一座四贤祠，现已不存。地势由北向南略有抬升，御书楼位于南端最高处。

在这条轴线的东侧，还有一组狭长的小院，乃是当年的学生宿舍，称作号房（图3-3-12）。现存大小号房共47间，在书院中轴线以东分别组成南、北两个狭长的院子。号房的居住条件并不佳，大部分房间均为东西向；除朝向院子，也就是朝西的一面开有门窗，其余全部封闭，因而房内光线很差；唯面积尚称宽敞。原本西侧也有大体同样的一组，现也已不存。

三、吉水栗头朗山书院

朗山书院位于吉水县金滩镇栗头村，2005年列为吉水县文物保护单位。书院位于村东，后有龙山，植被繁茂。正前方为农田、水塘。右为宽广而平坦的草坪。左为该村风水溪，有风水塔和金锁桥。整个书院环抱在山水树林之中（图3-3-13）。

朗山书院属于栗头村曾氏家族，该家族自宋代迁居至此，一直聚族而居，现有七十余户，三百余人。清代中期，该家族成员集资建造了这座书院，主要供本村曾氏子弟读书，也招收邻村子弟，同时兼作曾氏宗族祭祀祖先和举办红、白喜事的场所。日常管理由曾氏家族选派人员组成，主要经费来源为书院办学收入，不足部分由曾氏按男丁收缴补给，以维持书院的正常运转。这样的管理和运转形式一直延续至清末科举制度结束（图3-3-14）。

书院坐东朝西，砖木结构，清水青砖墙，山墙的一部分为版筑土墙。马头墙硬山顶。两进三

图3-3-10 鹅湖书院讲堂（姚糖摄）

图 3-3-11 鹅湖书院御书楼（姚糖摄）

图 3-3-13 朗山书院外景（吉水县博物馆提供）

图 3-3-12 鹅湖书院号房（姚糖摄）

图 3-3-14 朗山书院前庭（吉水县博物馆提供）

开间，穿斗式木构架。进深34.5米，面宽15米，建筑面积517.5平方米。正面设轩顶门斗，门楣上方墨书"朗山书院"额。前进天井两侧设楼，用木板隔成若干间小房，为书院课室（图3-3-15）。后进为族祠，神龛设于后堂。前厅、大厅顶棚均设藻井，有彩绘。

朗山书院兼具教育和祠祀功能，是乡村族学的一种典型形式，是真正的乡村基础教育设施。它几乎完整地保存到今天，实属不可多得的范例。

四、乐安流坑文馆

文馆又名"桂巗祠"、"江都书院"，位于乐安县牛田镇流坑村北，是流坑董氏家族的族学。原为流坑董氏大宗祠的一部分，始建于明嘉靖丙申年（即嘉靖十五年，1536年），明万历年间重修。董氏大

宗祠原有规模宏大，中路为大宗祠，祀流坑董氏开基祖。东为桂林祠，祀董氏十六世祖。西为桂巗祠，即文馆，本应祀孔子，但村人祀董仲舒[12]。前有宽阔的场地和牌坊，组成一个大建筑群。现中路、东路均已毁去仅存遗址，唯文馆独存。作为江西现存规模最大、保存最完整的家族学校，2000年列为全国重点文物保护单位。

文馆坐北朝南，为前带小型庭院的两路天井式建筑，占地约800平方米（图3-3-16、图3-3-17）。外墙正面设门，额书"儒林发藻"四字。两侧设砖砌漏窗，两端厢房山墙为云墙。门内有一单开间门廊。前院为花岗石条石铺地，两侧有厢房，为课舍。院中有一座东、西两侧石砌对称的长方形泮池，中间设一单拱石桥跨池而过，形制仿官学泮池、状元桥格局（图3-3-18）。登三级台阶至东路门廊。

图3-3-15　朗山书院前庭厢房（吉水县博物馆提供）

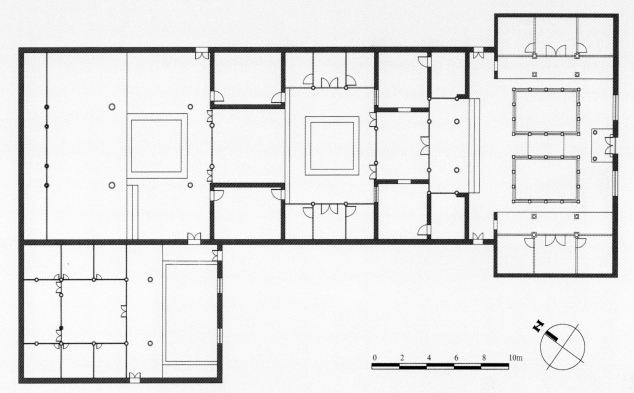

图 3-3-16　流坑文馆平面图（江西省文物保护中心提供，徐少平等测绘）

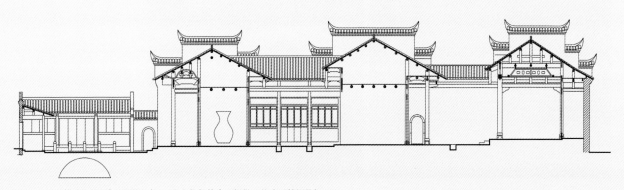

图 3-3-17　流坑文馆明间剖面图（江西省文物保护中心提供，徐少平等测绘）

东路为主路，三进三开间，前进为门厅，中厅为讲堂，后进两厢为教师休息室。后进大厅为2层楼房，底层大厅称"道源堂"，祀董仲舒及乡贤名臣，天花为六边形藻井，有鲜艳的彩绘，主题为海藻，取"儒林发藻"之意。二层为"敕书楼"（图3-3-19）。

西路为一小花园，建筑仅端部一进，为藏书楼（图3-3-20）。

建筑用料粗壮，明间构架均为抬梁与穿斗混合构架，后厅通过抬厢梁将厅与厢房合为一个连续的开敞空间，是简单而巧妙的做法，围绕天井形成完整的祭祀空间，尺度虽小，却不失气势。

图 3-3-18　流坑文馆前院泮池（姚糖摄）

图 3-3-19　流坑文馆后进大厅（姚糖摄）

图 3-3-20　流坑文馆西路庭院（姚糖摄）

注释

① 李国钧主编 . 中国书院史 . 长沙：湖南教育出版社，1994.

② 道光浮梁县志 · 卷一 · 沿革、道光浮梁县志 · 卷四 · 城池.

③ 王洪军，李淑芳 . 唐代尊祀孔子研究——祭孔祀奠礼乐研究 . 齐鲁文化研究（第六辑），济南：山东文艺出版社，2007.

④ 光绪江西通志 · 卷七十一—七十二 · 学校.

⑤ 同治赣县志 · 卷七 · 学校.

⑥ 民国昭萍志略 · 卷四 · 学校.

⑦ 同治玉山县志 · 卷六 · 学校.

⑧ 钦定学政全书 · 卷六十三 · 书院事例.

⑨ 白鹿洞书院古志整理委员会 . 白鹿洞书院古志五种 . 北京：中华书局，1995.

⑩ 姚糖 . 江西三大书院述略 . 建筑与文化论集 . 第七卷 . 武汉：湖北科技出版社，2004.

⑪ 陈连生主编 . 鹅湖书院志 . 合肥：黄山书社，1994.

⑫ 周銮书主编 . 千古一村——流坑历史文化的考察 . 南昌：江西人民出版社，1997.

江西古建筑

江西古建筑

第四章 宗教建筑

江西宗教建筑分布图

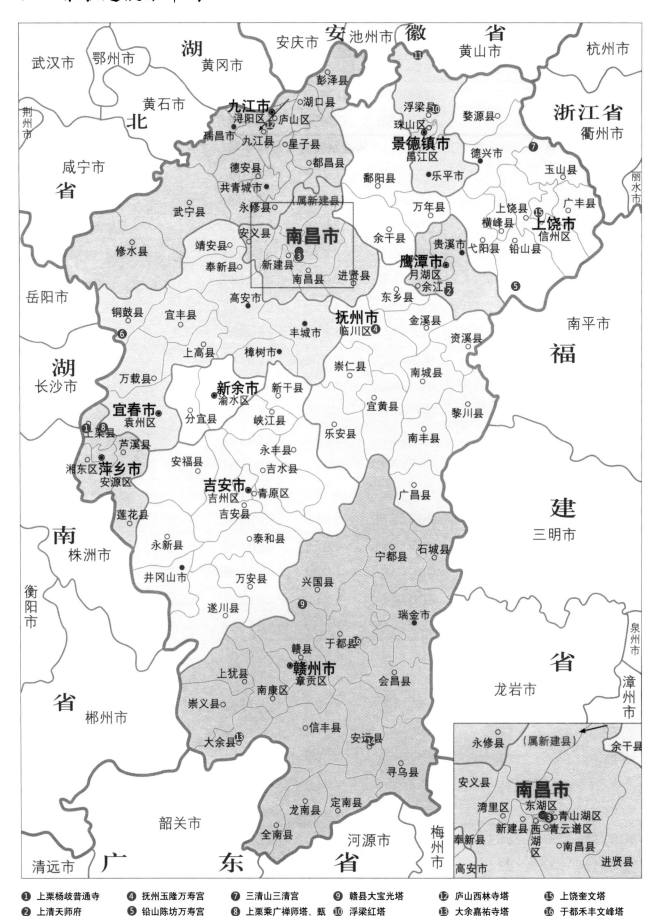

江西古代有深厚的宗教传统，许多寺院宫观规模巨大，建筑壮观。至近代，宗教衰微，寺院宫观均衰落之极，导致宗教建筑遗存较为有限。

佛教大约于东汉时期传入江西。彭泽县安禅寺创建于东汉永平年间（公元58～75年），是江西境内记载中最早的佛寺。其后，东汉元嘉元年（公元151年）在浮梁县建双峰寺。三国时期，江西境内新建佛寺7所。

两晋、南北朝时期，新建87所佛寺，分别以南昌、庐山、鄱阳和余干为中心。

庐山西林寺位于庐山北麓。东晋太元二年（公元377年），陶侃之子、太府卿陶范为来自河南的僧人慧永创建，为庐山北山第一寺。自晋至唐一直鼎盛，元为兵焚，明修又毁，此后长期不复，仅北宋时期建造的寺塔独存。近年寺院有所重建，已非传统法式 ①。

庐山东林寺距西林寺仅数百米。东晋太元九年（公元384年），江州刺史桓伊应慧永之请，为慧永的同门师弟慧远建寺，至太元十一年（公元386年）建成。东晋元兴元年（公元402年），慧远结集莲社，凿池种莲，创"弥陀净土法门"，由此开创汉传佛教最大宗派之一净土宗。东晋义熙七年（公元411年），尼泊尔僧人觉贤在寺北后山建上方塔，供奉佛舍利。唐开元十四年（公元726年）诗人李白旅寺，作《庐山东林寺夜怀》。唐天宝十年（公元751年）高僧鉴真旅寺，登甘露坛说法。唐元和十年至十三年间（公元815～818年），白居易为江州（今九江市）司马，常过寺学禅，并有多首诗作。唐会昌五年（公元845年）遭遇"会昌灭法"，寺毁。不过至唐大中十一年（公元857年）即复建完毕，建成殿舍共310余间，柳公权书碑。以后屡遭兵火，宋、明都曾复兴，至清代完全衰落。清咸丰年间（1851～1861年）寺院的大部分建筑遗存均毁于兵火，唯一幸存的上方塔也在1937年被炸毁 ②。近年进行了大规模重建，不过已非旧观。

南昌普贤寺位于惠民门内，原名禅居寺，又称隆兴寺。东晋隆安四年（公元400年）武昌太守熊鸣鹤舍宅建寺，并请来梵僧悉旦多来寺中开山讲佛，称为禅居寺。唐神龙元年（公元705年）改称隆兴院，也称隆兴寺。唐会昌年间（公元841～846年），洪州观察使裴休迎请黄檗山高僧希运禅师居于该寺。希运为佛教禅宗临济宗祖师，影响广泛。南唐保大二年（公元944年），袁州刺使边镐捐铁二十万斤铸造普贤菩萨乘白象佛像，白象高一丈多，长二丈多，金身普贤真人手持莲花盘坐其上，因此改称普贤寺。南宋绍定三年（1230年）又铸铁香炉，炉下有三个高达二尺一寸（约0.7米）的铁勇士鼎立为脚。清康熙四十一年（1702年），巡抚张志栋、布政使卢崇兴重建，设西祥、西竺、观音、慈仁、即山、至教、慧照、一苇、报恩共九堂 ③。新中国成立后虽然庙宇破败，但铁象仍然保存，但是在"文化大革命"期间，千年铁象被彻底熔毁，寺院亦因建南浦路而荡然无存。

至唐代，佛教禅宗在江西大兴。禅宗四祖道信先住江西吉州雪山寺，后住庐山大林寺十年。禅宗五祖弘忍在大林寺入道信门下。禅宗六祖慧能门下分南岳怀让、青原行思两系。怀让门下大弟子马祖道一长期居住江西，先后在抚州、赣县、南昌、靖安等地传法，四方学者云集。道一门下分为沩仰、临济两宗。青原行思本江西吉州安城（今安福县）人，慧能晚年将其遣回吉安青原山净居寺，此后在此传法数十年。行思门下分为曹洞、云门、法眼三宗。临济宗下又分为黄龙、杨岐两派，合称五家七宗。曹洞宗、临济宗祖庭在江西宜丰，黄龙宗祖庭在江西修水，杨岐宗祖庭在江西萍乡，沩仰宗发祥地为湖南宁乡沩山和江西宜春仰山。

南昌佑民寺位于南昌市内南湖旁，始建于南朝梁天监年间，初为萧梁豫章王萧综之师葛鲟舍宅建造，名大佛寺。唐开元年间，改称开元寺。唐大历四年（公元769年），马祖道一建道场于此寺十余年，设有戒坛、浴室等设施，四方信徒云集，使开元寺成为江南佛学中心。此后该寺时毁时修，先后易称过承天寺、能仁寺、永宁寺、佑清寺等，一直是南昌城内重要的寺院之一。清代改名佑清寺，建藏经阁，有金粟、华严、兴隆、普慧、普安、大士、留香、圆通、普觉九堂。清嘉庆年间，在后殿铸铜接引佛一尊，高一丈六尺，重3万多斤，南昌民谚"南昌穷是穷，还有三万六千斤铜"即指此。1929年，更名佑民寺。寺及铜佛均毁于20世纪60年代。近年稍有重建，已非旧观。

马祖道一门下大弟子百丈怀海，长期住江西奉新百丈山，并在此逐渐形成禅宗教规，称"百丈清规"。禅宗寺院此后形成所谓"迦蓝七堂"的主体建筑配置，包括山门、佛殿、法堂（即讲堂，位于佛殿后方）、僧堂（或作禅堂、云堂，僧众坐禅或起居之所，中央安置文殊菩萨像）、厨库（即厨房和库房）、浴室、西净（厕所）。佛殿为礼拜之处；法堂为寺院主持僧人向众僧解说禅理之处；僧堂则为众僧平日打坐参禅及晚间休息的场所。在布置上，通常以山门——佛殿——法堂形成一条主要的中轴线，僧堂、厨库等则往往在这条中轴线之侧，另外形成一个院落。从而极大地影响了此后汉地佛教寺院的建设。

百丈寺久已无存，现寺为近年重建。周围胜迹甚多，著名景点有："天下清规"石刻、野狐岩遗迹、犀牛潭瀑布、皇娘墓、祖师塔、黄犬坟、木人冢、仙人旧馆、老僧看经等，多有故事传说。历代著名人物如晏殊、黄庭坚、柳公权、周敦颐、汤显祖等曾慕名到此游历，并留下不少名篇佳作。

青原山净居寺在吉安市东南约10公里，四周古木参天，群峰耸列，流水潺潺，百鸟合鸣。周围有象鼻峰、狮子峰、虎跑泉、试剑石、飞来石、飞来塔、拱圣桥等胜景。寺建于唐景龙三年（公元709年），行思约在此后不久入寺居住，直至唐开元二十八年（公元740年）圆寂。历代名儒文士，登临览胜，留下了不少珍贵墨迹。唐永泰二年（公元766年），书法家颜真卿来寺游历，题"祖关"二字。南宋末年，民族英雄文天祥三登青原山，为山门题写了"青原山"匾额。北宋文坛巨擘黄庭坚的诗文刻碑8块，嵌在大殿墙上。南宋宰相李纲的诗文刻碑11块，嵌入斋堂墙上。唐代诗人杜甫、北宋诗

人苏东坡、南宋名臣周必大等也为青原山题诗作文。唯建筑几乎全为近年重建。

道教在江西的渊源也非常深。江西是道教的发源地之一。传说五斗米道创始人、江苏人张陵（又称张道陵）于东汉永元二年（公元90年）前来江西，在江西贵溪山中修道炼丹，经36年"丹成而龙虎见"，此山遂得名龙虎山，现为世界遗产地。

大约在三国吴时期，张陵的曾孙张盛定居龙虎山，其子孙世代承袭，成为南方道教符箓派的领袖。唐天宝七年（公元748年），唐玄宗追封张陵为太师。此后历代皇帝，续有封赠。元至元十三年（1276年），元世祖封张陵第三十六代孙为"嗣汉天师"，从此称为张天师。在上清镇一带逐步建起上清宫、天师府、静应观等宫观府邸，最盛时有"十大道宫、八十一道观、三十六道院"之说。龙虎山因此成为南方道教活动中心之一。

龙虎山大上清宫，传说最初为张陵炼丹时的草堂，张盛定居龙虎山，在此建立传箓坛。唐会昌年间（公元841～846年）皇帝赐匾额"真仙观"，北宋大中祥符年间（1008～1016年）皇帝改"真仙观"为"上清观"。北宋崇宁四年（1113年）迁至今址重建，北宋政和三年（1113年）皇帝又更名为"上清正一宫"。明清两代均有修葺。清康熙二十六年（1687年）皇帝赐匾额"大上清宫"。至清末则已衰败之极，"文化大革命"后几乎荡然无存，近年有所兴建，均非旧物。[4]

魏晋时期著名的道教学者葛玄，传说曾在清江阁皂山（今属樟树市）炼丹修道，道成，于此升天。后来的道教灵宝派，奉葛玄为祖师，奉阁皂山为祖山。又传晋代南昌道士丁令威也在阁皂山修真得道，此后称山北高峰为丁仙峰。隋代之前，可能已有道观的建设，当时称灵仙馆。唐代改名阁皂观，南唐又名元都观。至宋代，阁皂山进入全盛时期，建成了殿堂林立、房舍众多的大宫观。北宋大中祥符年间（1008～1016年）皇帝改"阁皂观"为"景德观"，北宋政和年间（1111～1118年）皇帝又将其改名为"崇真宫"，沿用至今。但元代以后，崇真宫即

渐趋衰微。至清代,建筑已全毁,仅剩下一些台基⑤。

江西道教的一个重要部分是许逊崇拜,或称道教净明派。许逊是南昌人,西晋太康元年(公元280年)出任旌阳(今四川省德阳市旌阳区)县令,因此人称许旌阳。西晋元康元年(公元291年)八王之乱爆发,天下大乱,许逊弃官返乡。时值鄱阳湖水灾连年,他率领百姓治水,足迹遍及鄱阳湖周边,并远至湖南、福建等地,据说所到之处,水患平复,由此形成了流传广泛的许逊治水传说。北宋徽宗皇帝封许逊为"神功妙济真君",因此常被称为许真君。江西境内纪年清楚的晋代建立的道观有52所,分布在南昌、鄱阳、吉安、赣州等22个县市,其中祀许真君或有其游踪的13所⑥。

传说许逊于东晋宁康二年(公元374年)全家飞升成仙,"鸡犬升天"。此后,至迟至南唐年间,他在南昌城外新建县西山的住宅成为道观,名为"游帷观",名称来自传说中许逊法器之一五色帷。北宋大中祥符三年(1010年),改名为"玉隆万寿宫",沿袭至今。至北宋末年,已形成包括高明殿、关帝殿、谌母殿、三清殿、老祖殿、玄帝殿等六大殿,玉皇阁、玉册阁、三官阁、紫微阁、敕书阁、冲升阁等六阁,以及十二小殿、七楼、三廊、七门、三十六堂等建筑的巨大建筑群。

南昌城内则有许逊祠,原称铁柱宫。唐咸通年间(公元860～874年)改名"铁柱观",从此进入道观系统。北宋大中祥符二年(1009年),皇帝赐名"景德观"。江西著名文学家、政治家曾巩任南昌地方官时重修祠宇,江西另一位著名文学家、政治家王安石作记。北宋政和八年(1118年)改名"延真观",南宋嘉定年间(1208～1224年)改名"铁柱延真之宫"。明正统元年,正式列入地方祀典,但名称未变,建筑亦未有大改动记载。明嘉靖年间(1522～1566年)赐名"妙济万寿宫",此后通称"铁柱万寿宫",以与城外西山的"玉隆万寿宫"相区别⑦。

这两处万寿宫,在明、清两代都经过数度修葺,至清末尚保持一定的规模和原有的基本格局,但都在20世纪遭受严重破坏。铁柱万寿宫今已完全无存,

玉隆万寿宫则大部分经过改造,已非旧物。

南宋初年,玉隆万寿宫道士何真公聚五百弟子创建"净明法",后失传。元朝初年,另一位玉隆万寿宫道士刘玉自称数遇许逊等仙人,重建净明道法。净明道强调,以忠孝为本,敬天崇道,诚心正念,方寸净明,积功累德,就可得道成仙。此后,净明道得到元、明两代不少重臣儒士的服膺称赞,被誉为仙家之"最正者"⑧。至明代,许逊崇拜与江西商帮结合,许逊成为江西商人的保护神,从而形成了广泛建造万寿宫和祭祀许逊的传统。江西各地均有万寿宫的建设,仅南昌一县,见于方志的就有11处。甚至只要有江西人聚集定居的地方,都有万寿宫,远至四川、贵州、云南甚至东南亚各地。万寿宫也从道教宫观、许逊祠祀逐渐扩展成江西会馆,但仍保留其崇拜祭祀功能。

唐宋以后,作为寺庙建筑的佛塔也大量兴建。现存唐代佛塔均为僧人墓塔,数量较少。宋代佛塔则多为寺庙的供奉佛塔,在全省各地均有分布,如浮梁红塔、庐山西林寺塔等。其中,江西南部赣州市域的五座宋塔赣州慈云寺塔、信丰大圣寺塔、安远无为寺塔、石城宝福院塔和大余嘉祐寺塔具有非常相似的风格和结构特点,均建于北宋,平面均为六边形,不施普拍枋,砖木混合,内部结构为穿壁绕平坐式。

至明、清时期,由于堪舆术的流行,江西各地开始大量兴建风水塔。学者万艳华把风水建筑的作用分为五类,分别是:"兴文运"、"水口锁钥"、"镇邪祛煞"、"障空补缺"、"吉气丰盈"⑨。江西的风水塔大致也因为这些功能可分为:文峰塔(亦称文笔塔、文成塔、文光塔、文星塔、文风塔、文通塔、振风塔、炜风塔、崇文塔、起元塔、三元塔、聚星塔等)、水口塔、厌胜塔、障补塔、祈福塔等数种。这种塔的兴建常常与城镇的发展相结合,与城市的自然景观结合,其往往成为城市地方的景观特色与地域标志建筑。

江西古塔的形式主要是比较单一的砖石结构木构屋檐楼阁式或仿木楼阁式塔,其他如密檐式塔、

金刚宝座式塔等形式比较少见。平面常为四边形、六边形、八边形居多，特殊的如浮梁的双峰塔，平面则为六边内弧形平面。楼高多以5层、7层、9层的奇数为主，一般无平坐层。塔身主体一般均为砖石砌体结构，但在赣南客家地区，有用夯土建设的古塔于都土塔，塔身为夯土建造，高达30米，为客家人生土建筑的典范之作。古塔在砖石叠涩挑檐之上，一般多作木结构平坐挑檐，但由于木构件在南方潮湿气候下不易保存，现存的木构多为后世反复修葺，造型不能完整保持原建时的样式。

第一节　寺院宫观

一、上栗杨岐普通寺

杨岐普通寺位于上栗县杨岐山麓。唐天宝十二年（公元753年），广西僧人乘广来此建寺，当时名广利寺。乘广出自慧能晚年得力弟子神会门下，是正宗禅宗一脉。乘广于唐贞元十四年（公元798年）圆寂

后，马祖道一门下弟子甄叔继任住持。至北宋天圣年间（1023～1031年），临济宗门下僧人方会入寺住持，由此开创禅宗杨岐宗。北宋庆历年间（1041～1048年）更名普通寺，延续至今。元代以后多次兴毁，清乾隆元年（1736年）再次重建，占地数百亩，有殿宇二十余幢，房舍近千间[⑩]。至清末，又逐渐衰败。

现存的杨岐普通寺1961年列为江西省文物保护单位。建筑布置依山就势，坐西朝东，背山面路，格局既自由又不失法度，十分得体。从杨岐山脚登石阶而上，见山门一座，为单开间大门，做法朴素，横额"杨岐山"三字（图4-1-1）。入门，蹬道盘旋而上，主体建筑设在由地形抬高产生的台地上，分两路布置（图4-1-2）。东路为主体，系一座三间两进建筑，前有宽阔门廊，墙上原有龛，已有近代建筑意味。内部为工字殿身做法，前进为弥陀殿，设弥陀佛像（图4-1-3）；后进为大雄宝殿，设三世佛像，有匾额"如来我佛"。两进间以宽阔穿堂连接，穿堂两侧设小天井（图4-1-4）。西路体量

图4-1-1　杨岐普通寺全景（姚糖摄）

图 4-1-2　杨岐普通寺前院平台（姚糖摄）

图 4-1-3　杨岐普通寺弥陀殿内（姚糖摄）

图 4-1-4　杨岐普通寺穿廊（姚糖摄）

稍小，与东路轴线并不平行，而是顺应地形，略成角度。建筑亦为三间两进，是较标准的天井式建筑，以一个横长天井为中心，前为祖师堂，后为观音殿。此外，东侧尚有附房。结构简单，均为山墙承檩，除祖师堂外均设楼。

东路正门右侧嵌有唐代著名文学家、书法家刘禹锡撰书的《唐故袁州萍乡县杨岐山禅师广公碑文》的碑石，碑高 2.8 米，宽 0.9 米，碑文为小楷体，共计 793 字。碑下是龟趺座，座与碑额均系花岗石雕刻而成，碑石系青遂石。左侧嵌有唐大和六年（公元 832 年）王观作铭、僧至闲撰序、元幽书的《大唐袁州萍乡县杨岐山故甄叔大师塔铭并序》的碑石，碑连额龟座高 2.83 米，宽 0.95 米，中间两行篆字"甄叔禅师碑铭"。碑下是龟趺座，龟座与碑额均系花岗石雕刻而成，碑石系青石。寺后有侧柏一株，树干围长 5.6 米，传为甄叔禅师到达杨岐普通寺时所植，名为"到栽柏"。乘广禅师塔在寺西南面的山坡上，甄叔禅师塔在寺东面山坡上，均见本章第二节。

二、上清天师府

天师府全称"嗣汉天师府"，亦称"大真人府"，是历代道教正一派首领张天师的起居之所。府第坐落在龙虎山风景名胜区上清镇（原属广信府贵溪县），面临泸溪河，北倚西华山，东距大上清宫约 1 公里。

天师府位置经过两次迁徙。北宋崇宁四年（1105 年），宋徽宗封张继先为"虚靖先生"，敕建天师府。始建于上清镇东面的关门口。元延祐四年（1317 年），皇帝授张嗣成"太玄辅化应道大真人"，主领三山符箓，掌管江南道教事。延祐六年（1319 年），迁建天师府于上清镇西口长庆坊。明洪武元年（1368 年），朱元璋授张正常"正一教主、护国阐祖大真人"，永掌天下道教事，又敕建大真人府。当年再次择地重建天师府，终于建于今址，即上清镇中央。清康熙年间为兵火所焚，此后逐渐恢复。清末以后又遭到持续的破坏[11]。

天师府全盛时期占地超过 2.5 公顷，建筑面积约 1.1 万平方米，主要建筑有府门、仪门、玄坛殿、真武殿、提举署、法箓局、赞教厅、万法宗坛、大堂、家庙、私第（即三省堂）、味腴书屋、敕书阁、观星台、纳凉居、灵芝园，以及厢房廊屋等。

府门（当地称头门）临上清街，面对泸溪河，为五开间单檐歇山顶建筑，近年重建，但基本符合原有法式，府门内为一大庭院，原有仪门、玄坛殿、真武殿、提举署、法箓局、赞教厅等设施，均早已毁去，近年新建其中部分，并非旧日法式。院后设中门（当地称二门，图4-1-5），门内又有一大庭院，院内有合抱樟树十余株，枝叶繁茂，树下有元代书法家赵孟頫手书的大石碑。正面为大堂，亦为近年重建。

大堂后为天师私宅部分，名"三省堂"，清同治六年（1857年）重建，为天师府的主体，也是整个天师府内最完整的历史遗构。平面呈长方形，沿轴线布置前、中、后三厅，中厅和后厅之间两侧设厢房，东、西对称布局，建筑面积约1000平方米。

三省堂前厅为"凸"字形平面，由主体加抱厦组成。主体建筑面阔五间，进深六间，中部突出三间四柱抱厦，进深一间。厅后有高屏风墙，墙中开一门，以穿廊与前厅连接。穿廊两侧各设一小天井，类似工字殿身做法。入门为中厅（图4-1-6），是真正的内宅核心部分，围绕一个天井布置三明二暗的中厅和后厅，两侧设廊连接，上设楼层，形成完整的起居空间，尺度适宜。后厅后设板壁，外有檐廊，朝向一个狭长横向庭院。除前厅明间及抱厦为抬梁式屋架外，其余均为穿斗式木结构（图4-1-7、图4-1-8）。

三省堂后设有花园，称灵芝园，尺度不大（图4-1-9）。最后为敕书阁，清代已毁，现建筑为近年重建，非传统法式。

三省堂以西另有一座院落，称万法宗坛，为"万神集聚"之所。近年在原有基础上修复。门悬"万法宗坛"一匾，院约1200平方米，建殿三座：正殿五间，为三清殿，祀三清；东侧为灵官殿，祀王灵官；西侧为玄坛殿，祀赵公明。院中十字甬道，花木繁盛，有千年罗汉松两株，盘根错节，郁郁葱葱，为这个庭院增添了几分历史气息（图4-1-10）。

图4-1-5 天师府二门外景（姚糖摄）

图4-1-6　三省堂中厅（姚糖摄）

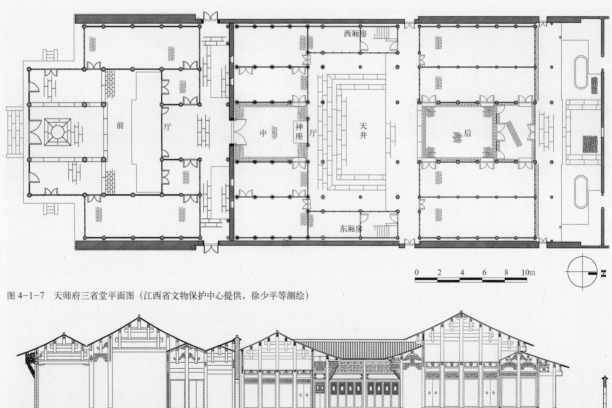

图4-1-7　天师府三省堂平面图（江西省文物保护中心提供，徐少平等测绘）

图4-1-8　天师府三省堂剖面图（江西省文物保护中心提供，徐少平等测绘）

图 4-1-9　天师府灵芝园（姚糖摄）

图 4-1-10　万法宗坛院内（姚糖摄）

天师府既保留了中国传统的府第规格,又兼有封建衙署的某些特点,与山东曲阜孔府合称南北两大府第,是珍贵的历史遗产。

三、南昌青云谱

青云谱道院位于南昌市南郊青云谱区青云谱镇,坐落在梅湖畔定山桥头,历史悠久。传说周灵王之子王子晋在此修道。此人系神话人物,事迹均无稽。又传说西汉末年南昌县尉梅福曾在此隐居垂钓,后人将水体命名"梅湖",并建祠纪念。青云谱附近现仍有梅村,为近代法学家及律师梅汝璈(1904—1973)故里,其族自称梅福后裔。梅福汉书有传,但此后也成为神话人物,江南多地有梅福成仙的传说。复传说晋许逊在此建净明忠孝道场,亦于史无考,很可能是宋元以后净明派教徒编造。尽管如此,该地至唐代已经成为一处充满仙灵传说的场所。唐大和五年(公元831年),洪州刺史周逊奏建"太乙观"于此地,其道观历史正式开始。北宋至和二年(1055年)赐名"天宁观"。此后多有兴废。清顺治十八年(1661年),明代宗室后裔、南昌西山净明派道士朱道朗在此重建道院,改名"青云圃"。此后屡有修缮。清嘉庆十九年(1814年)再次修缮,并更名"青云谱",沿用至今[12]。清末至民国初年再次修缮(图4-1-11)。1957年列为江西省文物保护单位,1959年在此成立八大山人纪念馆。2006年列为全国重点文物保护单位。

青云谱现存屋宇大半是清末重建,但仍基本保持了原有格局(图4-1-12)。整体布局西部为道观,东部为园林。长长的定山桥是其外部引导。定山桥由青云谱道士于清康熙二十五年(1686年)募捐兴建,清乾隆年间(1736~1795年)重修,是青云谱道观的重要附属建筑,也是连接梅湖两岸的交通要津,原系南昌城南官马大道的重要组成部分,现今为青云谱与外界联系的唯一车辆和人员通道。桥全长16米,宽3.1米,石梁式桥,三跨两墩,均由花岗石砌筑而成。

道观部分包括三重主体殿宇,自南向北依次为关帝殿(图4-1-13)、吕祖殿(图4-1-14)和许祖殿(图4-1-15),位于同一中轴线上,许祖殿东尚有三官殿、斗姥阁(图4-1-16)。群体风格、建筑结构和建筑细部处理有着典型的赣北民居特色。

整个宅院由一院墙和外部完全隔开,组合方式为赣北民居中常见的庭院和天井。关帝殿为观中主

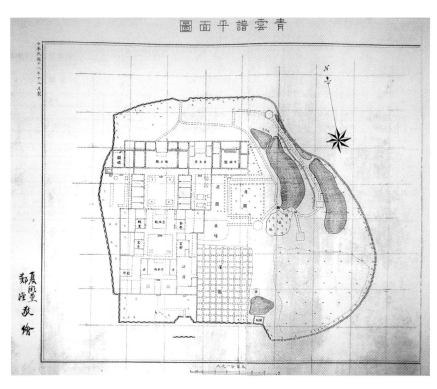

图4-1-11 1929年青云谱总平面图(江西省文物保护中心提供)

图 4-1-12　青云谱全景（姚赯摄）

图 4-1-13　青云谱关帝殿（姚赯摄）

图 4-1-14　青云谱吕祖殿（姚糖摄）

图 4-1-15　青云谱许祖殿（姚糖摄）

图4-1-16 青云谱斗姥阁（姚赯摄）

殿，祀关羽，面阔七间，进深六间，有前后廊。明间和两次间为不对称抬梁式木构架，其余为穿斗式，单檐悬山顶。吕祖殿祀吕洞宾，面阔三间，进深六间，仅明间为不对称抬梁式木构架，其余均为穿斗式。许祖殿祀许逊，2层，面阔五间，进深五间，亦仅明间用抬梁式，其余均采用穿斗式。屋顶均为单檐悬山顶，檐口出挑均为挑梁直接出挑。做法均简明朴素。建筑体量均衡，手法统一，处理精致，材料、色彩、装饰都经过精心安排服务于简朴的主题。

相对于中轴线明显的道观部分，其园林部分则自由活泼，建筑数量较少，林木葱郁。园子北部有一略呈L形的水面，南部则有一低平土山，周遭古木参天，仅380年以上树龄的古树即有七株之多。园中主题植物为竹、荷花、樟树，精美清雅。园中现有八大山人墓及牛石慧墓，均为近年新造，于史无考。

四、抚州玉隆万寿宫

玉隆万寿宫位于抚州市文昌桥东，与抚州旧城隔抚河相望。文昌桥建于南宋，是抚州通往省会南昌的要津，在桥的东头，早已形成大面积的关厢地区，是热闹的商业场所。此处原有一座寺庙，建于明洪武年间，名文兴庵。清嘉庆十六年（1811年），在文兴庵南建祠祭祀许逊，称旌阳祠。嘉庆二十二年（1817年），在旌阳祠南修火神庙一座。清光绪八年（1882年），抚州府所辖六县（临川、金溪、东乡、崇仁、宜黄、乐安）商人集资进行大规模修建，将文兴庵、火神庙和旌阳祠融为一体，称为万寿宫，作为六县商人来抚州经商的聚会场所，六县童生来抚考试亦可在此住宿。光绪十二年（1886年）再次增建门坊、前厅、戏台及两厢，正式称"玉隆万寿宫"，又称"玉隆别境"，意为南昌西山玉隆万寿宫的别院。从此成为抚州重要的公共场所，各种行帮、会社常在此聚会，举行各种社会活动。进入20世纪后遭到多次破坏，逐渐湮灭。至21世纪又得到重新保护，2013年列为全国重点文物保护单位。

万寿宫坐西朝东偏南，长80米，宽约54米，占地面积4320平方米。原有开阔前院，今已被各种建筑占满，仅余局促空地。建筑主体外有雕刻精美的石砌门坊（图4-1-17），为大门，中部铭刻光绪十二年增建万寿宫记。

内部分前、中、后三进。前进内设戏台、前厅和耳房（图4-1-18）。戏台与前厅间以一廊连接。戏台设复杂的木雕多层藻井（图4-1-19），前厅明间设斗八藻井，均用石柱。两侧厢房为2层走马廊，供女眷看戏（图4-1-20）。中进为大殿，分北、中、南三部分，北侧为文兴庵，南侧是火神庙，中间为旌阳祠。旌阳祠为面阔三间的硬山顶建筑，全用石柱，明间设斗八藻井一座，次间为平綦天花。祠后有后堂，两侧的厢房与后堂相连形成一个天井。檐下均设曲颈轩顶。

北路文兴庵大部分已毁，尚存出入天井及厢房。天井中有水池、拱桥，均设石栏板，甚严谨（图4-1-21）。厢房檐下做通长挂络，内饰船篷轩，出挑的雀宿檐与前厅相连。南路火神庙部分基本无存。

五、铅山陈坊万寿宫

陈坊万寿宫位于铅山县陈坊乡陈坊上街。这里地处武夷山脉北麓，紧贴省界，南行7公里山路即进入福建省光泽县。向北是一条开阔的山谷，其余三面皆是崇山峻岭，满山毛竹无边无际。数十里的山间数百个大小村落，星星点点，与自然环境共生。

虽然地形复杂，但这里在古代其实是一个交通要点。从陈坊街周围的山里发育而成的陈坊河是信江重要支流之一，水流既充足又平缓，直至汇入信江，落差很小，足以行船。陆路则有直通闽北的官马大道，是负担整个闽北南北杂货和药材的供应通

图4-1-17　抚州万寿宫门坊（姚赟摄）

图 4-1-18 抚州万寿宫大厅与戏台（姚糖摄）

图 4-1-19 抚州万寿宫戏台藻井（姚糖摄）

图 4-1-20　抚州万寿宫大厅、戏台与厢楼（姚赯摄）

图 4-1-21　抚州万寿宫文兴庵天井（姚赯摄）

道，标准的六尺宽石砌驿路，车马、官轿都可通行。货物走水路从信江入陈坊河至陈坊，走陆路肩挑至光泽，便进入闽江水系，再下河转运至邵武、建瓯、南平等地。

利用交通条件和资源优势，清代以后这里发展起制纸业，成为陈坊赖以营生和发达的支柱产业。方圆数十里毛竹如海，手工造纸的槽坊星罗棋布在各个山村，纸产品都在陈坊街集散。靠纸业和贸易的支撑，清代陈坊文人辈出，仅进士就有三位，举人老爷更多。

陈坊有两大会馆。一座是福建会馆天后宫，供奉妈祖娘娘；另一座就是江西人的万寿宫，祭祀许逊。万寿宫确切建造年代尚不清晰。或说建于清代中期乾隆至嘉庆期间（1736～1820年），但未见志书记载。

万寿宫前有牌楼式大门，三间四柱三滴水，红石柱，粉壁填充，雕刻丰富，"万寿宫"竖额两侧为透雕双龙抱柱饰带（图4-1-22）。内分前后三进。一进是戏台，面对大庭院，两侧廊庑设走马楼，为戏台的看台，供女眷看戏（图4-1-23）。中间的大庭院面积逾200平方米，地面为卵石花街铺地，砌福寿图案。二进为三开间大厅，中央明间做牌楼式三滴水顶，装饰华丽繁复（图4-1-24）。两侧设梢间、尽间，形成实际上的七开间格局。梢间、尽间均有楼，设议事房、厨房、厕所、仓库等。二、三进之间以大穿堂连接，穿堂两侧各设一小天井，空间实际上连为一体。（图4-1-25）三进为五开间大厅，供奉神位，明间设许逊神座，两侧设十八罗汉和其他菩萨。二进大厅正脊上有一座高2米左右、呈九葫芦形的彩釉瓷瓶脊饰，高高耸立，四周望去，即可辨认出是万寿宫的标识。

图4-1-22　陈坊万寿宫大门（铅山县博物馆提供）

图4-1-23 陈坊万寿宫前院及戏台（铅山县博物馆提供）

图4-1-24 陈坊万寿宫大厅（铅山县博物馆提供）

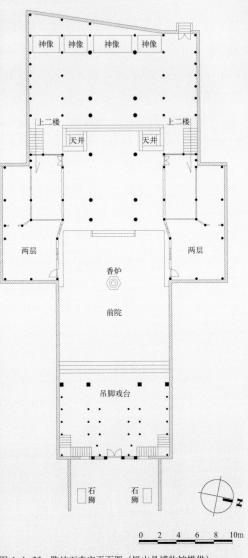

图4-1-25 陈坊万寿宫平面图（铅山县博物馆提供）

六、铜鼓排埠万寿宫

排埠万寿宫，地处铜鼓县排埠镇下街永庆村。排埠镇位于铜鼓县西南边陲，紧邻湘、赣两省边界，距湖南省平江县张坊镇约23公里，路多险隘，系传统交通要点。

排埠集镇沿河分为上排埠、中排埠、下排埠三段，总长约1公里。下排埠原称永庆新街，又称下街。山中溪流在排埠汇合成定江河，下游经铜鼓县城入武宁县，称武乡河、武宁乡水，又称铜鼓水，流至修水县城义宁镇西汇入修河，是修河的重要支流之一[13]。由于水路通畅，排埠在清代后期发展成赣西北重要的省界集市。其地明、清时期一直属义宁州

（今修水县）所辖，清宣统二年（1910年）设铜鼓抚民厅，1913年成立铜鼓县。

万寿宫面对定江河，建于清道光二十三年（1843年），占地面积约1500平方米，祭祀许逊，同时作为江西商人的会馆，以后又成为当地居民的公共活动场所[14]（图4-1-26）。

建筑面积约700平方米，轴线为东偏南—西偏北走向，约与定江河垂直。建筑围绕一个大天井组成，出入口设在两厢（图4-1-27）。内部西部为戏台，石柱木栏，天花为斗八平藻井，檐下设卷轩。两侧有楼，与两厢的楼连通（图4-1-28）。东部为正殿，利用地形抬起近一层高，恰好与两厢的楼齐平（图4-1-29）。正殿形式特殊，面阔三间，进深

图4-1-26 排埠万寿宫外景（姚糖摄）

图4-1-27 排埠万寿宫庭院（姚糖摄）

图 4-1-28　排埠万寿宫戏台（姚糖摄）

图 4-1-29　排埠万寿宫正殿（姚糖摄）

六间，外有宽阔前廊，明间设石柱。内部四棵金柱升起，支承一个独立的歇山顶，高出周围屋面，类似于亭阁做法，但无楼，三面开高侧窗，仅朝向后殿方向以板壁封闭，顶棚做覆斗藻井。以此空间为中心，将两侧和后厅连为一体，形成"凸"字形的大厅空间。后厅两侧设厢房，两侧又有侧路，各以一个小天井围合附房。外部与街道店铺组合成整体。墙体为条石基础，夯土墙和砖墙混合使用。木结构以山墙承檩为主，仅前廊做五架抬梁式构架。天井均为就地取材的卵石地面，室内均为砖平铺地面。建筑朴素大方，是与地形巧妙结合的设计。

七、三清山三清宫

三清宫位于三清山北部三清福地南侧九龙山口的龟背石上，海拔约1500米，是整个三清山道教建筑群中规模最大、最重要的主体建筑（图4-1-30）。

20世纪80年代，德兴县专家根据《泸田王氏重修宗谱》等地方文献考证，三清宫始建于南宋乾道十六年（1176年），当时名三清观，元代圮废。明景泰七年（1456年）于原址重建，改名三清宫，主殿为重檐歇山顶。清嘉庆十八年（1813年）遭火灾，清同治八年（1869年）重修。清末又失火，焚毁主殿木作梁架及屋面，只剩石作墙体、柱、梁、枋[15]。近年根据历史记载和考古研究，对主殿屋面进行了修复。

三清宫建筑群的整体布局完全依托山地地形变化，因地制宜。山前有一小盆地，有水塘，称"清晖池"，池前有一个有高差的小广场。从小广场顺山道而上，依次分布灵宫殿、魁星殿、石牌坊、主殿。轴线坐南朝北布置。

灵宫殿和魁星殿是两座做法完全相同的石亭，对向而立，中夹甬道，通向牌坊（图4-1-31）。建筑纯用巨石砌筑，两块厚重石板支撑条石额枋，额枋上置三个石坐斗，斗上承石挑檐檩，檩上置厚重石屋面板，板上置双层石脊，两端用刻花鱼龙大吻。殿中分别设灵官、魁星石雕像，浑厚有力。

图4-1-30 三清山三清宫全景（邱路摄）

图 4-1-31 三清山三清宫牌坊及魁星殿（邱路摄）

图 4-1-32 三清山三清宫石香亭（邱路摄）

　　牌坊位于灵官殿与魁星殿甬道之南约 2 米处，为进入主殿前的入口，全部用石材构筑，两根石柱以双层石枋连接，上承普拍枋，坊上置四朵偷心造单跳斗栱，柱头各一朵，补间两朵。斗栱承檩，檩上置悬山屋面板，板上置屋脊，两端用刻花鱼龙大吻，脊中设宝瓶。石枋中书"三清宫"三字，上款"大明景泰七年龙集丙子九月吉日开山德兴延溪帽峰费隐永禖王祐玄正立"，下款"资政大夫兵部尚书孙原贞书"。孙原贞《明史》有传，江西德兴县（现

德兴市，以前去三清宫多从德兴上山）人，官至兵部尚书，之后回乡闲居 18 年，寿至 87 岁，是明代广信府著名达官。

　　过牌坊，升台阶十数级，至一平整台地，可视为主殿的月台。台中置石香亭一座，做法略同灵官殿、魁星殿，但下设须弥座，屋顶为四坡庑殿顶，有短脊，檐口为曲线起翘（图 4-1-32），做法更为古朴规整。

　　主殿分前、后两进，中间未设天井，仅以石

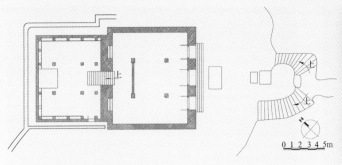

图 4-1-33　三清山三清宫平面图（江西省文物保护中心提供，徐少平等测绘）

图 4-1-34　三清山三清宫主殿（邱路摄）

图 4-1-35　三清山三清宫主殿石梁柱（邱路摄）

墙分隔，中辟拱形门洞。依山而建，后殿地坪比前殿高出约 2.5 米。石木结构，铺作层以下均为石作构件，上部为木作。前殿通面阔三间 12.3 米，通进深三间 10.94 米，后殿通面阔三间 10.43 米，通进深三间 8.9 米，两殿组成一"凸"字形（图 4-1-33）。

前殿周边不设柱，由石墙承重，正面开三个券洞门，殿内立四根石柱（图 4-1-34）。后殿全由石柱承重，除中柱仅边缝设外其余全落地（图 4-1-35）。前殿后金柱间设神座，供奉三清。后墙两次间设神龛，后殿两侧及后部均设神座。石墙均厚重，最厚达 1.45 米。月台与殿内地面均为花岗石条石铺地。

三清宫为罕见的明代南方山地石建筑群，仿木结构，法式严谨，做工精湛，雕刻华丽，是杰出的建筑艺术品。2013 年列为全国重点文物保护单位。

第二节　塔

一、上栗乘广禅师塔、甄叔禅师塔

萍乡市上栗县杨岐普通寺的南侧山坡上立有寺的第一任住持乘广禅师塔，东面山坡上立有第二任住持甄叔禅师塔。二塔均为墓塔。

乘广禅师于唐贞元十四年（公元 798 年）圆寂。其继任者甄叔禅师为其修建舍利石塔，当年建成，保存至今。1957 年列为江西省文物保护单位，2006 年列为全国重点文物保护单位。

该塔为单层石仿木构塔，高 2.7 米，八边形平面，全麻石雕刻垒砌而成（图 4-2-1）。底部设双层须弥座，各面有佛像、力士、怪兽等浮雕。塔身八角设柱如亭式，东、西两面雕门，并雕有大挂锁；东、西两面设窗，另有四面是执械的武士（图 4-2-2）。塔檐厚实，檐下雕出双层飞橡，出檐深远。屋面雕出垂脊、瓦垄及瓦当。宝顶为仰莲承覆莲。雕工细致，

图 4-2-1　乘广禅师塔（姚糖摄）

图 4-2-2　乘广禅师塔身近景（姚糖摄）

形象饱满，实为纯粹的唐风，历经千年风雨而仍然跃然欲出。周围现设有麻石挡土墙及护栏。

　　甄叔禅师圆寂于唐元和十五年（公元 820 年），至唐大和元年（公元 832 年）方于东峰下建塔。此塔形制与乘广禅师塔接近，亦为八边形石仿木塔，惜残损较严重，清乾隆十五年（1750 年）曾经重修。

图 4-2-3　甄叔禅师塔（姚糖摄）

现残高 1.78 米，基座、宝顶均非唐物（图 4-2-3）。2013 年列为全国重点文物保护单位。

　　二塔前原均有碑。乘广禅师塔碑为刘禹锡撰并书，立于元和二年（公元 807 年），清道光七年（1827 年）迁入寺内。甄叔禅师塔碑与塔同年立，道光十七年（1837 年）迁入寺内。

二、赣县大宝光塔

　　大宝光塔位于赣县田村镇东山村宝华寺内。唐开元年间，僧人智藏禅师随师马祖道一至此，此后为寺之住持。元和十二年（公元 817 年）圆寂，建墓塔曰"大宝光"。唐武宗年间（公元 841 ~ 846 年），大宝光塔毁。至唐咸通十五年（公元 864 年），在原塔旧址上重建大宝光塔，虔州刺史唐技撰写碑铭，书法家权德舆书丹。宋元丰二年（1079 年），因岁久倾废，住持觉显重修。1957 年列为第一批江西省

图 4-2-4 大宝光塔全景（姚赣摄）

图 4-2-5 大宝光塔立面图（江西省文物保护中心提供）

文物保护单位，2006 年列为全国重点文物保护单位。

　　大宝光塔位于宝华寺大觉殿内，属亭阁式单层墓塔。通体为大理石雕琢而成，因石质光滑如玉，又名玉石塔，是一座有绝对纪年的单层僧人墓塔。该塔除塔基须弥座局部破损外，其他部分保存完好（图 4-2-4、图 4-2-5）。平面正方形，底座边长 2.96 米，高 4.5 米，大理石雕成，可分为塔基、塔身、塔顶三部分。

　　塔基由三层须弥座组成，各层上下枋，均用层层方角皮条线叠出，每层须弥座束腰部分刊挖壶门。壶门底层浮雕各具形态的狮子，每面四个。二层浮雕麒麟、凤凰及卷云纹。三层浮雕盘膝跌座菩萨，每面五尊。须弥座遍体用细线刻饰缠枝花（图 4-2-6）。

　　塔身落在一覆莲座上，中辟塔室，正面开一眼光门，室门两侧各浮雕一尊全身介胄、手执宝剑的护佛金刚，金刚上浮雕人首飞天（图 4-2-7）。四角用八楞倚柱，柱头施五铺作单杪单下昂斗栱，补间铺作一朵。柱下用铺地莲花纹柱础，柱子有明显的侧脚，生起，并略有卷杀，柱身亦遍体线刻缠枝花纹。阑额不出头，亦不用普柏枋（图 4-2-8）。塔身左面外壁，有古人铭文约 77 字，因刻字本不深，字迹也不规整，加上人为损坏，现大多已湮灭不清。其大意是记载当时建塔的年月及修建大匠和主持僧名；右面外壁也有铭文约 307 字，字迹同上，大意是说，唐大中七年（公元 853 年），塔废而复建的情况。

　　塔顶由四面坡和塔刹组成，屋面平缓，四角稍有起翘，四脊头有脊兽，用方椽、莲花瓦当，塔刹由方座、束腰、八角形伞盖、宝珠等十一层组成。

　　大宝光塔雕刻装饰丰富，宋《营造法式》所载"剔地起突、压地隐起、减地平钑、素平"四种技法，在本塔上均有反映。除装饰了莲花、连珠、卷云、飞天、金刚、菩萨、狮子、麒麟、凤凰等之外，遍体还装饰了用肉眼贴近才能看清的细线阴刻卷草、缠枝等底饰。塔身左、右两侧还分别保存了石刻碑

图 4-2-6　大宝光塔须弥座侧面（姚糖摄）

图 4-2-7　大宝光塔塔身正面（姚糖摄）

图 4-2-8　大宝光塔角科斗栱（姚糖摄）

铭各一品，阴刻行书。左侧文77字，缺17字。右侧文307字，缺80字。

大宝光塔塔身形制、装饰和结构等特征具有地道的唐代建筑风格，有确切的纪年，整座塔造型雄奇俊美，雕刻华丽精湛，是江西省最精美的古塔，也是我国古塔中不可多得的经典精品个案，反映了这个时代独特的建筑与艺术风格。

三、浮梁红塔

红塔位于浮梁县浮梁镇旧城村，始建于北宋建隆二年（公元961年）[16]，又名"西塔"，后因受雨水侵蚀致使塔身通体被外渗的红壤浆液染红，故俗称"红塔"。七层砖体楼阁式佛塔，保存较为完整，现存塔体总高为40.47米。塔体虽几经维修，但基本完整保存了塔的历史信息、佛教背景、宋代特征和宋代地方建筑构造做法，是江西现存历史较悠久、体量较大、保存较完整的古塔之一。1957年列为江西省文物保护单位。

红塔为砖砌体结构，7级六面。由须弥座、7层塔身和塔刹三部分组成，在塔身各层均设暗层，塔内累计14层。采用内体空筒式穿壁绕平坐结构，应属砖体楼阁式佛塔（图4-2-9）。外7层，第一层特别高，从第二层开始设楼梯，供人登临，第三层以上有平坐，每层三面设门，相对面设龛门。每面各开门洞一、二层以上，六门洞中，其二为内外出入通道，另二为上下通道，余二隔断作内外佛龛。佛龛洞开，不见任何神佛的造像或画像（图4-2-10）。

底层外部每面面阔5.3米，内部每面面阔1.4米，塔壁厚3.1米，塔对角距离10.75米。第一层塔身特别高，为6.2米。该层外表面分成上、下两段，两段交接处留有贴面砖质斗栱痕迹和外跳华栱的插孔。据考证，该处的转角铺作与两朵补间铺作均为砖木混合体计心造五铺作形制。二层以上各面檐下均置有转角铺作及两朵补间铺作，均为砖木混合体计心造五铺作构造，用以支托檐扣外跳及其形式的上层外平坐。夹层亦在各面开一门洞，其四为

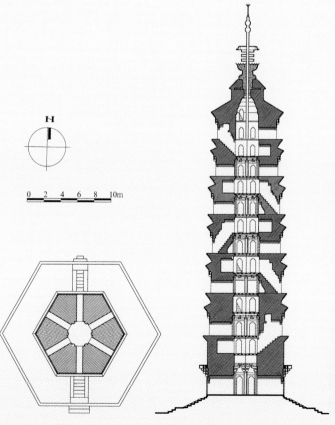

图4-2-9 红塔平、剖面图（江西省文物保护中心提供）

图4-2-10 红塔全景（姚赯摄）

图 4-2-11 红塔中段塔身叠涩腰檐斗栱（姚赣摄）

佛龛，另二为上下通道，内佛龛形制与外佛龛相似。塔内各层除底层下段角部采用木质双跳半截华栱之外，其余各层角部均采用全砖构造单跳丁头栱（图4-2-11）。

外檐分两段挑出，最大数超出1米，两段之间另置砖壁支顶，厚度近2米，上段檐顶平坐0.5米宽。外檐依靠砖的叠涩外挑，出檐数大，加上砖壁支顶构造，其下支托铺作以木质栱壁探出而缺乏承受力。加之木质建材经受不住天长日久的自然腐蚀侵害，致使大部分砖檐出现严重的整体外斜翻裂现象。

塔内各层，原有木质楼板，塔内外均置层砖叠涩挑檐。内檐挑出0.5米，檐顶为0.3米的内平坐。主层内侧壁脚，沿塔六角内圈埋置有0.35米×0.35米断面的六角杂木井圈，这对于井内壁的结构稳固起到了支架功能作用。塔内顶上部亦设有一根0.35米×0.35米断面的直形横梁，用作承托塔刹刹柱的基座。塔内顶层还设有通往塔外顶层的上下通道。

塔顶以砖代瓦，叠涩覆盖。塔顶正中的覆盆基座分为两段。下段六角六面砖体，上段圆形砖体，直径略小于下段，略大于覆盆直径。覆盆由生铁铸成，直径达2米，厚8毫米，外壁铸有北宋康定元年（1040年）铭文。塔刹的其他部分无迹可寻。

塔体外表面各层门洞两侧以及佛龛残留有许多涂泥罩灰的块面遗存，红塔的最初面貌进行过"涂泥灰罩"的表面处理，而且有可能进行过简要的墨线画边线装饰，通体以白色为主。红塔用砖规格达数十种之多，砖的抗压能力达176千克／平方厘米，

超出现代普通机制砖一倍有余。

塔内壁以纸巾白灰粉刷饰面，壁之角柱、大额枋、小额枋及假门洞，面层饰以白色。所有木构用朱色油漆油饰。

四、浮梁勒功双峰塔

双峰塔位于浮梁县勒功乡。因处在宝莲山两个山峰之间，故名。浮梁县在东汉所建双峰寺早已不存。北宋天圣二年（1024年），当地黄氏家族在此建佛寺，称阇梨庵，仅稍具规模而已。北宋庆历二年（1042年）进行大规模扩建，改名双峰寺，塔可能建于此时。南宋绍兴年间（1131～1162年），黄氏家族在邻县鄱阳的后人又重建寺庙和塔刹。南宋嘉定二年（1209年）再次修葺，并立碑为记[17]。明代早期，浮梁人冯诚又捐资重修。冯诚是永乐十九年（1421年）进士，官至湖广按察使，安徽太平县令汪信为冯诚在双峰寺内立《双峰塔记》碑[18]。

现寺已无存，宋、明两通碑仍在。2014年维修时在塔身四层内侧发现"丁巳黄天佑"铭文砖。按黄天佑当为造主或烧砖窑工姓名，丁巳当为干支纪年。两宋天圣、庆历、嘉定年间均无丁巳，只有绍兴七年（1137年）为丁巳年。明初的两个丁巳年，一为洪武十年（1377年），一为正统二年（1437年），据此似可判定维修年代。

双峰塔坐东朝西，5层六面，全用砖砌，现残高约16.2米。外体5层以及底部须弥座和顶部刹座，共分七个部分，内体依外体5层，在各层间增设夹层，累计9层。采用内体空筒式穿壁绕平坐结构，应属砖体楼阁式佛塔（图4-2-12）。外5层，每面各开门洞，一、二层以上，六门洞中，其二为内外出入通道，另二为上下通道，余二隔断作内壁龛，夹层亦在各面开洞，内做壁龛及佛龛（图4-2-13）。

底层每边只有3.5米，总体不及红塔的一半塔身，内部每面面阔1.13米，塔壁厚1.95米，塔对角距离7米。无平坐层。典型的弧身塔，塔的每边墙面呈不规则的弧形，塔身内拱呈弧线，弧线拱率约为1/20（图4-2-14）。

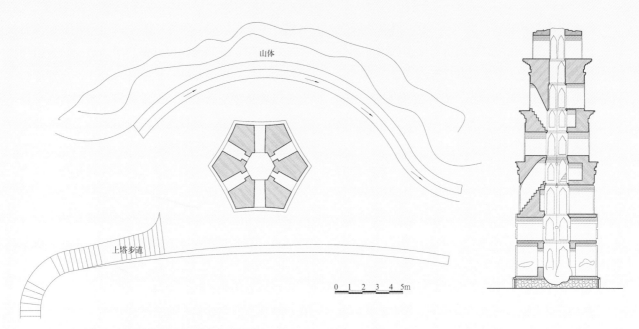

图 4-2-12 双峰塔平、剖面图（江西省文物保护中心提供）

图 4-2-14 双峰塔塔身近景（张义锋摄）

图 4-2-13 双峰塔全景（张义锋摄）　　　　图 4-2-15 双峰塔内景（张义锋摄）

第一层塔身特别高，为 4.55 米。该层外表面分成上、下两段，两段交接处留有梁槽的痕迹和外跳平坐的基脚插孔，平坐形制已无从考证。四、五层塔每角有一石作戗角伸出，石作戗角头有一 100 毫米 ×100 毫米洞孔，塔顶无存。每层砖叠涩挑檐串腰都采用了不同风格的造型。

青石须弥座，全砖构造。充分反映佛教思想的各式装饰图案，仅在平坐上采用极简单的葫芦状壶门造。各层佛龛洞开，下层佛龛敬奉五尊石雕佛像。上层佛龛敬奉六尊石雕佛像。佛龛中的石雕佛像，刀法精细，线条流畅，千姿百态，栩栩如生，具有极高的艺术价值。壁龛形制与佛龛相似。

塔内隔层有木质楼板，塔内外均置层砖叠涩挑檐(图 4-2-15)。内檐挑出 0.2 米，外檐分两段挑出，最大处超出 0.7 米，上段檐顶平坐 0.6 米宽。塔内壁、壁龛、佛龛、门洞面层以纸巾白灰粉刷饰面，饰以白色。砖为就地取材烧制，塔基以红壤及少量灰浆搅拌卵石浇筑而成。

双峰塔是罕见的北宋弧型砖塔，是研究中国古代弧身建筑一个难得的佐证物。源流清晰，足资珍贵。1989 年列为景德镇市文物保护单位。

五、庐山西林寺塔

西林寺塔位于庐山西北麓的北香炉峰下之西林寺内，塔内原有众多佛像，又名千佛塔。7 层楼阁式佛塔，通高 46 米。始建于唐开元年间，现存佛塔为北宋庆历年间（1041 ～ 1048 年）重建[19]，此后屡有维修。1959 年列为江西省文物保护单位。

自庆历以后，屡有修缮。至近代以后，寺院相继损毁，独存此塔。

西林寺塔为砖木结构仿木作的楼阁式佛塔，7 层六面，底层边长 5.7 米，通高 46 米。底层南北辟门，正门向南，塔南每层门上均有横额，底层为"千佛塔"，二层为"羽宝才"，三层为"金刚"，四层为"灵就来"，五层为"天上清"，六层为"聪雨花"，七层为"元明藏"(图 4-2-16)。

外塔壁为砖作仿木结构，有圆形倚柱、额枋、斗栱、平板枋、门、窗等（图 4-2-17）。每层均有佛龛和题额，塔门为拱顶，窗户均为假窗，窗棂为砖作破子棂。该塔腰檐、平坐合二为一，在铺作层之上以菱角牙子砖出跳，形成腰檐。腰檐表面平铺塔砖，以为平坐，檐口磨砖以成仿木作之圆形飞子头，形成瓦面，并在转角处有明显的生起。

斗栱为砖作仿木构，首层四层斗栱相叠，以上各层三层斗栱相叠，一、二、三层用两朵补间斗栱，四至七层用一朵补间斗栱，有四铺作及五铺作的两种。其斗栱均为异形砖烧制，磨砖斗栱技术精湛（图 4-2-18）。

塔心室由木作楼板分隔为 8 层，首层有一明层及一暗层，以上各层与塔外壁各层一一对应。各层平坐、腰檐合二为一，宽度较窄，无栏杆。内壁面砌二至四层壁龛，以供佛像。塔梯为木作板梯，于塔心室循内壁面折上。

塔顶由反叠涩砖层层递收而成。原塔刹无存，现塔刹为 1993 年维修所制。塔体内有两种纪年铭文砖，一为"塔主宣州助教管仲文康定二年"，一为"塔主宗大师道贞甲申庆历四年"。该塔为江西省境内现存建塔历史较早、体量较大的古塔之一。2005 年 10 月纠倾加固，2008 年 5 月全面维修。

六、大余嘉祐寺塔

嘉祐寺塔位于大余县城南安镇东南隅水口山。塔为楼阁式砖塔，六面 5 级，高 19 米。寺始建于隋开皇五年（公元 585 年），北宋嘉祐元年（1056 年）重修后更名嘉祐寺，同时建塔，故名[20]。2006 年列为全国重点文物保护单位。

该塔为 5 层六边仿木结构楼阁式砖塔，整个塔身造型美观、建造精细。正六边形平面，底层边长 1.9 米，塔高 19 米，表面青灰色（图 4-2-19）。每级各面均辟有券门，有出檐，砌阑额、斗栱、倚柱、驼峰等仿木构件。二至五层每层之间均有突出的砖砌双层花檐，顶层塔檐有滴水勾头，翼角略起翘（图 4-2-20）。每级各面设有券门、柱、枋子、斗栱，每层下部的券门式佛龛均为砖叠涩挑出。内部为空

图 4-2-16　西林寺塔立面图（江西省
文物保护中心提供）

图 4-2-17　西林寺塔全景（江西省文物保护中心提供）

图 4-2-18　西林寺塔底层入口（江西省文物保护中心提供）

图 4-2-20　嘉祐寺塔叠涩砖砌斗栱（姚糖摄）

图 4-2-19　嘉祐寺塔全景（姚糖摄）

图 4-2-21　塔顶为倒钟形覆瓦坡顶（姚糖摄）

筒式结构，塔身中空，沿塔壁佛龛可登至顶层。佛龛内原来应有佛像，现在都已不存。上层为倒钟形覆瓦坡顶（图 4-2-21），高 1.5 米，塔顶安覆盆，上置宝葫芦。整座塔身结构精巧，稳重端庄。

据专家考证，此塔为有唐代风格的宋塔。其梁枋斗栱，以及塔的额枋、斗栱与明人项子京"天籁阁"旧藏《宋名人画册》中《王勃对客挥毫图》（北宋郭忠恕）中所描绘的古建筑构件风格极为相似，留有唐代遗风。

塔下设有地宫。2012 年地宫被盗，后追回部分文物。

七、安远无为寺塔

无为寺塔位于安远县城欣山镇，因塔下原有无为寺而得名，始建于北宋绍圣四年（1097 年）。塔为六面 9 级楼阁式砖塔，通高 61.29 米。2006 年列为全国重点文物保护单位。

无为寺塔本属于佛塔，但后人多以风水的角度来解释它，如清人描述："是时，形家人为县龙右砂低平，环抱不紧，故设塔于此，一补乾位之峰，且制虎岭之威，上对龙山，称其拱峙，下砥濂水，束其波流。"[21]

无为寺塔塔体呈锥形，塔高 61.3 米，穿壁绕廊楼阁式古塔（图 4-2-22）。一层副阶周匝。塔身各级以青砖叠涩出檐，每层设计了飞檐、护栏，檐角起翘，各角皆悬风铎，檐上设平坐。塔身辟有真假壸门，穿壁绕平坐折上可登临各级。

虽然从外观来看，无为寺塔仅有 9 层高，但其

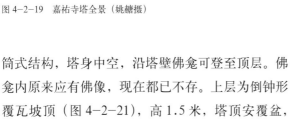

图 4-2-23 无为寺塔塔身平坐腰檐（姚糖摄）

图 4-2-22 无为寺塔全景（姚糖摄）

实塔内楼高 17 层。每级设一明一暗双层塔室，内部的明楼暗层相互间隔。塔六面，各层每面都设有一道石门或者假门（图 4-2-23）。明层与平坐相平，形成游客活动的地方，而暗层却是通道，以斜道连接上下层，步阶梯穿楼可登至塔楼顶层。内壁设神龛放置菩萨或经书。塔门设置综合有致，底层是互相间隔的真假门（龛）各三，二层以上是三圭门、二壸门、一暗门（龛），顶层为三圭门、一壸门、二暗门（龛）。

刹顶由粗大的塔心柱配以铁铸相轮和刹链组成，使古塔显得富丽堂皇。

无为寺塔设计十分精巧，塔身坚固。砖的质量极高，搭砌古塔的砖石造型独特，有长条砖、方形砖、菱角砖等三十余种，都是按照设计事先烧制而成的。砖石上还刻有各种字样的铭文。塔身以青砖黄泥拌谷壳及少量稻草筋砌建而成。

八、上饶奎文塔

奎文塔，俗称龙潭塔，位于上饶市郊北门乡龙潭村，信江北岸岩石山上。

据地方文献记载，该塔始建于明万历年间（1573 ～ 1620 年），名见龙塔。后倒塌仅余两层。清嘉庆十九年（1814 年），广信知府王赓言率同通判汪正修、上饶知县赖勋重建为 7 层，并改名"奎文塔"，上层祀奉梓潼帝君神像。塔下是信江和丰溪二水汇流而成的大深潭，据传，河畔岩壁之上，曾镌刻隶书"龙潭"两个大字,故别名"见龙塔"[22]。

奎文塔平面为八边形，7 层，高约 49 米（图 4-2-24）。全塔均为砖砌，每层以砖叠涩成穹顶，承托楼面，墙壁四面开券洞，另四面设哑券，层层交错（图 4-2-25）。通过穿壁楼梯，可盘旋而上至各层，登临眺望。下 2 层为明代原构，以二跳砖斗栱承挑塔檐，三级砖叠涩承平坐（图 4-2-26）；上 5 层为清代建造，改由一层枭混线脚加四层莲瓣叠涩承挑塔檐，两层莲瓣承平坐，是清代南方风水塔的常见做法。

此塔虽经明、清两代修建，但塔身完整无损，保存了明代砖塔的形制；重建后，依然保持了简朴、庄重的建筑风格。

塔下曾建有塔院，塔院建房数楹，其中有纯阳楼、惠济夫人祠、仓颉祠、惜字炉、观水亭等附属建筑。至清朝末年均已不存。

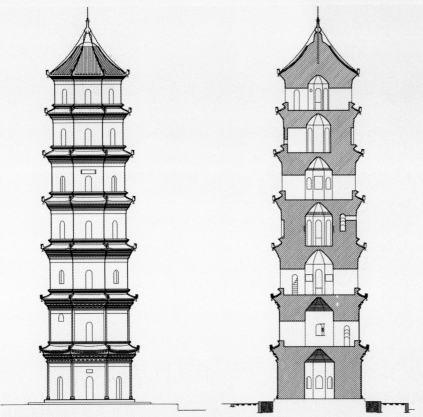

图 4-2-24 奎文塔立、剖面图（江西省文物
保护中心提供）

图 4-2-25 上饶奎文塔全景（姚赯摄）

图 4-2-26　上饶奎文塔底层塔檐（姚糖摄）

九、于都禾丰文峰塔

禾丰文峰塔位于于都县禾丰镇水阁村的园背山上，建于清乾隆二年（1737年）[23]，是一座夯土塔。1984年列为于都县文物保护单位。

夯土塔是我国南方地区少见的一种用三合土夯筑而成的风水塔，建设时间集中在清雍正至乾隆年间，分布地域仅见于于都、瑞金两县人烟相对稠密的聚落山头。此类风水塔均为附近村落中大姓为本族利益聚族捐资、捐力兴建，为了既达目的而又省钱，于是采用土筑的方法。建设一座土塔，只需花少量石灰、砖、木料等费用。

此类夯土塔都建在村边或河边的山顶上，平面均为六边形，塔体用三合土版筑，外观为5或7层的楼阁式塔，内部是不可登临的空筒式结构，外部叠涩出檐，形制朴实简洁。

禾丰文峰塔为7层楼阁式风水塔，全高约30米。塔平面六边形，边长4.5米，逐层收分，每层交接处用菱角牙子装饰出檐（图4-2-27）。无台基，塔身几乎是从地面上夯筑起来的。塔体由黄土、石灰、砂石和少量的页岩石块混合版筑而成，首层壁厚约2米。塔体外表层经过打墙板拍打，因此呈灰白色，平整光洁，内表层呈土黄色，石灰颗粒和版筑痕迹均清晰可见。

塔在第一层南面辟门，窗上下相对，除第一层外，各层各面皆设窗，大部分为盲窗，少数真窗布置较随意。真窗洞顶外侧做假券，内部用木过梁承托。塔层用拔檐砖相间菱角牙子出檐（图4-2-28）。在塔的第二层东南面上镶嵌有石匾，上书"文峦耸秀"四个大楷字，年款与撰书人皆用小字，但多剥

图 4-2-27　文峰塔远景（何昱摄）　　　　　　　　图 4-2-28　文峰塔近景（何昱摄）

蚀难辨，仅能辨"进士出身文林郎知于都事"、"庠生曾国贤书"字样。塔顶为八面叠涩穹窿顶，塔刹已残塌，可能是葫芦形宝顶。现塔自第四层起，有一条裂缝沿窗而下，最宽处达15厘米，塔体上下

能辨见少数插竿洞眼。

墙内部也为六边形，室内地面是用和墙体同样的材料夯筑的，单壁空筒式。内有十三层杉木过梁，起拉结作用，层层相错平行横架，每层梁四至八根不等。

注释

① 同治德化县志·卷十三·建置·寺观.

② 叶平.名人与东林寺.北京：宗教文化出版社，1995.

③ 民国南昌县志·卷五十八·古迹中.

④ （清）娄近垣编撰.张炜，汪继东校注.龙虎山志.南昌：江西人民出版社，1996.

⑤ 光绪江西通志·卷二百二十二·胜绩略·寺观二.

⑥ 许怀林.江西史稿.南昌：江西高校出版社，1998.

⑦ 民国南昌县志·卷十五·典祀中.

⑧ 卿希泰主编.中国道教（第一卷）.北京：知识出版社，1994.

⑨ 万艳华.风水建筑钩沉.古建园林技术，2002，4.

⑩ 同治萍乡县志·卷二·建置志·寺观.

⑪ （清）娄近垣编撰.张炜，汪继东校注.龙虎山志.南昌：江西人民出版社，1996.

⑫ （清）戴均元.重修青云谱记.民国南昌文征·卷十九.

⑬ 同治南昌府志·卷二·地理·山川.

⑭ 同治义宁州志·卷十·建置·坛庙.

⑮ 德兴县志编纂委员会办公室编.三清山志.德兴：德兴县志编纂委员会办公室印，1990.

⑯ 道光浮梁县志·卷二十·寺观.

⑰ 见《双峰寺记》碑.

⑱ 道光浮梁县志·卷二十·寺观.道光浮梁县志·卷十三·人物·贤良.

⑲ 同治德化县志·卷十三·建置·寺观.

⑳ 同治南安府志·卷二·寺观.

㉑ 同治安远县志·卷三十四·文艺.

㉒ 同治广信府志·卷二之三·建置·古迹.

㉓ 同治赣州府志·卷十六·寺观.

江西古建筑

江西古建筑

第五章　居住建筑

江西居住建筑分布图

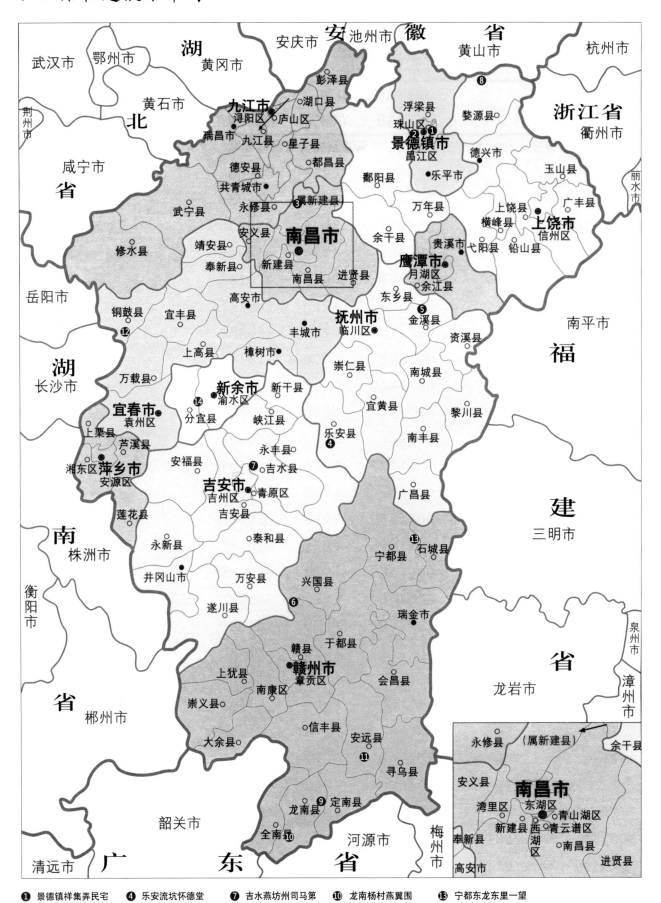

① 景德镇祥集弄民宅　　④ 乐安流坑怀德堂　　⑦ 吉水燕坊州司马第　　⑩ 龙南杨村燕翼围　　⑬ 宁都东龙东里一望
② 景德镇"明间"、"清园"　⑤ 金溪竹桥余振汉宅　　⑧ 婺源理坑司马第　　⑪ 安远镇岗东生围　　⑭ 分宜湖泽邓家围垅屋
③ 新建汪山程家大屋　　⑥ 赣县白鹭恢烈公祠　　⑨ 龙南关西新围　　⑫ 铜鼓排埠邱家大屋

（地图引自：中华人民共和国民政部编．中华人民共和国行政区划简册 2014．北京：中国地图出版社，2014．）

近代以降，江西传统的公共建筑遗存遭到重大破坏，幸存的历史建筑中住宅占有最大的比例，是江西古建筑遗产的精华所在。

江西一般城乡住宅以天井式住宅为主。天井是被一座建筑内四面或三面不同房间所包围，从高空鸟瞰，恰似向天敞开的一个井口。它成为建筑内部空间的一个关键部分。江西一些地方把天井称为"明堂"，民间流传的风水书《理气图说》称："天井为屋内之明堂，主于消纳"。其功能因此包括排水、通风、采光和纳入日照。此种建筑空间形式的形成，与江西的夏热冬冷气候、河谷平原地形和充足的降水密不可分，是一种充分适应环境的空间布局。虽然天井式住宅在中国长江以南地区广泛存在，但江西迄今留存的天井式住宅类型最为丰富完整[①]。

以天井为空间组合的中心，形成以"进"为单位的住宅格局。每一进通常以一个"一明两暗"三开间的组合为主体，即所谓"一堂二内"式布局。正对天井的明间为厅堂，是面对天井的开敞空间，作为家庭的日常起居空间、餐厅，也经常设置神位，用于祭祖。由于其重要性，通常是装饰的重点，甚至结构方式都与住宅其余部分不同，采用某种与抬梁式混合的结构。明间两侧的次间是主要的住房。面对天井的厢房则形式功能均多样，有时完全开敞成为厢廊甚至厢厅，有时封闭成为住房，有时则成为通向户外或侧路的通道。入口一侧或为围墙照壁，或为向天井开敞的门厅门廊，或仅明间向天井开敞，次间封闭成为用房[②]。此种形制来源久远，最终形成于明代。《明会典》明文规定："庶民所居房舍，不过三间五架。"三间即三开间，五架即明间只能设置五根檩条承托椽瓦，是面阔进深都受到严格限制的小型房屋。虽然至明代中后期，此种禁制在民间逐渐松弛，但"一堂二内"的布局延续下来，只是进深方向经常被一再扩大，整个屋面的檩数远远超过五檩，甚至有以板壁分隔成前后堂，一座屋面的总檩数超过二十的大进深布置。

江西古代工商业传统发达，明代以后形成所谓"江右商帮"，传统的农业经济受到商业经济的冲击。

现存的许多高质量的历史住宅，其业主的经济来源均与商业活动有关。江西东北与徽州毗邻，徽州商人在江西尤其是赣东北和鄱阳湖周边的经济活动中占有重要位置，所以使徽州与赣东北民居之间产生相互交融的影响。尽管江西至今仍然保留许多聚族而居的村落甚至集镇，但在江西的大部分地区，真正聚族而居、连通成片的大型住宅却为数甚少，仅有少数官宦住宅形成了特别大的规模尺度。保留至今的一般城乡住宅，均以中小型为主，三间三进、两路三间两进是最常见的规模。

另一方面，在江西南部和西部的山区乡村，至今仍保留着大量的聚族而居的大型住宅。江西从明代到清代，出现了持续的移民过程。闽广移民从粤北、闽南进入江西，在江西南部的南岭山脉北麓展开，并沿罗霄山脉北上，最后甚至进入湖广地区。这些地方虽属山区，但水系发达，山中分布了数量众多的河谷盆地，其中土壤肥沃，具备良好的农业发展条件。闽广移民在这里扎根开花，形成数量众多的客家人聚落。为便于防卫，在这些地区保留了聚族而居的传统，在山区建造了大量的大型住宅，他们通常称之为"围屋"，与闽南的土楼、粤北的围垅屋一起成为客家人居环境的代表。

和闽南、粤北一样，围屋是一种特殊建造方式而非属于某一特定族群。江西的众多围屋，既有明清闽广移民建造的，也有早在宋代甚至更早即定居下来的土著居民建造的。以前的研究将围屋限定在赣南，但现在发现，类似的建造方式出现在赣中甚至赣西北，最北的实例已进入修河流域。虽然建造围屋、聚族而居的最初动因肯定是基于防卫，但一走出赣南山区，围屋的防卫性就迅速削弱。即使在赣南，围屋尽管在外部显得与一般江西城乡住宅大相径庭，但内部仍然基于一组甚至若干组天井式住宅作为其居住核心。这些特点，使得围屋成为明清闽广移民给江西带来的一种特殊的居住建筑形态。

江西围屋很少完全依托山地建造，而通常是选择盆地中地势稍高、靠近河流而无水灾之虞的基地，甚至将围屋建在耕地中央，形成所谓"田心围"。

在保存围屋数量最多的龙南县，有多座著名的"田心围"分布各地，由各个不同家族建造，如关西徐氏田心围、武当叶氏田心围等。建筑、聚落与农业耕作环境紧密结合。

赣南是传统风水术"形势派"发源地，风水术在赣南影响极深，以至于如《光绪龙南县志》这样的官修方志都在地理志中专门有一章"形势"，论述全县和县治所在地的风水。其他地方的围屋建造，多半也受到类似的风水术的影响。各地围屋选址均重视风水术的运用，注重选择山环水绕、向阳避风、临水近路的场地作为屋址，在组织围屋形体、空间轴线特别是入口轴线时特别注意与周边自然山水建立对应关系，围屋及其周边普遍种植风水树、风水林，使围屋与自然环境充分和谐。建筑与山川、林木、田野一起构成典型的人与自然相互作用形成的文化景观，成为江西古建筑遗产中一个特色显著的部分，为江西的居住建筑增添了浓墨重彩的一笔。

第一节 天井式住宅

一、景德镇祥集弄民宅

祥集弄位于景德镇老城区中心，是一条保存较完整的历史街巷。祥集弄3号、11号两座住宅建于明嘉靖年间（1522～1566年），形制、尺度接近，结构、构造做法类似，是江西现存明代住宅的杰出代表，1988年列为全国重点文物保护单位。

这两座住宅都是严格按照"三间五架"标准建造的。建筑均坐南朝北，平面形状都略呈矩形，3号住宅的南墙与两侧墙不垂直，成一斜边（图5-1-1）；11号住宅的西南角上突出一小间披屋。尺度均尚适中，3号住宅东西长约19米，南北宽约11米，上堂正脊高约7.2米；11号住宅稍大，东西长约20米，南北宽约15米，上堂正脊高约7.5米。内部都以一个天井为中心，布置门厅和上、下堂。主入口都在轴线侧面，因此门厅在天井的侧面（图5-1-2），下堂在端头，上堂在整个建筑的中心位置，开间均超过6米。上堂的两次间为全宅的上房。上堂后壁增加两根甬柱，柱间设板壁，两侧设门通向板壁后的后堂，后堂又面对一个半天井（图5-1-3）。两厢均设楼房，但并未设置固定楼梯。

木结构用料壮硕，明间的柱径均为450～480毫米，梁径近似。上堂明间利用后壁增加的两根甬柱设两缝抬梁式构架，一头搭在柱上，另一头搭在大额枋上，使上堂看上去像是三开间（图5-1-4）。其余均为穿斗式木结构，穿柱、穿梁用料亦较粗壮，穿梁均为月梁（图5-1-5）。上堂中柱与正脊不对位，错开半个檩距，设有木板素天花，上有简单草架。明间所有露明构架均铺望砖，次间及厢房铺望

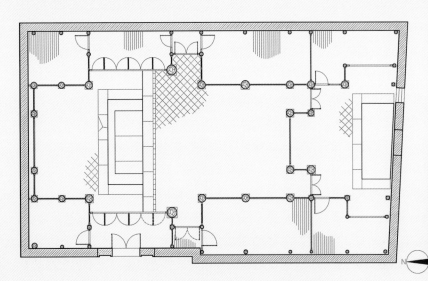

图5-1-1 祥集弄3号住宅平面图（江西省文物保护中心提供，徐少平等测绘）　　　　　　　　　　　　图5-1-2 祥集弄3号住宅外景（姚赯摄）

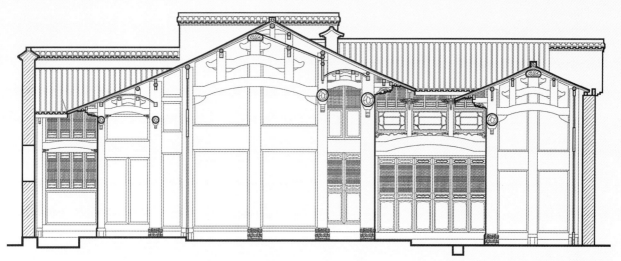

图 5-1-3 祥集弄 3 号住宅剖面图（江西省文物保护中心提供，徐少平等测绘）

图 5-1-4 祥集弄 11 号住宅上堂（姚赯摄）

图 5-1-5 祥集弄 11 号住宅中央天井（姚赯摄）

图 5-1-6 祥集弄 11 号住宅后天井及照壁（姚赯摄）

板。上、下堂前缘均设轩廊。

　　装饰集中在重点部位，包括柱础、木结构的挑梁、雀替等，大部分为植物纹样，其余部分素面为主。门窗隔扇图案朴素，以步步锦或方格为主。各明间地面铺方砖，次间、厢房则全为木地板。

　　这两座住宅虽然尺度有限，空间简明，但是用料讲究，做工精良，反映了明代中后期的经济文化水平（图 5-1-6）。

二、景德镇"明间""清园"

1979年，景德镇市开始在市郊昌江以西的枫树山盘龙岗建设古陶瓷博览区。在建设过程中，包括本书顾问黄浩先生在内的有关专家提出将散落于景德镇市区、市域、面临保护危机的部分古窑址、古作坊、古建筑等搬迁至此，进行集中保护，从而开始了我国第一次异地保护乡土历史建筑遗产的探索。至1982年，古陶瓷博览区建成开放，立即成为景德镇市最受欢迎的游览胜地。

全区占地面积83公顷，由三个群落组成：清代民间建筑群、明代民间建筑群和古窑瓷厂。清代民间建筑群称"清园"，明代民间建筑群称"明间"，均为景德镇多年来在其周边地区发现的珍贵历史建筑，经国家文物局同意，在文物部门和专业人士的参与和监督下，经过详尽测绘、编号，拆卸搬迁至此重新拼装复原。

进入博览区大门，沿浓荫曲径进入"清园"（图5-1-7），由四座不同类型的建筑组成。正中一栋是祠堂，名"玉华堂"。祠堂后是清代住宅"大夫第"（图5-1-8），建于清道光年间（1821～1850年），原址在浮梁县庄湾乡佑村，是一座三进两路大型住宅，东路为主宅，为三进天井式住宅（图5-1-9）；西路为书房，仅两进，厅前设水池天井，两旁是隔扇厢廊，门外有花园对景，形成一个精巧玲珑、闲静幽雅的小天地（图5-1-10）。

祠堂右侧是一栋小型住宅，原址在浮梁县勒功乡沧溪村，为小康人家住宅，装饰简朴，平面功能清晰。最后是"华七公大宅"（图5-1-11），亦建于道光年间，原址在浮梁县蛟潭镇礼芳村，俗称"大屋里"，业主李华七，是景德镇当时著名的木材商人、窑柴行老板，经营"华记柴行"，与景德镇瓷业渊源极深。该大宅是典型的天井式住宅，由门楼，门厅，前、后、中堂五个部分组成，总占地面积约530平方米，用料考究，是清代江西住宅的杰出代表（图5-1-12）。

"清园"北面有大片开阔水体，隔水相望的即

图5-1-7 景德镇"清园"入口（姚赯摄）

图 5-1-8 "清园"大夫第入口（姚糖摄）

图 5-1-9 "清园"大夫第前天井（姚糖摄）

图 5-1-10 "清园"大夫第书房水池天井（姚糖摄）

图 5-1-11 "清园"华七公大宅外景（姚赯摄）

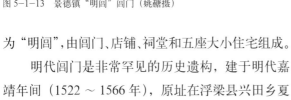

图 5-1-13 景德镇"明间"闾门（姚赯摄）

图 5-1-12 "清园"华七公大宅中堂内景（姚赯摄）

为"明间"，由闾门、店铺、祠堂和五座大小住宅组成。

明代闾门是非常罕见的历史遗构，建于明代嘉靖年间（1522～1566年），原址在浮梁县兴田乡夏田村村口。由于原址保护困难，1982年，作为景德镇市民俗古建筑的典型遗存实例，由市文物部门搬迁至"明间"入口处。该闾门建筑的前后檐下敞开，两侧配置"单山"式马头墙，内部架设单间五架穿斗式前后两坡屋顶形制的木质构架。面阔5.9米，进深6.6米（图5-1-13）。

明代村镇商店——瑶里程兴旺宅是全国孤例，原址在浮梁县瑶里镇，为前店后宅的两进建筑，三开间。前进明间为店堂，两次间设柜台。店堂后墙为封火墙，开中门，为店堂与内宅的分界线。中门内为天井，迎面为正厅，两侧设厢房。除正厅为彻上露明造外，其余空间均设楼房。建筑简朴实用。详见第七章第三节。

桃墅汪氏五股宗祠原址在浮梁县西湖乡桃墅村，木结构气势宏大，技术精湛。详见第六章第二节。

汪柏故居原址在浮梁县兴田乡夏田村，建造时间约在明嘉靖末至明隆庆年间（1566～1572年）。汪柏系明嘉靖十七年（1538年）进士，历任大理评事、广东道副使、浙江布政使等职，有《青峰集》传世[3]。此宅由横向并列的两路三间两进住宅组合而成（图5-1-14）。左侧为书房。其前部有小院，由内八字门楼直通建筑外部，并在门楼左侧设有专用马厩。主构架为"三间五架穿斗式"形制。

桃墅汪宅原址亦在桃墅村，建于明崇祯年间（1628～1644年），前部有院落，主体建筑内，宅房居中，陪屋夹持两侧，其间及外侧封火式马头墙，前后封以硬山式封檐墙。宅房构架，采用"三间五架两层穿斗式"结构形式。建筑木雕、石雕等各式装饰，手法上开始由简转繁（图5-1-15～图5-1-17）。

图 5-1-14 "明间"汪柏故居外景（姚糖摄）

图 5-1-15 "明间"桃墅汪宅外景（姚糖摄）

图 5-1-16 "明间"桃墅汪宅天井及厅堂（邹虚怀摄）

图 5-1-17 "明间"桃墅汪宅天井上部（邹虚怀摄）

苦菜公大宅原址亦在桃墅村。据当地传说，苦菜公为明末人，姓汪，正名不详。幼时家境清贫，常以野菜充饥，故得俗名"苦菜"。中年偶然在山野挖到黄金，以此作本经营茶叶，逐步成为桃墅镇首富，又成为当地汪氏宗族族长，后人尊称其为"苦菜公"。其宅约建于崇祯年间，原为坐北朝南，迁建时改为坐西朝东。入口在正面正中，入内为一半天井，无门厅或门罩。天井后为大厅，带设轩顶的前廊，有楼梯在前廊端部小间内。其后为中心天井，后进明间为后堂，亦有楼，板壁后设楼梯。大厅、后堂的左右次间和厢房均设夹层，使整个建筑成为一座三层楼房。结构全为穿斗式木构架。这是景德镇目前发现的唯一一栋明代三层构造民居建筑遗存实例。其他两座住宅的形制大体类似，都是围绕一个中心天井布置上下堂、上下正房、东西厢房等。

三、新建汪山程家大屋

程家大屋位于新建县大塘坪乡汪山村，当地俗称"汪山土库"，始建于清道光年间（1821～1850 年），至清同治年间（1862～1874 年）建成，历时约半个世纪。业主为江西晚清最大的官宦家族程家。清嘉庆十六年（1811 年），程矞采（1783—1858）中进士，此后历任浙江布政使、江苏巡抚、云贵总督、湖广总督等职。他的堂弟程楙采（1789—1844）在三年之后的嘉庆十九年（1814 年）中进士，历任凉州知府、安徽布政使、安徽巡抚等职。再过六年，程矞采的亲弟程焕采（1787—1873）于嘉庆二十五年（1820 年）中进士，历任衡州知府、湖北按察使、江苏布政使等职[4]。三人和其他堂兄弟共八人一起在祖宅东面起造大宅，逐渐建成一个东西长 337 米、南北深 180 米、占地面积超过 6 公顷的大型建筑群，成为江西现存最大的官宦家族豪宅，2006 年列为江西省文物保护单位。

程家大屋共分十一路，并不对称，由 25 组相对独立的天井式建筑组成。前有狭长庭院，将各路的对外主入口包围在其中（图 5-1-18）。庭院在南、东两面各开一门，实际上主要使用的是东门。南面围墙外有水塘（图 5-1-19）。

中路为祖堂，共五进，为祭祖之所，同时也是家族的公共活动场所（图 5-1-20）。两侧设夹道，与其他住宅分开。祖堂后设横巷，称"八尺巷"，

图 5-1-18　程家大屋外景（姚糖摄）

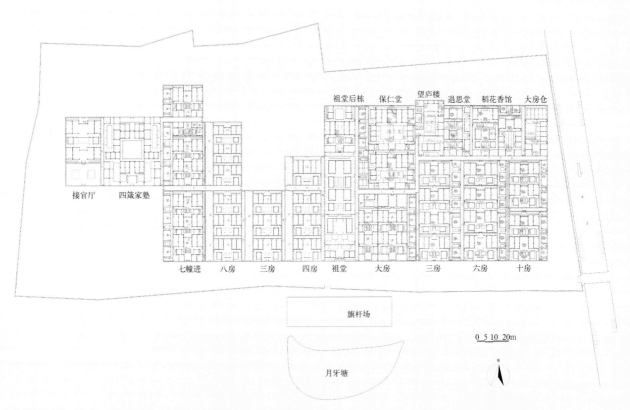

图 5-1-19　程家大屋总平面图（江西省文物保护中心提供，徐少平等测绘）

图 5-1-20 程家大屋祖堂（姚赣摄）

意为其净宽度为八尺，约合 2.4 米。隔巷有一座两进带后天井的宅院，称祖堂后栋，为族人居处。

东一路为大房，规模最大，组织最为复杂。南面为一座四进三路大宅，中路为主宅，五间四进。东面设跨院，为佣人房及厨房等辅助用房，较简易。西路为三开间四进，规模逊于主宅，其他标准则基本相同，连明间的尺寸都非常接近。其后设八尺巷，隔巷又是一座五开间四进大宅，东西均设跨院，内部设防火墙将其分为南北两部，各两进，南部称"谷裕堂"（图 5-1-21），北部称"保仁堂"（图 5-1-22）。

东二路、三路、四路为二房、六房、十房，形制类似，均为五开间五进带东跨院的大宅（图 5-1-23），各路间均设夹道分隔。

东二、三、四路后面亦设八尺巷，巷北还布置有四组建筑。自保仁堂以东，依次为：

望庐楼，形制十分复杂，由三组建筑组成，南面为前后均有天井的三开间房屋；东北面为一座"L"形建筑，围合一个庭院，正房和厢房均为三开间；西北面为依托两个天井形成的跨院。

退思堂，为带东跨院的三进住宅。

稻花香馆，为三进两路住宅，西路为五间三进，系主宅；东路为三间三进。

大房仓，为家族库房（图 5-1-24）。

西面各路的形状、空间和功能也很复杂。西一路为四房，为一座五间三进住宅，其后有八尺巷，巷后又有一座五间两进住宅，西面设跨院。

西二路为三房，仅有一座带西跨院的五间三进住宅。

西三路为八房，为两座由八尺巷隔开的五间三进住宅，均带西跨院。

西四路为七房，规模亦极可观，为三座由两条平行的八尺巷隔开的住宅，串联在同一条中轴线上，前、中两座均为五间四进，最后一座为五间两进，共十进，全都带西跨院。

西五路、西六路全部退到八尺巷后，功能均与住宅有别。西五路称"四箴家塾"，为家族子弟读书处，是一座三路建筑，中路为一个大天井分开的前后栋，均为五开间。东、西两路各分前后进，均

图 5-1-21　程家大屋谷裕堂内景（姚糖摄）

图 5-1-22　程家大屋保仁堂前庭（姚糖摄）

图 5-1-23　程家大屋二房厅堂与天井（姚糖摄）

图 5-1-24　程家大屋大房仓（姚糖摄）

为依托一个狭长庭院组成的"L"形建筑。

西六路为"接官厅"，前有大庭院，后为一座两进天井式建筑，是接待重要宾客的场所。

从西四路到东四路，以祖堂为中心，形成了一个长度约 300 米的超长连续立面，极为壮观。

建筑以穿斗式结构为主，仅各路大厅设抬梁式屋架。住宅大部分均设楼房。外部墙体均为青砖墙，红石基础，眠砌勒脚，窗台以上则全为一眠一斗的空斗墙。

此大屋在 20 世纪后半期毁坏严重，近年来由本书作者之一徐少平主持逐渐修复，现祖堂以东各路已基本恢复原貌，西面各路尚待修复中。虽然规模极为巨大，但实际上用料普通，工艺平常，装饰亦尚有节制，面貌颇为朴素，的确有文臣之风而非暴发户气息。

四、乐安流坑怀德堂

怀德堂又名尚义门、凤凰厅，位于乐安县流坑村贤伯巷 68 号。造主为明代流坑富商董国举。据流坑清光绪《董氏思齐公房谱》，董国举生明嘉靖八年（1529 年），殁明万历二十八年（1600 年）。谱中录有明万历七年（1579 年）《怀德堂记》。则此宅当建于明隆庆、万历间（1567～1620 年）。2000 年列为全国重点文物保护单位。

怀德堂坐北朝南，平面呈长方形，通进深约 16 米，通面阔约 11 米。出入口在西侧，面临贤伯巷，是一座凸出于主体建筑的小门厅，门向内凹入形成门斗，上嵌砖刻"尚义门"门额，两侧有"门对九天红日；路通万里青云"砖刻对联（图 5-1-25）。进门后向右转再入正门，即为前天井，紧靠前墙，在前墙向内设四柱三间砖照壁（图 5-1-26）。天井两侧未设厢房。面对照壁为前堂，仅明间一间，但尺度开阔，开间、进深均接近 6 米，是整个建筑的主体（图 5-1-27）。后金柱间设两棵小柱子，两端为门通向后天井，门上设神龛。柱间为屏风板壁，上悬"怀德堂"匾，署年款万历元年（1573 年）。次间为正房，内部分隔为前后两间，后间一直拉到

后天井之侧。后天井较浅，后堂有楼。

木结构全为穿斗式，但用料硕大，做工精细，尤其前堂前檐柱、檐额和内额，直径均超过 400 毫米，和整个建筑体量相比显得十分粗壮。前堂前、后金柱与中柱间的穿梁为月梁（图 5-1-28）。穿柱以两穿一落地为主，但前堂前檐柱与金柱间设两根穿柱，类似轩顶做法；后堂楼上所有穿柱均落至楼面穿梁。后天井前后堂均设披檐。前后堂做法并不完全一致，后堂疑后世有修改。

前天井照壁为该宅另一精华。明间有砖刻题额"正大光明"四字，两侧有砖刻对联"百计但存阴骘好；万般惟有善根长"。明间上、下枋和次间下枋均有砖浮雕，人物、狮、鸟、云龙皆有。枋下柱间则用带浅浮雕的方砖对缝拼成画面，多用凤凰图案，内容复杂，包含多种吉祥含义。明间以丹凤朝阳图为主体，左方又雕有雀鹿蜂猴图、鸳鸯戏水图，右方又雕有仙鹤长青图。左次间为群雉图，右次间为四季图。整个照壁极为精美，为晚明砖雕艺术杰作（图 5-1-29）。

图 5-1-25 怀德堂外景（姚赯摄）

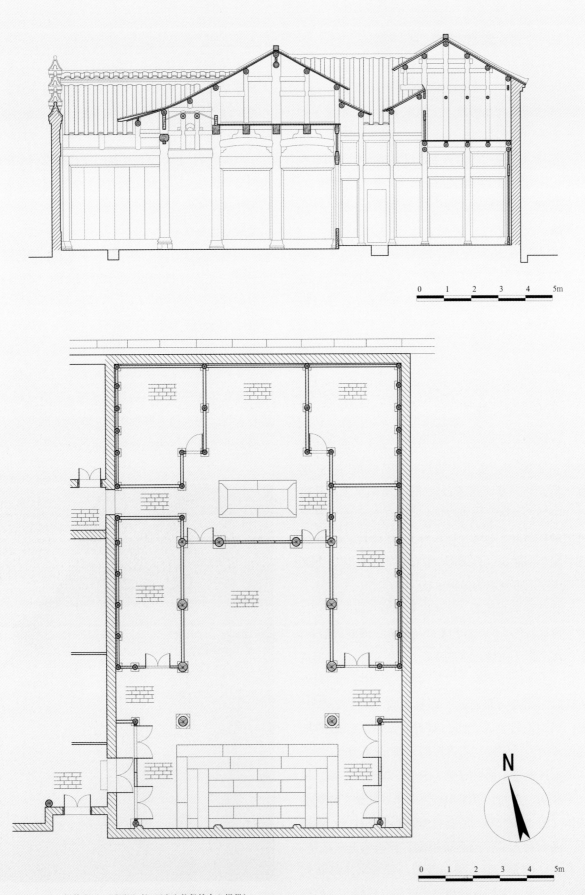

图 5-1-26 怀德堂平、剖面图（江西省文物保护中心提供）

图 5-1-27 怀德堂前堂（姚糖摄）

图 5-1-28 怀德堂前堂木结构（姚糖摄）

图 5-1-29 怀德堂前天井与照壁（姚糖摄）

五、金溪竹桥余振汉宅

　　竹桥村位于金溪县北部的双塘镇，为中国历史文化名村。余氏家族大约于元代中期迁至此地，繁衍至今逾700年，至今仍占全村人口的绝大部分。据家谱记载和村中老人口述，至晚清，由于人口增长，族人余培基在村庄北面的高地上建成一组住宅，供他的子女亲属共八家人家居住。这组住宅分南北两行排列，中间形成一条巷道，从此称为"八家弄"。

　　余振汉宅位于八家弄东部北侧，为两兄弟共同居住的一座相对独立的住宅，由东西两路和西北辅助部分组成，建筑面积约480平方米。东路为主，前后二进，严格按中轴布置，前进为门厅，后进为堂屋，两厢为居室，具有以一个天井为中心的小型住宅的典型特征（图5-1-30）。西路仅一进，入口偏东对厢房，堂屋前设一个半天井。西路北面设备弄，自东路西墙经西路北墙直通西端外巷道。备弄以北为辅助部分，设厨房，并作储藏之用，以前亦供佣人居住。功能分区合理，流线组织清晰，实为小型传统住宅设计

的精品（图5-1-31）。现为金溪县文物保护单位。

　　住宅大量设楼。东路除门厅堂屋外均设阁楼，在两厢通道处设上人孔。西路除天井周围外亦均设阁楼，上人孔设在厢房内。西北辅助部分亦在局部设阁楼。

　　结构均为穿斗式木结构，墙体完全不承重。所有穿柱均为两穿一落地，穿梁为简单的平素直梁，仅单步穿梁做成月梁形式，出如意头。不落地穿柱骑穿梁处做半个垂莲柱。天井周围的檐口出挑均为带雀替的丁头栱，雕饰华丽。

　　外墙为清水青砖墙，点缀少量石雕花窗。墙身做青石板墙裙，高约1.6米。入口均做青石门仪，较简朴，仅东路主入口雀替线刻凤凰太极图。东、西两路主入口原均有木结构门罩，现均已残。

　　内墙穿梁以下均为板壁，穿梁以上均为粉壁，即竹骨泥墙粉白，做简单线条墨绘。西北辅助部分为半高板壁加直棂木栅栏到顶。东路门厅与天井间设六扇隔扇门，两厢亦设隔扇（图5-1-32）。西路仅面对入口的厢房及阁楼设隔扇。隔扇做法均较朴素，以方格或勾片为主，点缀少量花饰（图5-1-33）。

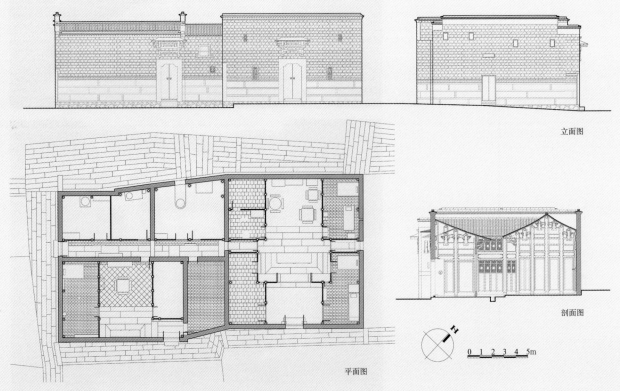

立面图

剖面图

平面图

图5-1-30　余振汉宅平、立、剖面图（南昌大学建筑系提供，蔡晴等测绘）

图 5-1-31　金溪竹桥余振汉宅外景（姚糖摄）　　　　　图 5-1-32　金溪竹桥余振汉宅东路内景（姚糖摄）

图 5-1-33　金溪竹桥余振汉宅西路半天井（姚糖摄）

图 5-1-34　金溪竹桥余振汉宅天井遮阳（姚赯摄）

天井屋顶开口非常狭窄，并在檐下安装有可滑动开合的水平遮阳板，以类似隔扇窗做法的勾片大格子框架蒙以布幔，是这一地区的常见做法（图5-1-34）。

六、赣县白鹭恢烈公祠

恢烈公祠位于赣县白鹭乡白鹭村，该村人口以钟氏家族成员为主，系唐代名臣钟绍京后人。据《钟氏族谱》记载，其家族自南宋初世居于此。

恢烈公祠名为祠祀，实际上是一所多组大型住宅，以居住功能为主。造主钟愈昌，据《钟氏族谱》记载，为清乾隆年间（1736—1795）人物，育有三子，长子钟崇俖为优贡生，曾任清江县（今江西省樟树市）训导。幼子钟崇俨为附贡生出身，嘉庆十九年至二十四年（1804～1809年）任嘉兴府（今浙江省嘉兴市）知府五年，之后回乡长期隐居⑤。钟愈昌将这座大宅建成由三组天井式住宅串联组成的连体建筑。第一组称葆中堂，由幼子钟崇俨继承；第二组称友益堂，由次子钟崇僎继承；最后一组由长

子钟崇馆继承，于清咸丰年间（1861～1871年）被太平军石达开残部炸毁。葆中堂、友益堂两组至今保存良好，2006年列为江西省文物保护单位。

整个建筑坐北朝南，轴线偏东约30°，总占地面积约3100平方米。平面大体呈纵向长方形，地势前低后高，葆中堂、友益堂前后依次排列，其西侧建有跨院附房（图5-1-35）。

葆中堂前有一大庭院，面积超过300平方米，入口偏西，不在主宅轴线上。院子中靠南墙立有六通功名石（图5-1-36）。主宅为明三暗七开间，围绕一个狭长横向天井布置，前有门厅，后为正厅，均为三开间，两侧不设厢房，而是设墙将天井打断，墙外又设小天井。正厅后又设一狭长半天井，面对照壁，实为与友益堂之间的隔墙。

友益堂出入口在东侧，形制较葆中堂更为复杂（图5-1-37）。大门内设门厅，过门厅为一大型半天井，背靠照壁，即与葆中堂之间的隔墙。主宅不对称，共六开间，中部为三开间主体，明间为正厅，做成假三开间，大阑额长度超过7米（图5-1-38）。

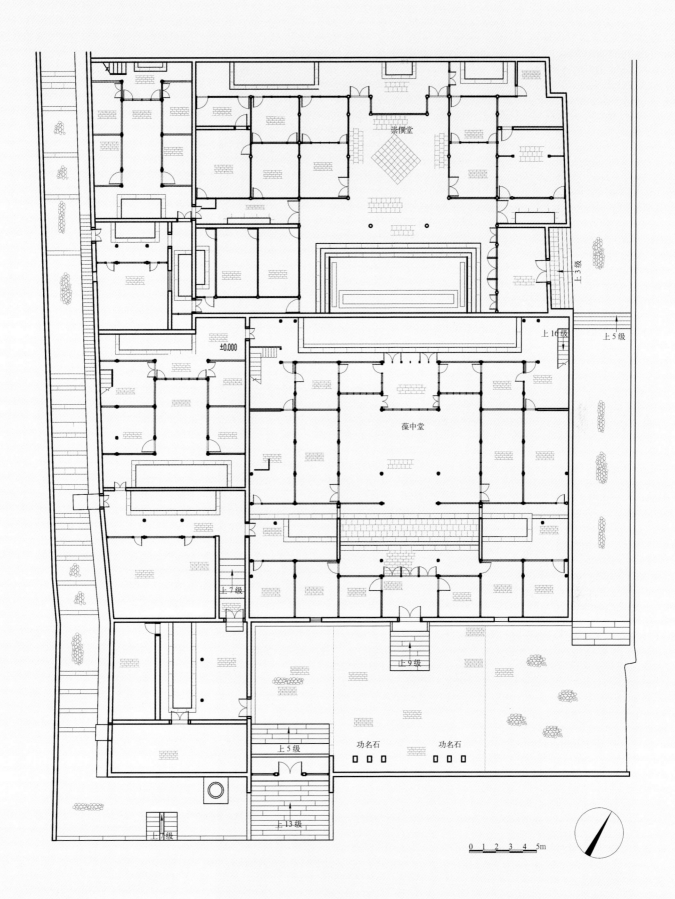

崇儇堂

葆中堂

±0.000

上 3 级

上 16 级

上 5 级

上 7 级

上 9 级

上 5 级

功名石　　　　功名石

上 13 级

上 7 级

0 1 2 3 4 5m

图 5-1-35　恢烈公祠平面图（江西省文物保护中心提供，徐少平等测绘）

图 5-1-36　恢烈公祠葆中堂外景（姚糖摄）

图 5-1-37　恢烈公祠友益堂外景（姚糖摄）

图 5-1-38　恢烈公祠友益堂大厅及前天井
（姚糖摄）

东侧有一开间的附房，有独立的小天井。西侧另有两组两开间厢房，各设一处独立的小天井。

梁架为抬梁穿斗式和穿斗式两种，明间为抬梁穿斗式，次梢间为穿斗式，为五架梁加前后廊的结构形式。山墙均承檩。木结构用料均不大，柱径不超过240毫米，大阑额断面高度亦不超过340毫米。墙体青砖砌筑，砌法为顺砌，下部眠砌，上部砌法为两眠一侧立，如同现在的18墙砌法。

装修精细，友益堂因保存更好，尤为精致。花格门窗式样繁多，有直棂、正方格、斜方格、长方格、万字纹、亚字纹、冰裂纹、拐子平棂和什锦纹等，而花格内侧镶云母片则是其突出的特点。

七、吉水燕坊州司马第

州司马第位于吉水县金滩镇燕坊村，建筑年代约在清道光年间（1821～1850年），占地面积约530平方米，是村中大型住宅之一。现为江西省文物保护单位。

州司马第以一座三间三进主宅为中心，西侧设跨院，为书房，东侧设附房，与主宅间亦形成狭长庭院。主宅前进为门厅，外开八字门斗，上设曲颈轩式门罩，罩下砖墙上嵌石板门额，书"州司马"三字（图5-1-39）。前进后设一横向庭院。中进为正厅（图5-1-40），尺度甚小，有楼，无天井，在天井位置设两层覆斗式藻井，周围饰以剔地起突植物纹样，描金，非常华丽（图5-1-41）。为解决厅堂采光通风需求，在厅堂前外墙上方的屋面开"天眼"（图5-1-42），在入口上方屋面对天直接敞开一个口子，听起来有些像天井，但为了避免雨水从口子直接进入室内，在天眼的下面做了一段元宝斗形状的内天沟，用以盛接雨水，并通过外墙上的两个水口排出屋外。在大门关闭时，它就成为内空间唯一的采光、日照和通风口[6]。

书房跨院前有真的半天井，利用主宅侧墙做照

图5-1-39　州司马第入口（姚糖摄）

图 5-1-40 州司马第正厅（姚糖摄）

图 5-1-41 州司马第正厅前藻井（姚糖摄）

图 5-1-42 州司马第天眼（姚糖摄）

图 5-1-43 州司马第书房飞罩（姚赣摄）

壁，书房敞厅正对照壁，设镂空飞罩，别有意味，亦为吉泰盆地的常见做法（图 5-1-43）。

宅内雕刻甚多，内容除植物纹样外，有人物、戏剧故事、花鸟图案等，俱描金或洒金，至今仍光芒熠熠。

八、婺源理坑司马第

司马第位于婺源县沱川乡理坑村。造主余维枢，清顺治年间（1644～1661年）出仕，历任直隶永年县（今河北省永年县）知县、兵部主事等职。因任职兵部，故自比司马。顺治十七年（1660年）起造此宅。

司马第坐西朝东，由二层主宅及其南面的书房、花园和余屋组成。主宅的主入口位于东北角，有青石门框，两侧做磨砖立砌照壁，青石板额阴刻"司马第"三字。照壁顶部做砖砌门罩，枋头均以砖雕卷云，檐下设砖坐斗，刻灵芝纹，原有四个，现仅存两个。脊端有鳌鱼（图 5-1-44）。

入内为门厅，因主入口位于轴线侧面，进入后转 90°进入空间主轴。前天井实际上是一个半天井（图 5-1-45），东侧仅有高墙照壁，并无房间；对应的西侧为前厅，后以屏门分隔，两侧均设厢房，为客舍；楼上为住房。穿过屏门，为大厅，面对的又是一个半天井和高墙照壁，穿过照壁两端的门洞，从厢廊进入后进，在大厅面对的照壁后面还有一个半天井，对着后堂（图 5-1-46）。主宅内唯一的楼梯设在后堂南厢房内。设计非常巧妙，在有限的尺度中营造了丰富的空间变化，同时又充分满足了礼仪、规制和使用需求。

南面的书房实际是一个两层跨院，从前天井里的小穿堂进入，近年改动甚多，已非原貌。花园则已建了新房，不复存在。

此宅雕饰非常丰富，三个半天井周围三面的梁枋均作高浮雕，内容主要为戏剧情节人物，雕工精美（图 5-1-47）。据说"文化大革命"时期主人将所有雕饰均糊上黄泥，因此逃过大劫。

图 5-1-44　司马第外景（邹虚怀摄）　　　　图 5-1-45　司马第入口及前天井（邹虚怀摄）

图 5-1-46　司马第后天井（邹虚怀摄）

图 5-1-47　司马第后天井厢梁（邹虚怀摄）

第二节　明清闽广移民居住建筑

一、龙南关西新围

位于龙南县关西镇关西村，由龙南望族徐氏家族成员、著名士绅徐名均所建。据《龙南关西徐氏七修族谱》及清光绪二年《龙南县志》，徐名均，字韵彬，号渠园，增贡生，例授州同职[7]。生于清乾隆甲戌（1754年），殁于道光戊子（1828年）。据当地口传，新围始建于清嘉庆三年（1798年），完成于清道光七年（1827年），历时近30年。此围屋并未题名，为与徐氏家族原有的一座围屋西昌围相区别，当地称为新围，是迄今国内发现的保存最为完整、规模最为宏大、功能最为丰富的客家围屋。2001年列为全国重点文物保护单位。

由于地形原因，并考虑到风水朝向，关西新围坐西南面东北，中轴线为北偏东约60°，指向一座小山，名老寨顶，山顶上有徐家老寨遗址。围屋建筑主体面宽92.2米，进深83.5米，现占地面积约7500平方米，建筑面积达到11477平方米（图5-2-1）。

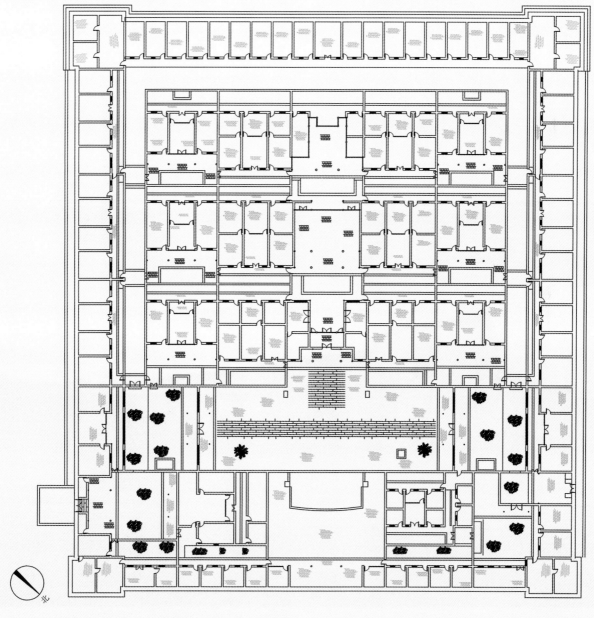

图5-2-1　关西新围平面图（江西省文物保护中心提供，徐少平等测绘）

西侧原有花园，占地约 6000 平方米，位于围屋西门外，由小花洲、后花园、梅花书屋、老书房、新书房以及马厩、牛栏和猪圈等组成。其中小花洲为面积约 1500 平方米的水面，水中设岛，以木桥相通。相传是徐名均专为其苏州籍爱妾张氏所建，岛上有假山、砖塔等设置，供人游乐。惜于 20 世纪早期即已衰败，20 世纪后期被大量拆除，已全非旧观。

围屋平面布局为典型的"国字围"，外围为一圈两层护房，西北侧位于轴线端头的称"走马楼"；东北、西南两路称"龙衣屋"；东南侧称"土库"。四角均设炮楼（图 5-2-2）。虽然规模巨大，但总共只有两处出入口，主入口设在东北角，在墙体上开大券洞，高 3 米，宽 2 米，正对关西河和道路。对称的西南角设次入口，门洞较小，做法亦较简单。

进入大门，经重重庭院进入一个非常开阔的前庭（图 5-2-3），周围以狭长庭院环绕。内部以一座五路三进大宅为主体，前庭之前还有客房、戏台、内花园等设施。当地号称"三进四围五栋九井十八厅一百九十九间"，数字均为约数，与实际情况并不相干，不过形容其大到不可想象而已。结构主要为山墙承檩，仅中路第一、二进大厅明间采用抬梁式木构架（图 5-2-4）。另有部分穿斗式木构架，用于大厅边缝和侧路小厅。

关西新围的防卫性非常突出。大门有两重：一重是板门，系用 7 厘米厚的木板做成，门面钉满 2 毫米左右厚的方形铁板，门内砌有护墙，并装多重门闩；二重是闸门，从二层贴墙装滑槽，必要时从上方放下，关闭门洞。此外，在门顶上还设有防火攻的注水孔。外墙高 8 米，对外无窗，仅在顶部开射击孔。5 米以下墙体采用三合土版筑，并夹有大量卵石。墙底部厚 0.9 米，向上逐渐收分至 0.35 米。5 米以上墙体均采用青砖实砌。建筑外部形体浑厚苍凉，具有巨大的震撼力（图 5-2-5）。外围护房均设内、外两圈环廊（图 5-2-6），以便战时运动。内部则以多重庭院分割空间，设重重门户，又设纵横交错的多条备弄（图 5-2-7）。内墙凡在

图 5-2-2　关西新围外景（姚糖摄）

图 5-2-3　关西新围内院（姚糖摄）

图 5-2-4　关西新围中厅（姚糖摄）

图 5-2-5　自小花洲废墟看关西新围（姚糖摄）

图 5-2-6　关西新围顶层内走马（姚糖摄）

图 5-2-7　关西新围备弄（姚糖摄）

重要建筑或通道看面，均用清水青砖墙；在次要建筑或非看面墙体，则大多是三合土或砖石墙基、土坯砖墙。

由于建设时代正处于当地历史上相对平静的年代，徐氏家族当时又是龙南数一数二的望族，族人中官绅众多，既有权势，又有财富，此围屋除注重防卫外，更强调空间秩序，着力营造符合礼仪传统的仪式化空间体系。围内有260多间房间，大致分为四个等级：中心部分的上中下三厅，包括祠堂和大厅；其次是主宅两侧四路主人居住的厅房，以及前端"走马楼"中的客房戏台等各种设施；再次的是两侧的"龙衣屋"，采光、通风均较差，是仆役、长工的住处；最次则为后端的土库，是围内的仓库。宅内各种活动俱有规制，以婚俗为例，自下轿、进堂、拜堂至入洞房，有清晰的路线，各个环节均需在相应的空间进行。据《龙南关西徐氏七修族谱》，徐名均娶有一妻两妾，育有十子三女，除长女天折外俱成人，显然的确需要这样一座空间秩序分明、长幼有序、内外有别的大型住宅。

二、龙南杨村燕翼围

燕翼围位于龙南县杨村镇杨村圩，属于龙南望族赖氏家族。据《桃川赖氏八修族谱》记载，清顺治七年（1650年）杨村富户赖福之开始修建此屋，至清康熙十六年（1677年）其长子赖从林将屋建成，历时约27年。此后一直由赖氏后裔居住。2001年列为全国重点文物保护单位（图5-2-8、图5-2-9）。

燕翼围位于杨村西北高冈之上，临太平河，俯视全村。大门正对案山，左右砂山屏立，东南方还

图5-2-8　燕翼围外景（姚糖摄）

图 5-2-9 燕翼围入口（姚糖摄）

有一口面积约1公顷的大水塘，每年端午在此举行划龙舟仪式，远近闻名，是当地著名非物质遗产。

围屋坐西南面东北，通面宽约45米，通进深约36米，建筑面积约4000平方米。平面呈长方形，对角四边设炮楼。为突出防御功能，围屋仅设一门，开向东北（图5-2-10、图5-2-11）。内部为一圈高4层的围楼，围绕一个约300平方米的庭院，每层34间房，共136间，其中首层为膳食处，二、三层为居住，四层为战备楼，平时则闲置（图5-2-12）。每层均设环通的走马廊，二、三层为内走马廊，朝向内院；四层为外走马廊，朝向外墙，以便作战（图5-2-13）。结构均为山墙承檩。与围屋祠堂居于内院正中的做法不同，围内院原全为空坪，1939年以后才加建了两排单层房屋。祖堂设在正对大门的围屋首层正中开间。

燕翼围外墙高大厚实，为"金包银"双层墙体，内侧均为约1米厚的土墙，但在底层外侧包砌条石墙，以上各层外侧则包砌青砖墙，使墙体总厚度达1.5米左右，不作收分。墙身密布射击孔，共58个。院内有暗井两口，具有显著的防御性。虽然面积相对不大，但以其朴实厚重的体量、简单流畅的轮廓和充满智慧的防御性设计，成为客家人为保卫家园而不懈努力的最佳代表，亦具有充分的纪念性和震撼人心的景观效果。

三、安远镇岗东生围

东生围位于安远县镇岗乡老围村，属于当地陈氏家族。

据老围村《颍川堂陈氏族谱》载，东生围造主为陈上达，名开月，字焕开，自号朗廷，因军功封

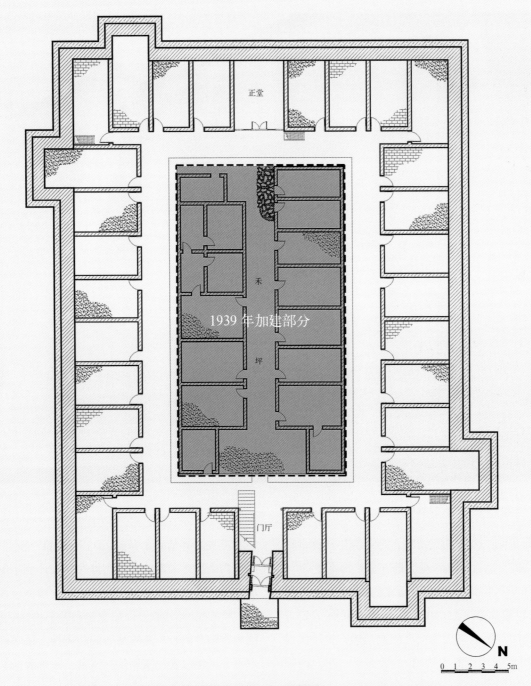

正堂

禾坪

1939 年加建部分

门厅

N

0 1 2 3 4 5m

图 5-2-10　燕翼围一层平面图（江西省文物保护中心提供，徐少平等测绘）

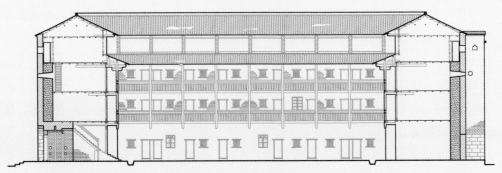

图 5-2-11　燕翼围剖面图（江西省文物保护中心提供，徐少平等测绘）

图 5-2-12 燕翼围内院内走马（姚糖摄）

图 5-2-13 燕翼围顶层外走马（姚糖摄）

二品衔。生于清乾隆甲辰（1784 年），殁于清同治壬申（1872 年）。陈上达从清道光二十二年至同治七年（1842 ~ 1868 年），分三期建造东生围。第一期为围屋传统核心的五路三进部分以及前排围屋，自道光二十二年至道光三十年（1842 ~ 1850 年）建成。第二期为左右两侧和后排围屋，自清咸丰三年至咸丰六年（1853 ~ 1856 年）建成。第三期为围屋内后区"正厅"及其两侧正房，自同治五年至同治七年（1866 ~ 1868 年）完成，并建造了屋前大场院及附房。通过持续 25 年的建设，最终形成了一座前有大院、四角有炮楼的庞然大物（图 5-2-14），主体建筑占地面积接近 7000 平方米，加上屋前院子和附房，总占地面积超过 1 公顷（图 5-2-15）。陈上达的三子和六子，又在咸丰年间分别在邻近建造了磬安围和尊三围，与东生围一起构成了三足鼎立、互为犄角之势。

围屋主入口设在东北角，大门为砖砌四柱三间三楼牌坊式门楼，石门框，阑额题"光景常新"四字（图 5-2-16）。入内为大场院，面积约 2000 平方米，内设池塘，做卵石驳岸。巨大围屋朝场院共开七门，中门最大，上有匾额，书"东生围"三字（图 5-2-17）。入内即进入围屋传统核心部分，为中轴线上的下厅。其后为中厅、上厅，各以天井相隔。上厅之后又设一天井，即为最后建成的"正厅"，是整个围屋中最高大的单体建筑。除上厅、正厅明间设抬梁式屋架外，其余均为山墙承檩，且均设楼。其余六门内均设小门厅，经门厅通向内部通道，均为非常狭长的天井，两侧为房间，沿屋檐设走道（图 5-2-18、图 5-2-19）。外墙厚约 1.4 米，亦为"金包银"做法，内为土坯墙，外侧基础部分采用块石包砌，基础以上采用青砖包砌到顶，不开窗。顶层墙内设走马廊及射击孔。内墙则除四处厅堂及其天井周围和所有门厅为砖墙外，其余均为土坯墙。四处厅堂和所有门厅采用青砖铺地，相关的所有天井为条石铺地，所有沿檐走道及相关天井为卵石铺地，其余均为三合土地面。

图 5-2-14 东生围外景
（姚榯摄）

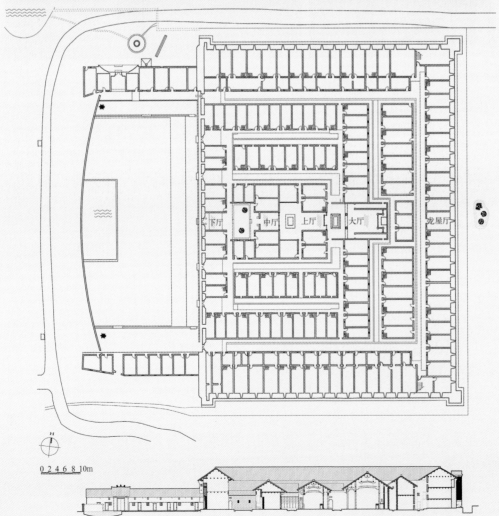

0 2 4 6 8 10m

图 5-2-15 东生围平、
剖面图（江西省文物保护
中心提供）

图 5-2-16　东生围主入口门楼（姚糖摄）　　　　图 5-2-17　东生围前院（姚糖摄）

图 5-2-18　东生围侧路天井 1（姚糖摄）　　　　图 5-2-19　东生围侧路天井 2（姚糖摄）

东生围的形式及做法在江西具有某种典型性。除核心部分上、中、下三厅及周边为传统的明三暗五两天井式组合外，其余均为狭长天井，两面设房间，沿檐设走道的配置。除中轴线上四处厅堂做工用料较为讲究之外，其余均颇为简陋，是非常典型的江西闽广移民居住建筑组织方式。

四、铜鼓排埠邱家大屋

邱家大屋位于铜鼓县排埠镇黄溪村，属于邱氏家族。排埠镇客家人众多，邱氏在其中入境较早，人数最多，向来系当地大族。据邱氏族谱记载，清康熙年间（1662～1722年），邱端我自广东嘉应州（今广东省梅州市）迁来此地。其子邱南山继承家业，大约于清乾隆（1736～1796年）初年动工起造大屋，约经20年建成。邱南山在建造过程中去世，为纪念他，在大屋建成后，其子孙将大屋命名为"邱南公祠"。此后，邱南山后人一直居住在这里，人数最多时有近200人。

邱家大屋总占地面积约7300平方米，现存建筑面积约4000平方米。建筑坐东朝西，实际朝向约为西偏南10°。背靠小山丘，前有水塘（图5-2-20）。建筑布局以一座明三暗五开间的三进天井式住宅为主体，在其南、北两侧各配一座围绕狭长庭院形成的两层围屋，将主宅拱卫其中，与主宅间又形成一个狭长天井。宅前以矮墙围成宽广的庭院，面积约1300平方米，入口在南、北两侧（图5-2-21）。院内中轴线上又有水塘。两侧的围屋突出于主宅，对主宅正面的主入口形成两翼围合之势（图5-2-22）。

主宅外墙均为青砖眠砌到顶，是非常奢侈的做法。主入口为门斗式，凹入两步架，以鳌鱼式栱承托挑檐檩。门厅仅明间一间，外设板门，内设屏门。入内为一大天井，天井内以卵石作花街铺地，两侧设厢房，均带出挑一步的阁楼，以纤细撑栱支撑挑梁（图5-2-23）。天井后为三开间大厅，进深共十七檩，明间设抬梁式屋架，内抬九檩，外设双步梁，建筑虽不高大，梁架却很壮观。所有蜀柱均做莲花

图5-2-20　邱家大屋外景（姚糖摄）

图 5-2-21　邱家大屋前院（姚糖摄）

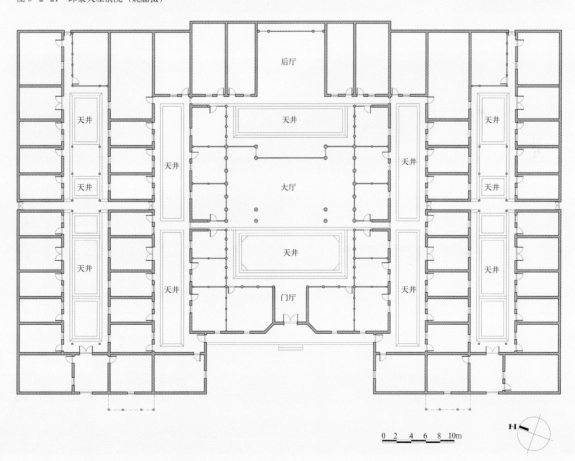

图 5-2-22　邱家大屋平面图（蔡晴、姚糖测绘）

图 5-2-23　邱家大屋大厅前天井（姚糖摄）

图 5-2-24　邱家大屋侧路天井（姚糖摄）

座，梁头均出卷云。边缝为穿斗式，每两穿一落地，承檩穿梁均为月梁，上起驼峰承托檩条，又从驼峰上出一跳丁头栱，以加强与檩条间的联系。穿梁以下的周围内墙面均为板壁，穿梁以上均为粉壁，地面为方砖铺地。前天井及大厅周围，所有木结构构架均漆黦，所有板壁、板门均漆朱，红、黑两色形成庄重的对比。大厅后为后天井，尺度稍小。后厅仅明间一间，为家祠。除大厅外，其余均为山墙承檩。

两侧围屋做法较主宅简陋很多。墙体为青砖眠砌勒脚至窗台下，以上俱为土坯墙（图5-2-24）。除与主宅连接部分有较好的门窗隔扇外，其余均为简单的直棂窗。

邱家大屋是江西目前已知的地理位置纬度最高的闽广移民居住建筑，形态完整，是一个典型的样本。

五、宁都东龙东里一望

东里一望位于宁都县田埠乡东龙村西南，与村落主体分离。造主系当地士绅李光恕。据李氏家谱记载，李光恕，生于清康熙己丑（1709年），殁于清乾隆戊戌（1778年），字仁方，贡生，当地人称仁方公。因其孙李崇清曾任布政司经历，驰赠儒林郎[8]。李氏家族于宋代迁居此地，不属于明清闽广移民。此建筑因此也不是典型的围屋，但仍然具有显著的围屋特征，当地人称"大屋"，是一座特殊的居住建筑。

整座大屋坐南朝北，前有水塘，入口朝向东北。此大屋实际上由三组建筑组成，总占地面积约4300平方米。中间为一座三进带东西跨院的天井式大宅，为整个建筑群的主体。在这个主体的东、西两侧，各有一座附属建筑，每座都以一个狭长的庭院为中心，分别称"东圃"、"西圃"。围墙和水体把三组建筑连为一体，形成有效的围合。南面背靠山丘，围墙长达五十余米，高约7米，防卫性颇为可观（图5-2-25）。

主宅为将主入口转至东北角，进行了煞费苦心的设计（图5-2-26）。从东北角上的大门进入庭院，左边以檐廊引向"西圃"入口；对面是主宅主入口，为一座砖砌三间四柱牌坊式门楼（图5-2-27）；主宅主入口旁边是一座尺度小很多的门屋，引入一个东西狭长的庭院，通往"东圃"。主宅主入口内为门厅，穿过门厅为一天井，在此处转为南北向的主

图5-2-25　东里一望全景（姚赯摄）

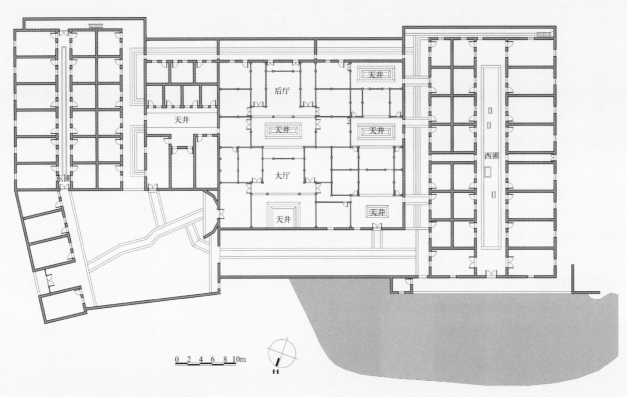

图 5-2-26 东里一望平面图（蔡晴、姚糖测绘）

图 5-2-27 东里一望主宅入口（姚糖摄）

宅中路轴线，设天井分隔的大厅和后厅（图5-2-28）。西跨院为次要居住部分，规制、做法和中路类似，唯尺度稍逊。东跨院仅有一个天井，为服务部分。"东圃"、"西圃"均为附属用房，2层围屋形式。

建筑做工、用材均比一般围屋讲究很多。主宅和附房的主体部分基本是木构架，大厅为三开间，明间用抬梁式结构，出挑大量使用鳌鱼形丁头栱。主宅墙体大部分为清水青砖墙，外墙檐口以下全部眠砌，檐口以上的马头部分才使用空斗墙砌筑，是非常奢侈的做法。附房墙体也以砖墙为主，仅局部使用土坯墙（图5-2-29）。内部大量使用隔扇、板壁和粉壁，做工均颇细致。围墙则为乱石基础，上砌空斗墙。

此建筑的业主并非闽广移民，区位也不在江西主要的明清闽广移民活动区域，但由于地处江西中南部与福建的通道，仍然受到闽广移民建筑的较大影响，是一个重要的实例。

六、分宜湖泽邓家围垅屋

邓家围垅屋，当地人也称邓家大屋，位于分宜县湖泽镇尚睦村，属于邓氏家族。据《邓氏族谱》载，商人邓勋约于清乾隆年间（1736～1796年）从广东嘉应州（今广东省梅州市）辗转迁居于此，经营致富。邓勋之子邓锦彪于清嘉庆十年（1805年）开始建造此屋。首先建成三进主宅，为江西传统天井式建筑，取名三立堂。此后为防盗，在主宅周围又建造了一圈围屋，至嘉庆二十四年（1819年）完工。作为当地唯一的一座围屋，体量远远超过一般民居。通面宽46.8米，通进深92.4米，占地面积4324.32平方米。当地人传说该屋有99间房间，故又称尚睦百间屋。实际上数字亦为约数，不过显示其超乎寻常之大而已。

邓家围垅屋平面布局沿东南——西北轴线发展，主入口在东南侧。入口前原有月形水池，现已消失。主入口突出在围屋之前，本身为一座具显著江西地方特征的三滴水砖砌牌楼式门楼（图5-2-30），两侧有凸出的八字砖照壁，后设围墙与围屋连接，在门楼内围合形成一个小庭院。其形态古怪，少见于一般围屋，类似于某种瓮城的设置，但实际上并不具备充足的防御能力。围屋在这个小庭院中又设有一处门厅，当地称"槽门"，为五开间三明两暗的配置，中央三间设门，前、后均有门廊。

穿过槽门，才真正进入围屋，是一个宽阔庭院，称"晒场"，面积约550平方米（图5-2-31）。隔

图5-2-28　东里一望大厅（姚赯摄）　　图5-2-29　东里一望侧路天井（姚赯摄）

图 5-2-30　邓家围垅屋入口外景（姚糖摄）

图 5-2-31　邓家围垅屋晒场（姚糖摄）

着晒场，就是围屋内部的核心部分——主宅，为一座七开间三进天井式大宅，规格实际上已经逾制（图5-2-32）。正因此，主宅正面虽有七间，但实际上只有中央三间设门廊，两侧的次间和梢间均为实墙，开少量门窗。但即使如此，由于主宅正面两端又设

有连接体与两侧的外圈围屋连接，仍然颇具气势。

拾阶而上，穿过三开间门廊，进入主宅的前厅，当地称"茶厅"。此茶厅实际上只有明间一开间，两次间均封闭为房间。厅后即为主宅内的前天井。天井之后，才是主宅内的主体空间——大厅。它是

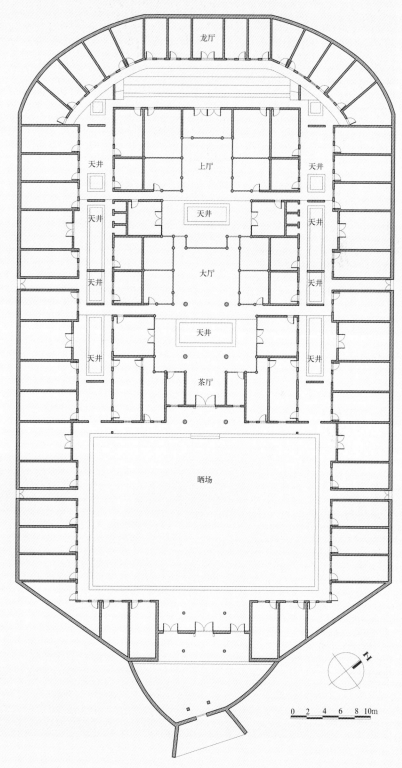

图 5-2-32　邓家围垅屋平面图（蔡晴、姚赯测绘）

图 5-2-33　邓家围垅屋上厅（姚糖摄）

图 5-2-34　邓家围垅屋后院（姚糖摄）

图 5-2-35　邓家围垅屋侧院（姚糖摄）

整座围屋内唯一的三开间大厅，地面为方砖对缝铺砌，梁架为彻上露明造抬梁式木构架，周围俱设板壁，后设屏门。绕过屏门，即为主宅后天井，其后为后厅，当地称"上厅"，内设屏墙，为家祠所在（图5-2-33）。

周围的外圈围屋对主宅形成完整围合，屋脊高度自后向前逐渐降低，虽高差不大，仍具有某种"五凤楼"形式。晒场周围的围屋高度约一层半，设阁楼。主宅周围三面的围屋高度均为两层，设兜通的走马廊。围屋与主宅间形成狭长天井，均为卵石铺地（图5-2-34、图5-2-35）。仅主宅后方由于围屋形成曲线向外凸出，天井稍开敞。

主宅内有大量精美小木作，包括门窗隔扇、挂落、雀替等，均与江西北部一般做法近似。

邓家围垅屋，虽然距离广东梅州地区近600公里，却仍保留了客家围垅屋的特征，又融入江西地方建筑传统，是江西西部保存较完整的杰出闽广移民居住建筑。2006年列为江西省文物保护单位。

注释

① 黄浩．江西民居．北京：中国建筑工业出版社，2008．

② 姚糖．明清汉族民居的居住空间模式．空间．1990,6．

③ 道光浮梁县志·卷十三·人物·贤良．

④ 同治南昌府志·卷四十二·人物·国朝仕绩、同治南昌府志·卷二十九·选举·国朝进士．

⑤ 同治赣县志·卷三十·贡士、同治赣县志·卷三十一·封赠、同治赣县志·卷三十三·宦业、光绪嘉兴府志·卷三十六·官师一．

⑥ 同1．

⑦ 光绪龙南县志·卷六·选举志·仕籍．

⑧ 道光宁都直隶州志·卷十八·封爵．

江西古建筑

江 西 古 建 筑

江西民间祭祀建筑分布图

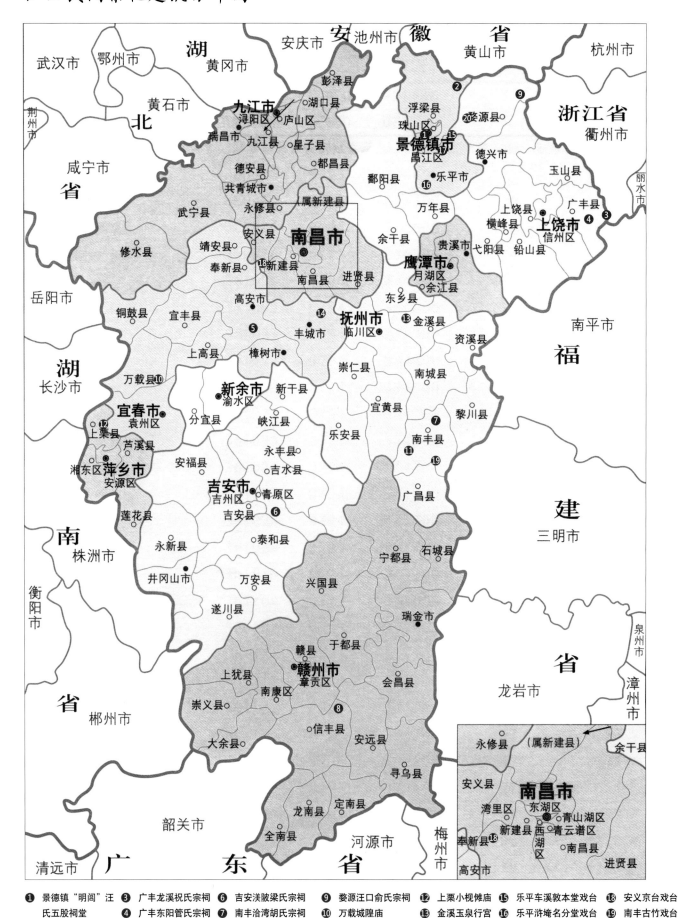

❶ 景德镇"明间"汪	❸ 广丰龙溪祝氏宗祠	❻ 吉安渼陂梁氏宗祠	❾ 婺源汪口俞氏宗祠	⑫ 上栗小枧傩庙	⑮ 乐平车溪敦本堂戏台	⑱ 安义京台戏台
氏五股祠堂	❹ 广丰东阳管氏宗祠	❼ 南丰洽湾胡氏宗祠	⑩ 万载城隍庙	⑬ 金溪玉泉行宫	⑯ 乐平浒埠名分堂戏台	⑲ 南丰古竹戏台
❷ 浮梁瑶里程氏宗祠	❺ 高安贾家贾氏宗祠	❽ 信丰大埠头黄氏宗祠	⑪ 南丰上甘傩神殿	⑭ 丰城北屏禅林	⑰ 乐平横路万年台	⑳ 婺源阳春戏台

（地图引自：中华人民共和国民政部编. 中华人民共和国行政区划简册 2014. 北京：中国地图出版社，2014.）

第一节　祠堂

设立宗庙奉祀祖先，是中国文化极其古老而基本的传统。最初，只有皇室和贵族才可以有宗庙，数目也有严格规定，超出者即为僭越。南北朝时期，北齐创立依据官员品级祭祖的新规制，七品以上官员可设祖庙，祭祀世代自五世祖至二世祖不等。至宋代，家庙制度彻底结束，所有人均在家中设专门空间祭祀祖先，朱熹称为"祠堂"。元、明之际，部分家族开始依托原有祖屋建造独立祠堂。明嘉靖十五年（1536 年），礼部尚书夏言上书，建议准许官员建立家庙，并允许各支同姓宗族联宗祭祖。此后在全国兴起了建设宗祠的高潮①。

夏言是江西贵溪桂洲村人，代表的正是江西悠久而强大的基于农耕生产的族居传统。江西各地大量建设的家族祠堂，除供奉祖先的牌位、举行祭祖仪式外，还具有议事宴饮和处理家族事务的功能，也经常用于举办家族成员的婚、丧、寿、喜等礼仪活动。

家族祠堂是一个体系，最顶层的称宗祠，祭祀整个家族的所有共同祖先，其影响经常超出单个聚落而覆盖一个地区。宗祠以下常设房祠，祭祀该家族某一分支的祖先。对振兴家族声望起过特别重要作用的祖先可以得到专祠祭祀，家族的所有成员都参与。单个的家庭还可以设立家祠，祭祀自己的直系祖先。

江西祠堂的主体建筑大多为两进，前进为享堂，又称祭堂、正堂、正厅、大厅，是举行祭祀仪式和其他正式活动的场所。后进为寝堂，又称后寝、上厅，是安放祖先神位的空间。两进之间以天井分隔。大型祠堂通常在祭堂前设庭院、门厅和两厢廊庑，形成三进的格局。少数特大祠堂会扩大祭堂面积，使祭堂本身增至两进甚至更多。

江西各地所保存的大量古代祠堂，用料都很阔绰，做工精湛，是江西民间古建筑的杰作。

一、景德镇"明闾"汪氏五股祠堂

汪氏五股祠堂原坐落于景德镇市郊西湖乡桃墅村，建于明嘉靖三年（1524 年），享堂后侧匾额上记书有"直隶提督学士监察御史陈尊为贡元嘉靖甲申年建德县岁贡汪楷立"。原为桃墅汪氏家族第五分支分祠。1984 年整体迁入景德镇古陶瓷博览区"明闾"古建筑群内（图 6-1-1）。2013 年"明闾"列为全国重点文物保护单位。

建筑平面为矩形，中轴对称，由门厅、享堂（图 6-1-2、图 6-1-3）与后寝（图 6-1-4）三部分组

图 6-1-1　五股祠堂外景（邹虚怀摄）

图 6-1-2　五股祠堂前院和享堂（邹虚怀摄）

图 6-1-3　五股祠堂享堂后天井（邹虚怀摄）

图 6-1-4　五股祠堂后寝（邹虚怀摄）

成。建筑面积约480平方米。在建筑结构上表现最精彩和最突出的首先是享堂，也是明代木构架保存最完整的部分。享堂属于典型的江南厅堂建筑。享堂通面阔16米，通进深14米，檐高6.1米。梁架结构形式采用五间五架穿斗抬梁混合式构架，享堂前廊设卷轩，基本同明代计成所著《园治》甲列草架式样图一致。用料硕大，梁柱俱粗壮有力，节点做法简洁，装饰朴素。

二、浮梁瑶里程氏宗祠

瑶里程氏宗祠，又名"惇睦堂"，位于浮梁县瑶里镇，背依狮山，面临瑶河，正对瑶岭。始建于明代，现存建筑为清道光年间（1821～1850年）重建（图6-1-5）。

建筑坐东朝西，平面呈折线形布局，由前院、戏台、前天井及走马廊、享堂、后天井及廊道、寝堂组成，占地面积约750平方米，通面阔约12.8米，通进深约57.26米（图6-1-6）。建筑依地势而建，寝堂地面与前院地面高差达2.5米。为砖、木结构，承重体系为木作柱梁，抬梁穿斗式、穿斗式构架并用，均为三开间五架梁加前后廊的结构形式。戏台有天花、轩顶、藻井。享堂及寝堂均为彻上露明造，梁额两端施丁头栱，出檐挑檐枋下用撑栱。梁柱用料硕大，大厅五架梁断面直径达到660毫米，金柱直径达到500毫米。戏台明间和走马廊檐柱为方形青石柱。梁、额、枋、斜撑、栏杆大量以雕刻装饰，雕刻手法有高浮雕、镂雕、圆雕（图6-1-7）。

墙体作为围护和隔断，内、外墙面均用纸巾灰粉白。

屋面构造为圆檩之上顺钉望板，望板之上钉扁椽，上盖小青瓦，檐口用勾头、滴水，屋脊为小青瓦垒瓦脊。

正面倚墙饰四柱三间五楼牌坊式门楼，三层砖作斗栱出挑，青石倚柱，柱础有精美雕刻，上、下匾额嵌石作"惇睦"及"程氏宗祠"匾。整个门楼镶嵌着众多砖石雕，其中"喜上梅（眉）梢"、"鹤鹿争春"、"丹凤朝阳"、"鲤鱼跃龙门"的砖雕颇具特色。

图6-1-5 程氏宗祠外景（姚糖摄）

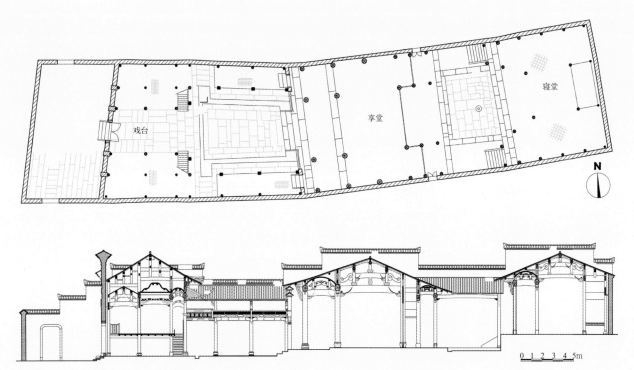

图 6-1-6　程氏宗祠平、立面图（江西省文物保护中心提供，徐少平等测绘）

图 6-1-7　程氏宗祠戏台（姚赯摄）

三、广丰龙溪祝氏宗祠

祝氏宗祠位于广丰县东阳乡龙溪村村中部，始建于明成化年间，明万历年间重修。后遭兵焚，大半烧毁，仅存享堂。清雍正六年（1728年），族人重建寝堂。清嘉庆十四年（1808年）重建前厅、戏台。清道光九年（1829年）修整享堂，清咸丰九年（1859年）建崇德、报功两堂及客房。民国时期（1911～1949年），被设为私立学堂。1957年，享堂屋面进行过整修。1983年列为广丰县文物保护单位，2006年列为江西省文物保护单位。2008年5月，其建造技艺入选江西省第二批非物质文化遗产名录。2013年列为全国重点文物保护单位。

祝氏宗祠是我国南方现今保存最完整、规模较大的宗祠建筑之一，其明代和清代建筑构造特点与地方构造手法，是研究明、清宗祠建筑历史十分难得的实例。

祝氏宗祠体量宏大，立于村落之中心，整体造型简洁大气，主次分明（图6-1-8）。平面呈传统对称轴线布置，平面规整，功能布置流畅，由前厅及跑马楼、戏台、前院及厢房、享堂及厢房、后院、报功堂、崇德堂、寝堂及客房组成。通面阔40.80米，通进深59.23米，总占地面积2526.62平方米（图6-1-9、图6-1-10）。天井院就地取材的卵石铺地，表现了朴实的地方气息，又有利于院落的排水，同时也烘托了戏台的精美。厅堂随地势逐渐增高，表现了建筑等级，是明、清时期成熟、合理的布局方式。

戏台飞檐翘角，挺拔飘逸，直指苍穹。檐下大横额、挑梁、斜撑雕刻精美，雕刻刀法精湛，有圆雕、缕雕、浮雕、线刻，其刻画题材十分丰富，有人物戏文、琼花瑶草、祥禽瑞兽，均是千姿百态，栩栩如生。戏台天棚中央是五踩斗栱六边形藻井。既有清代戏台华丽的造型，又有地方建筑梁柱朴实的特点，更有广丰地域受吴越文化影响的印记。宗祠山墙和前檐墙上所绘卷草、回纹及山水人物的墨线图案，表现了地方文化背景与工艺手法，极大地丰富了祝氏宗祠的文化内涵与艺术效果（图6-1-11）。

图6-1-8 祝氏宗祠外景（姚赣摄）

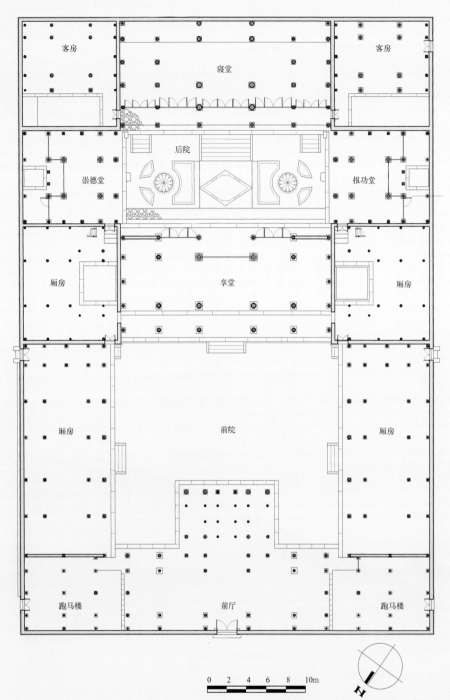

客房

寝堂

客房

崇德堂

后院

报功堂

厢房

享堂

厢房

厢房

前院

厢房

跑马楼

前厅

跑马楼

0 2 4 6 8 10m

图 6-1-9　祝氏宗祠平面图（江西省文物保护中心提供）

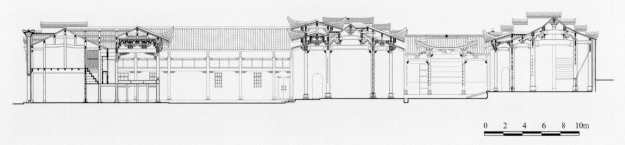

0 2 4 6 8 10m

图 6-1-10　祝氏宗祠剖面图（江西省文物保护中心提供）

图 6-1-11　祝氏宗祠前院及戏台（姚糖摄）

图 6-1-12　祝氏宗祠享堂（姚糖摄）

　　享堂梁架梁柱用料硕大，屋面坡度平缓，出檐甚大，建筑体量恢宏，气势不凡，有强烈的明代建筑特征（图 6-1-12、图 6-1-13）。其余各厅、堂均为清代风格抬梁穿斗式构架（图 6-1-14），明、次间抬梁跨度较大，是南方建筑为获得较大室内空间的经典的构架形式，丁头栱与柱子连接在一起共同支撑月梁和檩条，结构与装饰浑然一体，给人一种刚柔并济的感觉，梢间穿斗梁架穿枋小巧灵活。

图 6-1-13　祝氏宗祠享堂内景（姚　图 6-1-14　祝氏宗祠寝堂（姚糖摄）
糖摄）

四、广丰东阳管氏宗祠

　　管氏宗祠位于广丰县东阳乡管村，地处赣东北边缘，与浙江省江山县紧邻。管氏一族于宋末从浙江迁来此地，于元末明初开始兴建宗祠，经历废弃、重建与扩建。据《齐川管氏宗谱·齐川管氏祠堂》记载，清康熙年间（1662～1722 年）在今址重建宗祠。清嘉庆年间（1796～1820 年）又建祠门，规模宏敞。清道光年间（1821～1850 年）由于两侧被蚁侵蚀拆倒而重建，又于两旁各造小厅屋三大间，从此奠定保存至今的面貌，以后续有修缮。

　　宗祠占地面积约 3800 平方米，建筑面积为 3140 平方米，是江西省现存最大祠堂之一（图 6-1-15）。宗祠前掘有月池。建筑平面呈长方形，通面阔 46.80 米，通进深 67.10 米（图 6-1-16）。分为四进，从中轴线上自南而北依次是一进、二进、三进、四进。一进位于院落之南，居中为门厅、天井，东、西侧是厢房，二进中央设朝北向的戏台（图

6-1-17、图 6-1-18）。三进为祭堂（图 6-1-19、图 6-1-20），两侧厢房一称"报功"，一称"崇德"，为彰奉"乡贤"和"名宦"而置。四进为寝堂，是祀奉祖先神位之所（图 6-1-21）。一进两侧设有两层客房，近大门处的东、西两侧还掘水井，东侧高处另辟厕所，这些公共设施应是围绕戏台配套的。

　　承重体系为木作柱梁，木构架为抬梁式、抬梁穿斗式和穿斗式三种，厅堂木构架均为三间五架加前后廊的结构形式，用材硕大。正堂开间尺寸较大，使用两根重檩式在下增加连机木，这不仅作为装饰之用，更主要是增强构件稳定性能。正脊部位除脊檩（大栋梁）外，在脊檩两侧增加一组副檩组成"三花檩"。在立贴两柱间还加多一根支撑月梁，其上托着两朵八出斗栱，形成一个莲花撑，把三花檩结成一个整体，保证构架最高点，也就是正脊的刚度。古代民间匠师们已经十分重视构架的整体刚度，构架间的横向稳定还依靠粗硕的走檐梁和关口梁以及其上的填充枋等一系列构件。天井出檐结构是在穿

图 6-1-15 管氏宗祠外景（姚糖摄）

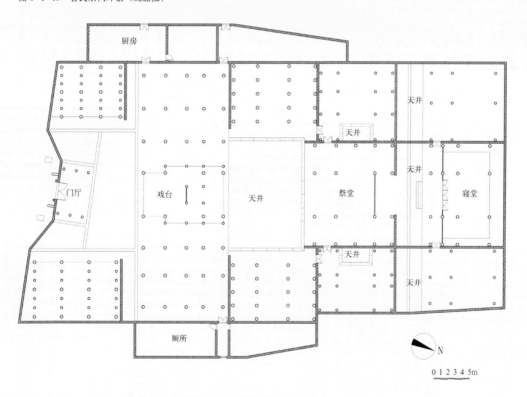

0 1 2 3 4 5m

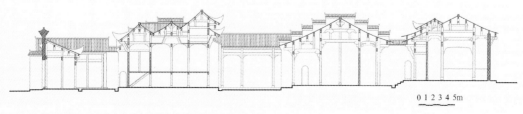

0 1 2 3 4 5m

图 6-1-16 管氏宗祠平、剖面图（江西省文物保护中心提供）

图 6-1-17　管氏宗祠二进外景（姚糖摄）

图 6-1-18　管氏宗祠二进戏台（姚糖摄）

图 6-1-19　管氏宗祠祭堂外景（姚糖摄）

图 6-1-20　管氏宗祠祭堂内景（姚糖摄）

图 6-1-21 管氏宗祠寝堂（姚糖摄）

枋穿出檐柱成为支承檐桁的挑枋，用挑手木或增加一层成为连二的挑手木作为檐桁的挑托构件，同时使用插棋，檐廊部位多装饰轩顶。近天井四围为防潮以石柱支撑，石柱上部承托木构架，主体构架清代中晚期风格浓厚。

墙体为围护墙，封火山墙，用材为大鹅卵石、条石和青砖，大鹅卵石作基础部分，条石作下部腰墙，高 35 厘米，内、外用条石侧砌，条石上部青砖眠砌，高 24 厘米，青砖眠墙之上一眠一斗空斗墙到底，墙顶用陶瓦覆压，墙厚 37 厘米，各墙体均用石灰浆粉刷。

由于推崇"四水归堂"的风水理念，所以屋顶为坡向天井的内排水形式。在穿斗式木构体系中，屋面相交可以方便地用檩搭檩的办法解决，并且处理得十分灵活。屋顶坡向天井的檐口为顺利排水和防止飘雨，出檐达 1.6 米，而外部的出檐多用三、四皮砖叠做成小檐口。

屋面用小青瓦覆盖，小青瓦为 18 厘米 ×18 厘米的规格。为了方便起见，都用同一规格来做底盖瓦。小青瓦的铺设在椽条上铺设望砖，用黏性较强的灰泥来窝瓦。底面和盖瓦为"三搭头"标准，即上下搭接长度不少于瓦长的 2/3。使用灰塑瓦脊，脊头花饰用瓦片或剁砖叠砌，使用简单的砖瓦材料就做出富有变化的装饰效果。多在檐口最外一排瓦面用石灰在两片盖瓦间垫出瓦头，作为檐口收头和压脊之用，靠北风大的地方在近檐口处的屋面散置一排压瓦砖，即用灰泥砌紧，但砖间留出走水的槽路。小青瓦屋面坡度比较平缓，屋面坡度多为五分水或四分半水，基本都做举折，正脊的节间为六分水或六分半水，檐口为四分水，甚至三分半水，整个瓦面曲线优美，平缓舒展。

梁架做工十分精美，中堂一穿枋为拼合板梁，但高度加大到 80 厘米，二穿枋为驼峰月梁，月梁起拱很高，曲线圆滑柔美，有强烈的力度感，中间童柱通过一莲花托脚与它连系，梁架的曲线与月梁弯起弧线连接成一体，整个构架给人以一气呵成的感觉。

两厢构架由于平面形式多变而显得更为丰富多彩，它的装饰综合效果是通过隔扇门窗、下槛墙、外檐装修等表现出来的。侧厢檐口不与正堂外檐同高，所以它们之间的连接变得复杂并手法各异，特别是小构件处理正好为装饰提供了发挥余地。

装修趋向纤细华丽，纹样丰富，大量的人物和有情节的故事内容出现在梁上开光，或枋上、栏板、挑托附件等部精雕细刻。

祠内在向天井的界面用石柱，其他为木柱，均有柱础，柱础形式多样，并雕刻花纹。祠内柱础被看成是一个重要的装饰构件，变化层出不穷。为了使柱与地栿有一个协调的合口面，柱础多为八角形式，石柱础分出两段或三段处理，上段多作石鼓形，下段为抹角方基，或者雕成鼓架、勾栏等式样。石工雕刻水平甚高，多数柱础饰以莲花、菊瓣、如意、穿枝花卉等纹样，有的还刻成八面开光，用剔地起突技巧凿出各种图案，如暗八仙、佛八宝、四时花、祥瑞兽等。柱础的高度为300～

400毫米，轩廊为弹弓棚，做成船篷、鹅颈轩式。拱形轩廊一般在轩梁上作一装饰化的驼峰，上置两根矩形截面的轩桁并连接轩檐。船篷轩的三弯椽截面一般为4厘米×6厘米；鹅颈轩的轩椽截面要大一些，一般为5厘米×7厘米，其上多铺望板。在轩梁上用两根有平盘斗或莲花托的童柱与轩桁相接。轩廊加重装饰，轩梁多做成月梁式，所有部件都施以雕刻。

门窗装饰比较重视面向天井的四个界面，两厢的隔扇和槛窗制作异常精美，厢房做六樘隔扇，有全开启式或只开两扇的形式，高度可达3米，宽度50～70厘米不等，隔扇构造为六抹形式。隔心用双层套雕装饰，花纹丰富。上中部的绦环板有跳龙门、鱼戏水、中三元、喜临门、勾手万字、岁岁平安、万象更新等吉祥喜庆的传统纹样。

五、高安贾家贾氏宗祠

贾氏宗祠位于高安市新街镇贾家村中部，坐北朝南，沿轴线由南往北分别为明塘、仪门广场、昼锦堂、拜亭、寝堂、观音堂，构筑了贾氏家族主要的祭祀空间（图6-1-22）。

明塘为一半月形池塘。主体建筑昼锦堂始建于

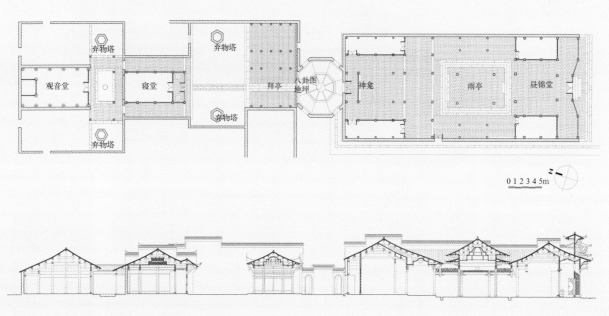

图6-1-22　贾氏宗祠平、剖面图（蔡晴等测绘）

明宣德、正统年间（1426～1449年），原为廉州知府贾信在家乡所建的住宅。贾信去世后，他的子孙将昼锦堂改造成祠堂，又在堂后加修了拜亭、寝堂和观音堂三座建筑，从而奠定了贾氏宗祠的规模格局。后由于年久失修和战火兵事等损害，在清嘉庆年间（1796～1820年）进行了一次大规模的维修，形成保存至今的面貌。

昼锦堂前为一较开阔的仪门广场，广场上原有18对旗杆石，"文化大革命"中遭到破坏，现仅存两块上马石、下马墩。

昼锦堂外观五间，通进深约34.9米，通面阔约14.4米。入口处有"八"字形戟门，门前置石狮。首进屋顶上立有重檐牌楼式构筑物，正中置"中宪大夫第"牌匾。檐廊额坊间刻有"金盘福址"字样（图6-1-23）。

经过前厅有一方形天井，一重檐雨亭置于其中，雨亭四角为方形断面的石柱，正中天花是华美的藻井，藻井由上、中、下三层组成，最下层为方井，中层为八角井，上部为圆井，圆井上方为盖板，又称明镜，雕刻着蝙蝠和花草图案。雨亭在此被赋予了采天地之灵气、聚肥水财气于一家的寓意，以完成此天井四水归堂的传统理念（图6-1-24、图6-1-25）。

后进是祠堂的正堂，厅正中有拜案，上悬"昼锦堂"牌匾。昼锦堂梁架分为明栿和草架，明栿主要为抬梁式，草架主要为穿斗式，又结合了减柱挑梁等做法，形成了开阔大气的祠堂空间，梁架简朴有明代遗风。

昼锦堂后设拜亭，之后轴线直指寝堂。寝堂当地俗称"公婆厅"，通面阔约4.4米，通进深约8.67米，平时供奉祖先牌位（图6-1-26）。寝堂之后设有观音堂，通面阔约5.3米，通进深约9.9米，内置观音像一尊，属于家族祭祀。寝堂与观音堂均为穿斗式结构。

图6-1-23 贾氏宗祠外景（姚糖摄）

图 6-1-24　贾氏宗祠前厅、天井和雨亭（姚糖摄）

图 6-1-25　贾氏宗祠前厅、天井和雨亭，从另一端看（姚糖摄）

图 6-1-26　贾氏宗祠后寝（姚赯摄）

六、吉安渼陂梁氏宗祠

梁氏宗祠位于江西中部富水河畔的吉安市青原区文陂乡渼陂村，始建于宋初，重建于明正德己卯（1519年），最后重修于清光绪己卯至民国4年间（1879～1915年）。现为全国重点文物保护单位（图6-1-27）。

该祠堂位于村口，前有结合村落周边水系形成的池塘。坐北朝南，五开间三堂两天井两进，通面阔19.54米，通进深61.07米，总占地约1500平方米，在尺度上远远超过村内的其他任何建筑（图6-1-28、图6-1-29）。首进为门厅，中为三开间门廊，明间柱升起，形成一座牌楼式大门，檐下以四跳如意斗栱承托。内为中央庭院，中有甬道，三面为回廊，对面为三开间敞口式祭堂大厅，明间出一方亭式抱厦，周围为红石雕花栏杆（图6-1-30）。抱厦有鹤颈轩式八角藻井天花，芯板上绘一大狮携一小豹，题"太狮少保图"。牌楼式大门、方亭式抱厦，均为

该地区宗祠中的常见做法。祭堂前廊为船篷轩天花，中跨为七檩抬梁穿斗式梁架，后廊为矩形覆斗式藻井天花。祭堂两侧厢房墙上大书"忠信笃敬"四字（图6-1-31）。厅后以一小天井与后进相隔。后进明间前部为寝堂，是祠堂牌位平时的存放处，如意斗栱牌楼式大门、卷轩前廊、中央鹤颈轩式八角藻井都再次重复，藻井下且形成一圈二层回廊（图6-1-32）；次间、梢间和明间后部为辅助用房，最后以一常见于当地住宅中的假天井作为结束。

承重体系为木作柱梁和山墙，明间木作柱梁承重，次间、山面为墙体承重。门厅、祭堂明栿为抬梁穿斗式梁架，门厅五架，祭堂七架。轩篷、天花以上草架为穿斗式结构。工艺精湛，装饰华丽，从前门廊至最后的寝堂祖龛，无论砖、石、木构件，无不重工装饰。抱鼓、蹲狮、门簪、柱础，皆以红石为之，立体雕、浮雕、线雕等技法，无所不用其极；梁架出檐的斗栱、雀替、驼峰（荷叶墩），皆为精

图 6-1-27 梁氏宗祠外景（姚糖摄）

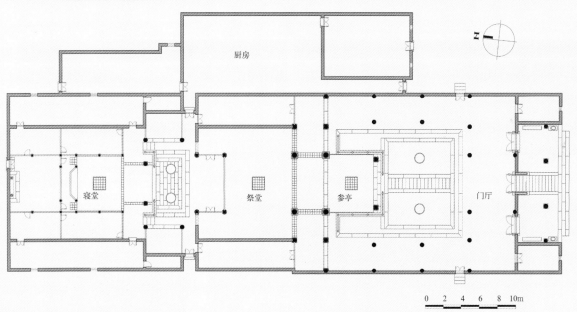

图 6-1-28 梁氏宗祠平面图（蔡晴、姚糖测绘）

图 6-1-29 梁氏宗祠剖面图（蔡晴、姚糖测绘）

图 6-1-30　梁氏宗祠前院（姚糖摄）

图 6-1-31　梁氏宗祠祭堂内景（姚糖摄）

图 6-1-32　梁氏宗祠寝堂（姚糖摄）

美的木雕；仰顶有天花藻井，井底彩绘；檐头彩绘。寝堂祖龛的隔扇门，更是满饰精致的透雕、浮雕。就连甬门上方，也填以描金花板。堂中供桌、香炉等，也莫不是工艺上乘的艺术品。

该祠特点之一是大量使用藻井轩篷，藻井有斗八鹅颈式、覆斗式，高度有一级、两级，轩篷有船篷形和八字形。特点之二是大量使用红石柱，且红石柱的正面或侧面均阴刻楹联，石柱17对，楹联20幅，上联多以"永"字为首，下联多以"慕"字打头，还有上、下联以"宗""祖"两字为首者。其三是尺度宏大，做工精致，雕饰华美，实为江西晚期祠堂中之精品，而保存完好，视之其他早期祠堂，亦不稍逊色。且由于该地区地处江西中部，受周边强势建筑风格影响最少，堪称江西地方建筑中最具代表性的实例之一。

七、南丰沿湾胡氏宗祠

胡氏宗祠位于江西省中部偏东的南丰县沿湾镇沿湾村。该祠于明万历三十六年（1608年）开工兴建，至万历四十八年（1620年）建成，又装修3年，

共历时15年。此后直至清乾隆五十三年（1788年）间，共历三次大修，近年又曾经修葺，仍保持清代中期面貌。

胡氏宗祠坐北朝南，前临沧浪河，背倚茅蓬山，通面宽35米，通进深53米，占地面积约1600平方米。三堂两进两天井，面阔七间，硬山顶，砖木结构，正面明、次三间各辟大门，门外形成八字形门廊（图6-1-33）。明间大门两侧立石狮一对，两次间大门两侧各立一对高大的门鼓石，雕刻有春、夏、秋、冬四季花卉。

进门天井长14米，宽14米，原有四个六边形花圃，现改建成长方形花圃，仅剩一株当年的桂花树（图6-1-34）。天井东、西两边是各有四个石柱、三个月梁的走廊。中厅为祭堂（图6-1-35、图6-1-36），上厅为后寝（图6-1-37）。

中厅和上厅结构体系相似，承重体系为木作柱梁，梁架为抬梁穿斗式和穿斗式两种，明间为抬梁穿斗式，次间和山面为穿斗式，为七架梁加前、后廊的结构形式，彻上露明造，檐额上使用一斗三升重棋。小青瓦屋面，木基层为扁椽上横铺望板。

图6-1-33　胡氏宗祠外景（姚赯摄）

图 6-1-34　胡氏宗祠前院（姚糖摄）

图 6-1-35　胡氏宗祠中厅（姚糖摄）

图 6-1-36　胡氏宗祠中厅内景（姚糖摄）

图 6-1-37　胡氏宗祠上厅（姚糖摄）

隔扇有五抹和四抹两种,前者用于后寝正面,构造为下半为镜面裙板,中部和顶部安腰花板和绦环板,隔心雕花什锦纹和雕花回字纹,后者用于庑、厢正面,构造与前述相同,仅无腰花板而已,隔心为正方格。

八、信丰大埠头黄氏宗祠

大埠头黄氏宗祠位于信丰县新田镇大埠头村,建于清顺治七年(1650年),清康熙五十八年(1719年)重修。宗祠坐北朝南,砖木结构,硬山顶,马头墙。面阔17米,进深52.8米,总占地面积897.6平方米(图6-1-38)。2010年9月列为信丰县文物保护单位。

祠堂前有门楼,系近年作品。祠由门厅、享堂、寝堂三进组成,中有两个天井。结构均为抬梁穿斗式,门厅、寝堂屋架已非康熙年间原构,仅享堂屋架保存尚好。

门厅三开间,单槽,前后檐柱均为八边形石柱,不到顶,承梁处起以木柱承接(图6-1-39)。前金柱为八边形木柱,疑为后世所改。享堂亦三开间,双槽,柱全为抹角方石柱,亦不到顶。石柱上均有阴刻对联。寝堂为三开间双槽,除后金柱为砖柱外均为木柱,疑经后世修改。

享堂屋架为彻上露明造,前廊设双步梁,金柱间设五架梁,梁上均承双层檩,用材甚大,粗壮有力(图6-1-40)。梁柱连接多以雀替加固,但尺度甚小,雕琢亦深,装饰效用多于结构功能。挑头为双层挑梁,之间以花拱连接,是赣南地区的常见做法。

门厅中存放有"享叙堂香火登田碑记"和"黄氏建祠碑铭"。侧墙砌有铭文砖,阴文刻"康熙己亥重修"(图6-1-41)。

黄氏宗祠有确切的建造纪年,保留了明末清初的地方木结构做法特征。

图6-1-38 黄氏宗祠前院(姚赯摄)

图 6-1-39　黄氏宗祠门厅（姚糖摄）

图 6-1-40　黄氏宗祠享堂（姚糖摄）

图 6-1-41　黄氏宗祠铭文砖（姚糖摄）

九、婺源汪口俞氏宗祠

俞氏宗祠位于婺源县江湾镇汪口村，建于清乾隆九年（1744 年），由在京为官的族人俞应纶回乡省亲时带头捐资兴建，占地面积为 1116 平方米，是一所以细腻的木雕闻名于世的祠堂，为全国重点文物保护单位。坐西北朝东南，平面呈长方形，通面阔三间 15.6 米，通进深深 42.6 米，周环高 10 米的砖墙，建筑面积 665 平方米。为三进院落。第一进门屋，门首为木结构五凤楼，歇山顶，青瓦覆盖，翼角高翘（图 6-1-42）。门楼正面，檐下如意斗栱密布，横枋刻双龙戏珠图案，横枋下面明枋深雕双凤朝阳。门楼里面，前间顶部用木板卷棚，后

间平闇天花。由两廊与游亭达祭堂（图 6-1-43、图 6-1-44），横梁衔接处是围 121 厘米、高 207 厘米的石柱；左右作吊柱支撑的垂柱上端，精雕雌雄狮子相对，栩栩如生。第二进正堂，三开间，前、后进各五间，均有天井，共有柱 70 根，地面、天池、台阶全铺青石板（图 6-1-45）。前、后进走廊两侧有小圆门通花园。

俞氏宗祠以细腻的雕刻工艺见长，凡梁枋、斗栱、脊吻、檐橡、驼峰、雀替等处均巧琢雕饰，有浅雕、深雕、圆雕、透雕形式的龙凤麒麟、松鹤柏鹿、水榭楼台、人物戏文、飞禽走兽、兰草花卉等精美图案百余组，被誉为"艺术殿堂"、"木雕宝库"（图 6-1-46）。

图 6-1-42 俞氏宗祠外景（邹虚怀摄）

图 6-1-43 俞氏宗祠前院（邹虚怀摄）

图 6-1-44　俞氏宗祠祭堂内景（邹虚怀摄）

图 6-1-45　俞氏宗祠后寝（邹虚怀摄）

图 6-1-46　俞氏宗祠后寝楼层（邹虚怀摄）

第二节 其他民间祭祀建筑

一、万载城隍庙

万载城隍庙始建于明洪武三年（1370年），坐落在康乐街道龙河东岸集贤坊（今仿古街），永乐年间毁。明正统十年（1445年）县丞周济重建。明景泰三年（1452年）典史朱选修葺，明弘治年间（1488～1505年）颓废，知县张文谋复新。明正德九年（1514年）邑人辛润出资重建，前殿后寝，东西两廊，中外二门，规制略如县衙，教谕朱宪曾撰文褒美。明崇祯十年（1637年）、清康熙二十七年（1688年）、清乾隆三十八年（1773年）邑人又三次捐资修建。清道光十八年（1838年）拓基重修，添建头门外站亭两廊。清咸丰五年（1855年）太平军进攻县城，与官军交战，庙毁。咸丰八年至清同治九年间（1858～1870年）合县绅民迭次修复，此后实际上已由官府正祀转变为民间祭祀②。民国以后改为佛寺，"文化大革命"期间菩萨尽毁。以后又逐渐修复，现名万佛寺。

该寺坐北朝南，占地约5000平方米（图6-2-1、图6-2-2），建筑共五进，第一进天王殿及其内庭院两侧建筑为1997年新建，已非原貌。庭院内为正门，有雕花彩绘牌楼，两侧为钟鼓楼。进得过厅，有彩雕燕窝状顶棚（藻井），形态各异的蝙蝠如飞似舞，象征百福吉祥。第二殿为大雄宝殿（图6-2-3），第三殿为观音殿，均在近年经过修复。第四殿为城隍神大殿，殿顶高15米，巨梁绘彩，高大宏伟（图6-2-4）。第五进为城隍夫人殿（图6-2-5）。此最后两进完全为清末原构。

城隍夫人殿东厢开有一侧门，饰有极精致的壶门式样石门仪，为江西仅见。

二、南丰上甘傩神殿

傩文化是一种远古的原始文化，是中国传统文化的一个重要组成部分。远古先民在征服自然中获得生息，繁衍后代，生存的欲望需要宗教（自然宗教）观念的帮助来超越自我，龙的传人以伟大的浪漫主义心性创造了灿烂的巫傩文化。"傩"乃人避其难之谓，意为"惊驱疫厉之鬼"。巫傩活动在生命意识上满足了广大信仰者的心理要求，长期以来，巫傩之风的传承与流布融入习俗之中，即使在现代，仍以传统文化的形态存留于民间。傩是古代驱疫降福、祈福禳灾、消难纳吉的祭礼仪式。巫傩歌舞逐步融入杂技、巫术等内容，扮演因素、表演因素也增多了，并与其他地方戏剧种有所借鉴与交流，甚至出现了傩、戏杂陈的局面。随后，江西省各地的巫傩活动出现了逐渐戏曲化的倾向，剧目日渐增多。到了清代的同治、光绪年间，傩戏已初步脱离了傩坛，登上了戏台，而且常年都可以演出。到了20世纪三四十年代，傩戏还进入热闹的城镇演出。

巫傩活动在江西的活动可上溯到殷商。经三千年的沿袭、发展，江西傩文化形成了历史积淀丰厚、原始形态古朴、文化遗存众多、文化体系完整等鲜明的特点；江西傩事活动分布广泛，其中的许多民俗遗存和影响一直延续至今。据1995年调查统计，全省有25个县（市）有傩事活动，保留的傩舞傩戏节目247个；江西傩被学术界誉为古代文化的"活化石"，备受瞩目，多次应邀远赴法国、日本、韩国、新加坡等国及中国香港、台湾地区表演、交流，产生了一定的影响。

傩戏脱胎于古老的傩祭活动，其初始形式是傩祭仪式内容的戏剧化。傩戏是由傩祭、傩歌舞发展而成的。在其发展过程中逐渐融入巫、道、儒、释的文化内容和历史、生活事件，以及戏曲的内容和形式。从而使傩戏有了今天丰富的内涵与形式。傩戏是一种戴着面具表现以多维宗教意识为内核的仪式戏剧，是一种艺术化的宗教仪式。

南丰县白舍镇甘坊大傩班是南丰现存延续时间最长的傩班之一，因传说傩神灵验，称为神傩。传说唐代即有傩，建有三座傩神殿。明代永乐年间至宣德年间（1403～1435年）迁建至上甘村的今址，现存建筑为清代建造，木结构主体具清代中后期风格。

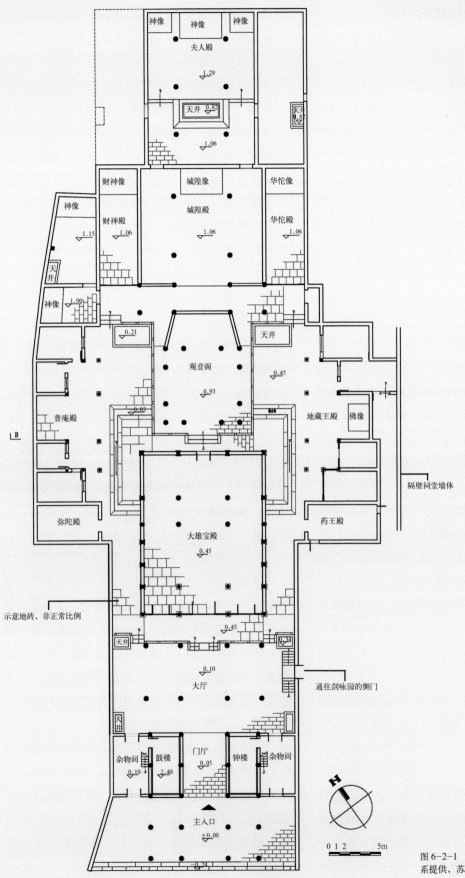

神像　神像　神像

夫人殿

▽1.29

天井 0.82
▽

天井
0.82
▽

▽1.06

财神像　城隍像　华佗像

财神殿　城隍殿　华佗殿

神像
▽1.15　▽1.06　▽1.06　▽1.06

天井

神像 ▽1.00

0.21

天井

观音阁

▽0.93　▽0.45

0.03

普庵殿

地藏王殿　佛像

┗B

弥陀殿

药王殿

大雄宝殿

▽0.45

隔壁祠堂墙体

示意地砖，非正常比例

▽0.45

天井

▽0.10

大厅

通往剑咏园的侧门

天井

杂物间　鼓楼　门厅　钟楼　杂物间
▽0.10　▽2.48　▽0.05

N

主入口
±0.00

0 1 2　　　5m

▽0.24

图 6-2-1　万载城隍庙平面图（南昌大学建筑
系提供，苏东宾等测绘）

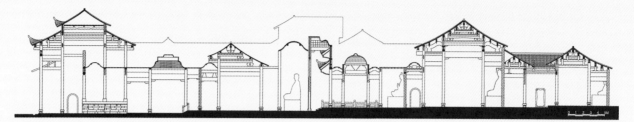

图 6-2-2 万载城隍庙剖面图（南昌大学建筑系提供，苏东宾等测绘）

图 6-2-3 万载城隍庙大雄宝殿（姚糖摄）

图 6-2-4 万载城隍庙城隍神大殿内景（姚糖摄）

图 6-2-5 万载城隍庙城隍夫人殿（姚糖摄）

上甘傩神殿实际由傩神殿、戏台和雨棚三部分组合而成（图6-2-6）。傩神殿在西端，戏台在东端，相向而立，两者之间以雨棚连接，即为傩戏演出时观演场所，可容纳千余观众看戏，外面有围墙围合（图6-2-7）。

傩神殿坐西朝东，砖木结构，长11.75米，宽14.5米，面积170.4平方米。殿外有一座八字木结构大门（图6-2-8），入内为披檐，设有一横向小天井。天井后为神殿主体，三开间前后槽，硬山顶，抬梁式木构架，用料粗壮有力（图6-2-9）。装饰丰富，前廊设鹅颈轩，明间金柱间设双层藻井，下层为斗八，上层改为少见的斗六。后廊设神位，正中神坛奉祀木雕清源妙道真君坐像，两边分立千里眼、顺风耳。东侧塑土地，西边立"演傩先师"牌位（图6-2-10）。神坛上有小阁楼，存放装傩面具的圣箱和道具。

雨棚为抬梁式木构架，悬山顶，长16米，宽10.6米。戏台坐东朝西，长7.8米，宽10.6米，四柱歇山顶（图6-2-11）。

三、上栗小枧傩庙

萍乡一带的傩传统起源于唐代初期。上栗县东源乡岭头山，是萍乡傩最初的发源地，距今已有一千多年的历史。传说唐代中期迁址田心村棋下，明洪武七年（1374年）由小枧地区推选首领，再在田心水口山择地兴建傩庙，以三元大帝"唐、葛、周"三大将军为主神。后因一场大火将庙宇全部烧毁。明正统七年（1442年）再择地于小枧兴建傩庙，屡经修缮，保存至今。

小枧傩庙自建庙以来，朝客络绎不绝，香火缭绕不断。"文化大革命"期间傩庙遭到严重破坏，后又被小枧锅炉厂占用，原有酒楼、偏殿几乎全部倒塌，傩庙和戏台亦百孔千疮，直至1993年由群众推举成立小枧傩庙庙委会，收回傩庙一切财产，

图6-2-6　上甘傩神殿外景（姚糖摄）

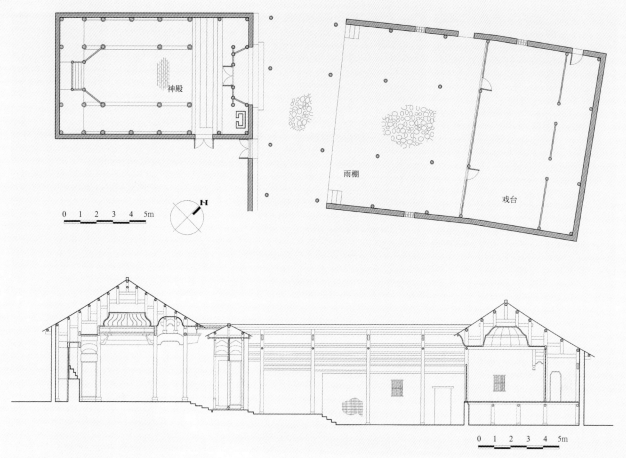

神殿

雨棚

戏台

0 1 2 3 4 5m

N

0 1 2 3 4 5m

图 6-2-7　上甘俺神殿平、剖面图（蔡晴、姚糖测绘）

图 6-2-8　上甘俺神殿大门（姚糖摄）

图 6-2-9　上甘俺神殿正殿（姚糖摄）

图 6-2-10　上甘傩神殿神位（姚糖摄）　　　图 6-2-11　上甘傩神殿戏台（姚糖摄）

并积极集资对傩庙进行了维修。此后至今，续有修葺。2000 年列为江西省文物保护单位。

傩神殿为一民居式建筑，坐东朝西，砖木结构，穿斗式木作梁架，硬山顶，青砖墙，小青瓦屋面（图 6-2-12、图 6-2-13）。傩神殿平面纵向长方形，由前廊、门厅、过廊、天井和后殿组成。通面阔 10.99 米，通进深 22 米（图 6-2-14、图 6-2-15）。墙体均为承重墙，青砖砌筑，墙厚 390 毫米。墙体下部三皮眠砖，眠砖之上一斗一眠到顶。除后檐墙外墙面为清水墙外，其他墙面均粉刷成红灰色，斗砖和眠砖规格均为 280 毫米 ×150 毫米 ×50 毫米。明间木构架承重，山面墙体承重。抬梁、穿斗混合式木作梁架。

傩庙"集众神为一庙，融多宗为一傩"，有多枚包括天神、地神、冥神、佛界、道界、俗界等各种神灵面具，形成了一个独特的傩文化体系，为今人研究傩文化提供了实物依据，具有重要的研究价值。傩庙珍藏的上元将军唐玄神、婆官、灶王、先锋、判官、功曹、和尚、大妹等面具均属明朝木雕，其雕刻工艺具有重大的艺术价值。傩庙始建于明代，现存建筑应属于清代晚期的遗存，对于研究赣西地区清代庙宇建筑提供了实物资料。

四、金溪玉泉行宫

玉泉行宫位于金溪县琉璃乡琉璃村委会下宋村村口，始建于清康熙九年（1670 年），清道光三十年（1850 年）重修。坐东朝西，组合式建筑，砖木结构，由门厅、天井、大殿、观音堂、真人堂、花园组成。穿斗式构架，硬山顶，三合土地面，小青瓦屋面，占地总面积 1200 平方米（图 6-2-16、图 6-2-17）。是金溪、东乡、临川三县供奉关帝的名声较大的古代庙宇。2007 年列为金溪县文物保护单位。

门厅和大殿处于同一中轴线上。双开石框门仪，门楣上镌刻端庄秀逸的颜体"玉泉行宫"四字，石匾四周为镂空精致的龙凤图案（图 6-2-18）。单披檐，面阔 13.2 米，进深 2 米，脊高 3.5 米。中间为一大天井院，青石阶沿。院落式大天井两侧墙面分别有两幅巨大壁画，一为神龙戏水图，一为虎啸山林图，甚为壮观。大殿高于门厅 1 米，六级台阶，面阔三间 13.2 米，通进深 28 米，脊高 3.5 米。硬山顶（图 6-2-19）。大殿之内粗大的四方石柱边长达 35 厘米，四方抹角石柱上刻有楹联"千秋庙貌壮田东；一片忠心锦汉绪""非圣人而能若是乎；临大节而不可夺也"款印徐鸿吉（印山进士徐奏钧）；

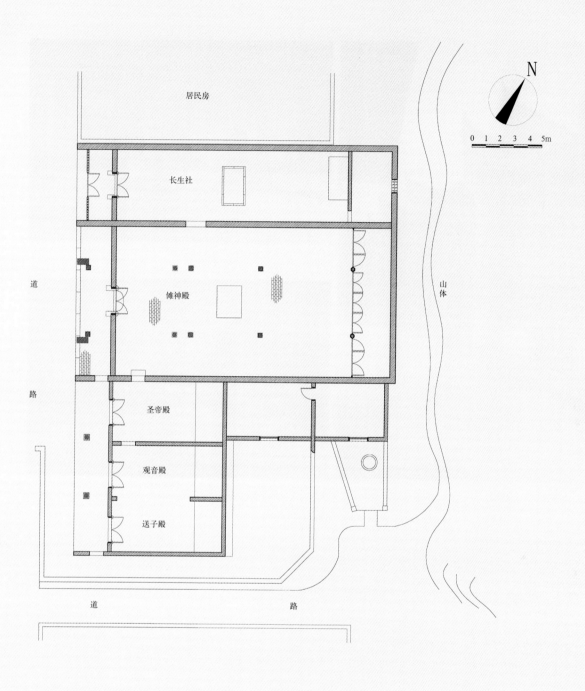

居民房

长生社

道 路

傩神殿

山体

N

0 1 2 3 4 5m

圣帝殿

观音殿

送子殿

道 路

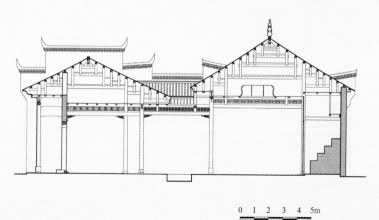

0 1 2 3 4 5m

图 6-2-12 小枧傩庙平、剖面图
（江西省文物保护中心提供）

图 6-2-14 小枧傩庙内景（姚糖摄）

图 6-2-13 小枧傩庙外景（姚糖摄）

图 6-2-15 小枧傩庙神厨（姚糖摄）

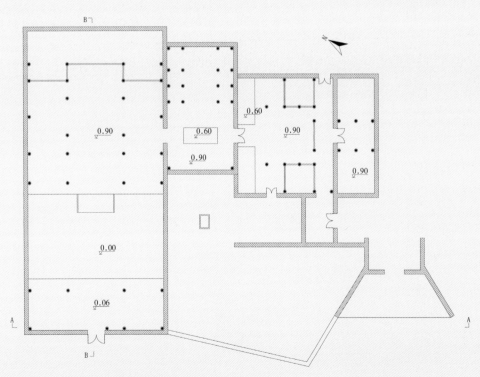

玉泉行宫平面图　　0　　2m

图 6-2-16　玉泉行宫平面图（江西省文物保护中心提供）

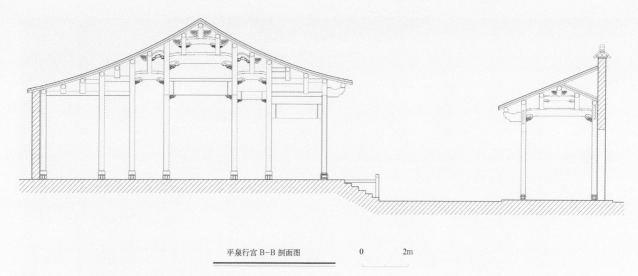

平泉行宫 B-B 剖面图   0   2m

图 6-2-17 玉泉行宫剖面图（江西省文物保护中心提供）

图 6-2-18 玉泉行宫外景（姚赯摄）

柱础刻有纹饰，极为精美。脊檩底有描金书"大清康熙九年岁次庚戌仲冬月鼎建 龙飞道光卅年岁次庚戌孟东月重修"，字迹清晰可辨。

大殿东边一道月洞门通进观音堂，对称又一道月洞门通进真人堂，两边月洞门上分别有"法雨""慧日"匾额。观音堂、真人堂均呈长方形，硬山顶，穿斗木构架。观音堂面阔6米，进深11米；真人堂面阔9米，进深11米（图6-2-20）。真人堂门上有"松风"石匾，此处可通一独立小花园，园上刻"古栎园"三字，古栎园布局小巧精致，假山堆叠、

图 6-2-19 玉泉行宫正殿（姚糖摄）

图 6-2-20 玉泉行宫真人堂（姚糖摄）

一泓泉水四季清冽，左、右各有一株两人合抱大的罗汉松和桂花树。园内墙上有一幅"自然成野趣；可以赋新诗"的石刻对联，对联中间嵌有一通清代武官白云上的碑刻诗篇，狂草书法，极为罕见，全诗如下："气绕山林水绕雳，松阴花影胜仙都。声声秋入门窗下，静傍南峰画牍书。"古栎园墙外即为村庄大路，村门"清晖门"挨墙而建，墙为三山封火墙。

五、丰城北屏禅林

北屏禅林位于丰城市张巷镇白马寨村西首，坐北朝南，占地面积约1500平方米（图6-2-21）。始建于明永乐年间（1422年），现存建筑形成于清末。它背靠长港，面对池塘，视野开阔。明朝兵部副使黄绰于万历丙戌年（1576年）三月由丰城去抚州巡视途经白马寨，停留期间，留下了《白马寨十二景》诗篇，"林修竹度钟声于古寺今，老僧晨起而课功。"在他的《古寺晨钟》里，他高度凝练地概括了当年"北屏禅林"的壮观、神秘和幽静。其诗曰："古寺寒云一夕深，霜钟破晓转升沉；韵敲落木烟笼日，响彻空山鹤出林；醒来禅关警觉梦，催开曙色散秋阴；高风起处声声急，随带清光度远岭。"（图6-2-22）

北屏禅林建寺以来，香火旺盛，先后进驻过几任高僧。寺内现有观音堂、万寿宫、天符宫、傅爷殿等古建筑，一字排开，集佛、道和地方崇拜于一体，体现出典型的南方民间祭祀特征（图6-2-23）。寺内有清同治八年（1869年）铸造的大铁钟一口，以及千年古樟一株。同治二年（1863年）、清光绪十五年（1889年）、光绪二十年（1894年）曾三次进行重修、扩建，是一处宗教文化活动场所，也是白马寨古村占地面积最大的一处古建筑。2003年列为宜春市文物保护单位，同年，白马寨村被公布为首批江西省历史文化名村。

图6-2-21　北屏禅林全景（姚赣摄）

图 6-2-22　北屏禅林正门（姚糖摄）

图 6-2-23　北屏禅林正殿内景（姚糖摄）

第三节 戏台

戏台是用于戏曲表演的建筑的总称,传统戏台的形式是随着古代戏曲表演的发展而逐步成形完善的。根据现有的资料,一般认为我国真正意义上的戏台建筑迟至明清才定形和成熟。

江西是我国古代戏曲文化比较发达的地区,产生了汤显祖这样被誉为"东方莎士比亚"的戏剧伟人。在声腔剧种方面,弋阳腔和采茶调是江西戏曲艺术家的两大创造。尤其是弋阳腔,对后来的古代戏曲声腔的发展产生过重大的影响。明清以来,在江西古代戏曲的普及和发展催生了古戏台的大规模建设,戏台的建设成为乡村宗族文化的重要部分。据记载,当年在弋阳腔的核心地区弋阳、乐平等地几乎是一村一台或一村数台。

江西的戏台与祭祀活动密不可分。从建筑的类型上分,可以分为庙宇台、万年台(街圩台、风雨台)、祠堂台、会馆台、家庭台等五种。除家庭台与祭祀活动相对疏远外,其余各种类型,均与庙宇祭祀、祠堂祭祀、会馆祭祀和其他各种地方祭祀关系极为密切,戏台的演出,首先是娱神,其次才是娱人。

戏台以一面观形式为主,亦有晴雨台,为一面朝外、另一面朝建筑内部的双面台。其结构方式多沿用当地的穿斗抬梁混合木构,台面为三间、五间,也有单开间做法。使用青砖白墙作围护结构,用马头墙做法。屋顶为青瓦,明间屋顶或局部升起,或作三重楼,主次分明,气势恢宏而有动感。舞台采用斗栱、木雕、彩绘装饰,华丽壮观,美轮美奂。

江西的古戏台有着鲜明、浓郁的地方建筑风格,从一个侧面也反映了江西地域传统的建筑造诣和成就。

一、乐平传统戏台群

乐平市素有中国传统戏台博物馆之称。这里现存四百余座传统戏台,散布于全市各乡村,建筑时间从明清至当代,跨越五百余年。其中始建于明代的2座,清代的77座,民国期间的59座,新中国成立后30座,"文化大革命"中76座,尔后至今168座。

其数量的庞大,递进发展的清晰脉络,当属罕见。

乐平的传统戏台不仅多,而且还很精美。形式多种,其中最多见的是祠堂台和万年台。建筑均为传统的砖木结构,正面多为牌楼式,三楼五楼不等。屋脊中央插有方天画戟,有的方天画戟插在彩瓷宝顶上,屋脊的两端分别饰有造型优美的鳌鱼,正面上方都有极挺拔的飞檐翘角,檐下悬挂着风铃铁马;戏台天棚中央是华丽的藻井,台上几乎所有的木构件上都雕刻有精美浮雕。

乐平素称"赣剧之乡",著名的"乐平腔"又称"高腔",是当代赣剧的主要支派。乐平古戏台的繁荣除与乐平人民酷爱赣剧外,与乡村宗族的攀比斗富以及流行于当地乡村的"攀华宗"习俗有关。另一个导致几乎村村建台的原因是风水术的说法,当地人认为戏台可以镇邪、驱邪。如戏台落成,游台庆典的开台剧目必是《九老天宫》,这是一出戴傩面具表演的戏,驱邪的功用非常明显。

(一)车溪敦本堂戏台

敦本堂位于涌山镇车溪村,北距涌山镇镇政府所在地5公里。属于传统祠堂台,1983年10月公布为乐平市文物保护单位。

敦本堂戏台始建于清乾隆十一年(1746年),越五年落成。清咸丰辛酉年(1861年)遭焚,清同治九年(1870年)"遵旧制婺图",又五年复竣。1949年后作过几次修缮,近次修整是1996年。

敦本堂为朱氏宗祠,坐落于村西口,堂前为一半月形聚星池,周边环境和谐有致,清幽古雅(图6-3-1、图6-3-2)。祠堂坐东朝西,总占地2000平方米,通面阔30米,通进深65米。整个建筑分四进,单面戏台、前天井与两侧边廊为二进。

戏台为重檐双戗角歇山顶附两硬山,三间四柱五楼式。台高1.5米,台宽11.2米,台深9.8米,台口净高3.8米(图6-3-3)。戏台有三度门,明间演出区6.1米×5.58米(图6-3-4)。装饰极尽华丽,包括梁、枋、撑拱、斗栱、垂莲柱在内的几乎所有柱上木构件都大量施以雕刻(图6-3-5)。详见本书第九章第三节。

图 6-3-1　敦本堂外景（黄浩摄，约 1982 年）

图 6-3-2　敦本堂外景（姚糖摄，2014 年）

图6-3-3 敦本堂戏台全景（姚糖摄）

图6-3-4 敦本堂戏台台上（姚糖摄）

图 6-3-5　敦本堂戏台明间檐口（姚赯摄）

（二）浯崭名分堂双面戏台

浯崭名分堂戏台位于乐平市以南 13 公里，镇桥镇浯崭村。传统祠堂晴雨台，1983 年公布为乐平市文物保护单位，2013 年公布为全国重点文物保护单位。

据族谱载，名分堂建于清嘉庆二十三年（1819年），戏台在宗祠建成后 14 年，即清道光十二年（1832 年）开始筹建，传说当时募集能工巧匠三十余人，历时三年竣工。清同治十一年（1872 年）大修，1981 年、2002 年局部维修。

名分堂为程氏宗祠，坐北朝南。名分堂为两进式宗祠建筑，前后依次为戏台——天井、两廊——享堂。戏台为宗祠的组成部分，位于宗祠的前部，戏台之后为天井、廊、厢楼，再后即为享堂。侧廊两层，楼上为女性观戏台。

戏台为双面台，又称晴雨台或鸳鸯台，该戏台以建筑奇巧复杂、雕刻精美、装饰豪华而著称。戏台造型采用中国古典牌楼式样，三间四柱三楼两硬

山式，明间升起三重楼，斗栱五层托起飞檐翘角，屋顶为歇山重檐两翘角。次间为硬山顶，两侧起封火山墙，阴阳瓦屋面，墙体以青砖砌成，并加石灰粉刷（图 6-3-6）。

戏台通面阔五间 12.84 米，台面面阔三间 9.98米，两侧各为入口通道（图 6-3-7）。晴台朝外，面对台前广场，雨台朝内，面对宗祠祭堂，两台以屏风相隔（图 6-3-8）。晴、雨台之间的间隔门扇为五抹头花格门扇，涤环板雕刻草龙戏珠，格心为如意雷纹，晴台耳房正面装饰落地花罩。前后檐梁、额、枋、斜撑大量以雕刻装饰，表面贴金，雕刻手法有高浮雕、镂雕、圆雕。

晴台天花饰三口藻井，明、次间各一口。明间藻井为覆钵形，内壁安装单栱九层，呈螺旋形上升，相间镶嵌"八岳"木雕金像，顶部饰盘龙戏珠（图6-3-9）。两次间藻井为四角藻井，内壁鹤颈形罗锅椽，顶部饰冰裂纹枝条。

图6-3-6　名分堂戏台晴台正面（张义锋摄）

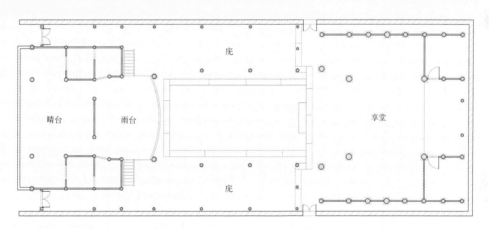

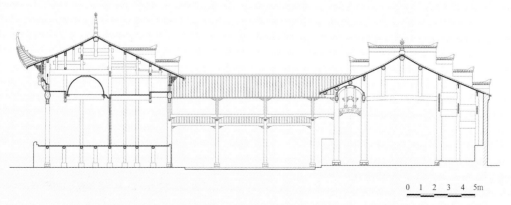

图6-3-7　名分堂戏台平、剖面图（江西省文物保护中心提供）

图6-3-8　名分堂戏台雨台正面（姚糖摄）

图6-3-9　名分堂戏台藻井（张义锋摄）

（三）横路万年台

横路万年戏台，位于双田镇横路村，北距城区20公里。该村为叶姓世居，唐乾符六年(公元879年)叶氏从婺源梅林迁此建村。万年台始建于明万历五年（1577年），此后经数次重修，至清道光年间形成今日面貌。1957年、2008年又进行过两次维修。戏台坐南朝北，三间四柱五楼式，重檐三翘歇山顶（图6-3-10、图6-3-11）。台高1.2米，通口阔11.2米，通进深8.5米，台口净高3.3米，演出区4.4米×3.3米（图6-3-12）。

横路万年戏台突出之处有三：一是平面格局是乐平古戏台中很少发现的一种呈三面开口的伸出式戏台，它能方便更多观众从三个方向观看演出；二是结构匀称，比例合理，造型优美，表现在上至飞翘，中至台额，下至台口，无论是单独品赏或是连在一起观望，均令人赏心悦目；三是此台虽为清水造，但其大木作构件如狮撑、垂篮等，件件精细，尤其是飞翘翼檐下的栱昂层层重叠向四方八面延伸，形似一朵垂菊花状的饰件，构造奇特，巧夺天工。该台当属乐平乡土戏台的典型代表作之一。

图6-3-10 横路万年台戏台正面（姚糖摄）

图6-3-11 横路万年台戏台侧面（姚糖摄）

图6-3-12 横路万年台内景（姚糖摄）

二、安义京台戏台

京台戏台位于安义县境内的西山梅岭脚下，石鼻镇京台村中央。建于清乾隆十年（1745 年）秋，原为当地豪族刘氏宗祠的一部分。京台戏台坐南朝北偏西 21°，建筑面积约 90 平方米。砖、木结构，封火山墙，小青瓦屋面（图 6-3-13）。

戏台平面形状呈"凸"字形，台基高 1.7 米。通面阔三间 9.58 米，明间为 4.98 米，左、右次间为 1.96 米。通进深五间 9.325 米。明、次间后檐柱、后金柱均向内收，其中明间后檐柱、后金柱向内收 0.545 米。次间后檐柱向内收 0.315 米，后金柱向内收 0.215 米。

明间第一、二间为前台（演出区），正对广场，

第三间为走廊（布置区）。次间第一间为附台（器乐、候演区），其余明、次间为后台（化装、道具区）。

梁架均为穿斗式梁架。明间前五步后三步用六柱的穿斗式梁架，挑枋下设圆雕狮形斜撑。次间为前双步后三步用四柱的穿斗式梁架。两侧挑枋下分别设圆雕凤形、鹿形斜撑。戏台共用二十二根杉木圆柱，明间前檐柱、前金柱柱径较大。柱础材质为花岗石，有圆鼓形、方形两种。

戏台设三层藻井天花，上、下层为鹅颈形轩篷，中层为斗栱层，如意斗栱造型，各散斗槽内置龙头向外延伸，共有 210 个龙头。从下到上层层内收到顶部，顶部盖板底皮饰花格纹图案，四角设垂莲柱（图 6-3-14）。明间正面、侧面檐口及次间第一间（附

图 6-3-13　京台戏台外景（张义锋摄）

图 6-3-14　京台戏台藻井（姚糖摄）

台）上部设天花板。板壁均为杉木板壁，正面紧贴台基设有木质槽道，置木板壁，不演出时，戏台可成为封闭状态。明间后上金柱间、后下金柱间均设木板壁。

本戏台原状无油漆。明间后下金柱间板壁正面绘有彩绘。京台戏台后台留有朱笔、墨笔书写的节目表，是地方文化的历史记录。

三、南丰古竹戏台

古竹村位于江西省南丰县白舍镇，距南丰县城约30公里，离白舍镇约14公里，深藏在大山之中。刘氏家族世居于此。据刘氏族谱记载，其祖先为南宋初年大臣刘冀的后人，辗转迁移至古竹。

戏台位于村落中央，始建年代不详，现存建筑面貌具清末特征，近年有维修。戏台坐南朝北，三面开口。台后有后台，为一座三开间硬山顶砖房。台前现有钢结构雨棚一座。

戏台主体由中央明间和西次间组成，疑系改造而成，原状可能为单开间或三开间（图6-3-15）。明间为歇山顶屋面，西次间屋面从明间山面额枋顶向西做单坡披出，从侧面看形成重檐形式（图6-3-16）。明间做法考究，额枋上大量使用撑栱，形态各异，包括鳌鱼、夔龙、花瓶、人物等。额枋和檐檩之间装菱花窗。台内三面廊做船篷轩天花，中央做斗八藻井天花，八个面分绘八仙彩绘（图6-3-17）。结构和装饰融为一体，具有强烈的地方乡土气息。

图6-3-15 古竹戏台正面（姚糖摄）

图6-3-16 古竹戏台侧面（姚糖摄）

图 6-3-17　古竹戏台天花（姚糖摄）

台口有匾无款，题"半入云"。台内设屏风，绘福禄寿三星彩绘。屏风上亦有匾无款，题"神人以和"，典出《尚书·尧典》："八音相克，无相夺伦，神人以和。"据村中老人介绍，每年农历五月十二日起要连演十天半月戏，除本村戏班外，还要请外地戏班。平时则每逢村中人家有喜事，都要请戏班唱戏庆贺。

四、婺源阳春戏台

阳春戏台位于婺源县镇头镇阳春村，为方氏宗祠门楼，双面祠堂台，始建于明嘉靖四十一年（1562年）。现存建筑具清代特征。

阳春古戏台砖木结构，宽 10 米，深 7 米，高 8 米，占地面积 86.8 平方米。台面高 1.7 米，由 8 根方柱、26 根圆柱支撑，前后台面积约 50 平方米（图 6-3-18）。

布局较独特，朝外一侧较狭窄，据当地老人称，也作演戏之用，但更多的时候是以帷幔遮挡，作为候场区。朝内一侧是常用的舞台，三开间，每间都是一个表演区，各有太师壁和"出将""入相"门，但彼此之间完全连通，无任何遮挡，既可作为一个通长的大舞台演出，也可供三个戏班同时演出，大大丰富了戏剧表演形式。后台则在两侧。

戏台屋顶为重檐歇山顶，屋顶六座飞檐左右前后对称，梁架角科斗栱，圆形尖角藻井，层层重叠（图 6-3-19）。台口用移柱造，以扩大明间台口开间。从后金柱到前金柱架一根粗大的梁，一直悬挑到前檐，前端承托左右的枋子和檩条，将前檐明间两根柱取消，三间变一大间，使表演场面十分开敞（图 6-3-20）。雕工精细，戏台中间明枋，雕刻有"双狮戏珠"图案。

因戏台建在宗祠的大门门屋内，所以台的正中有一排可以拆卸的台板，遇有重大仪典需打开宗祠大门通行时，便可将这一排台板拆卸，人们可以从戏台中间进出。

戏台后台的粉墙壁上，曾记录有"乾隆十五年七月詹关班"和"祥麟班"等到此演出徽剧的字迹。清乾隆十五年即 1750 年，此比"四大徽班"于乾隆五十五年（1790 年）进京时，还要早 40 年。

前连方家宗祠，祠堂离殿前观剧的院落宽 11.4 米，长 28.5 米，可容纳四五百名观众。

图 6-3-18　阳春戏台外景（姚糖摄）

图 6-3-19　阳春戏台内侧正面（姚糖摄）

图 6-3-20　阳春戏台表演区（姚糖摄）

注释

① 王鹤龄，王澄 . 中国祠堂通论 . 上海：上海古籍出版社，2013.

② 民国万载县志 · 卷二之三 · 营建 · 祠庙 .

江西古建筑

江西古建筑

第七章　工商业建筑

江西工商业建筑分布图

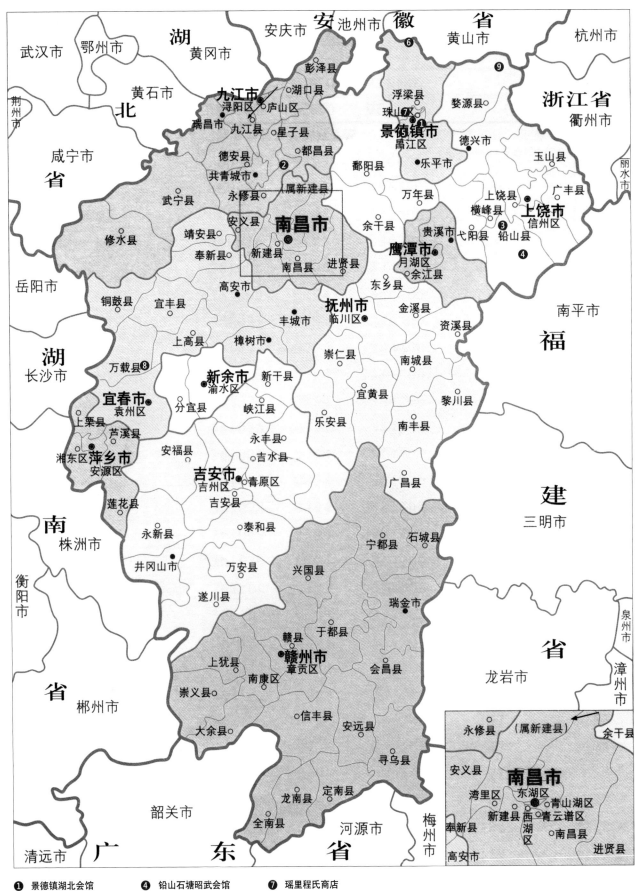

① 景德镇湖北会馆　④ 铅山石塘昭武会馆　⑦ 瑶里程氏商店
② 永修吴城吉安会馆　⑤ 景德镇古陶瓷工场　⑧ 万载南大路 98 号店铺
③ 铅山河口建昌会馆　⑥ 浮梁严台大新油坊　⑨ 婺源庆源怡生杂货店

（地图引自：中华人民共和国民政部编．中华人民共和国行政区划简册 2014．北京：中国地图出版社，2014.）

第一节　会馆

会馆是我国明清时期城市中产生的一种基于同乡性、同业性的社会团体，也称为"公所"、公会、试馆。迄今所知最早的会馆是建于明永乐年间的北京芜湖会馆，会馆在明嘉靖、万历时期趋于兴盛，清中期最多。

会馆多以县治为单位，也有以府治、省治为单位建立的。其主要作为同乡联谊互助、调解纠纷、行业业务往来接待的场所。会所作为一个民间的互助机构，在各地的经济文化生活中曾经发挥过重要的作用。

江西在明清时期的工商业极为发达，在宋代即出现"江右商帮"独领风骚，在明中后期及清前期仍然能与晋商、徽商三分天下。流布四方的江西商人挟雄厚的财力在各地兴建会馆。

由于会馆在社会经济生活中的独特作用，在江西省内工商业较为发达的城市和集镇，如南昌、景德镇、吴城等地，各地的客籍商人也建立了大量的会馆公所。在景德镇，瓷业的高度发展带动城市各业的兴旺，行商业瓷的客籍商人越来越多。他们为保护自己的利益，先后以地域、乡族关系结社或组织旅景同乡会、同业会等，并建立自己的会馆、书院、公所等活动中心。据记载，景德镇在明代就建有都昌会馆，但大多数的会馆均建于清代及民国时期。《景德镇陶录》记载，清嘉庆二十年（1815年）镇区有徽州、南昌、苏湖、饶州、都昌、临江六所会馆[①]。民国时期镇区则有会馆、书院、公所27所。

会馆建筑在建筑学上是个比较难分类的建筑形式，主要是其使用功能远比其他建筑要复杂多样。会馆建筑可以是同乡暂住寄居的旅馆，也可以是同乡同业会议、宴叙的会聚之所，可以是宗教祭祀性的场所，还可以是节庆演艺的剧场戏院。在许多行业性会馆（公所）中往往还可以作为办公机构及储存货物的货栈，同乡类的会馆中有的还会设置供同乡子女读书的书院。

由于使用功能的侧重点的不同及地域建筑的特殊性，因而会馆建筑的规模及形式在各地不尽相同。但总的来说，其建筑格局多从传统的宗祠建筑或住宅建筑演化而来，相对于较为严谨的宗教建筑来说又比较自由。

一般的会所会有门楼、正厅、客厅、厢房、戏台、天井（院）等几部分，按传统的天井或合院式格局沿纵轴线延伸。江西的会馆建筑布局多采用天井院纵向组合，层层递进。建筑用材地域性非常明显，主要使用砖木石等建材。主体建筑结构一般使用穿斗式木结构，较大的特殊空间如大堂、戏台等也有采用穿斗与抬梁式结构相结合的做法。

会馆的建筑外形一般较普通民居更为讲究，建筑风格上由于工匠技术风格的影响，在相近地域较易雷同。但会馆建筑在装饰风格上往往又受到会馆所有者原乡风格的浓重影响。如景德镇的福建会馆，在装饰风格上就带有明显的闽南风格。

一、景德镇湖北会馆

湖北会馆位于景德镇市珠山区彭家下弄13号，是景德镇市老市区极具特色的一处古建筑。当年是景德镇湖北籍客商聚会、议事场所，又称"湖北书院"，是目前景德镇市保存最完整、建筑规模最宏伟的一座会馆。

会馆建于清道光年间（1820～1850年），1946年设"湖北小学"，清代晚期曾作为御窑厂宫廷用瓷挑选地。

现状平面呈"口"字形，三开间，原状应不少于三进，现存两堂（即前堂、后堂）、天井和廊房，其余均被拆除改建，已基本无原建筑残迹（图7-1-1、图7-1-2）。前堂（现存）面阔三间，通面阔14.4米，通进深五间12.69米。后堂（现存）为高台式，为古代的戏台，面阔三间，通面阔14.4米，明间面阔5.51米。通进深四间12.025米。廊房位于天井两侧，做成开敞杆式楼台，通面阔一间5.02米，通进深一间3.1米。屋顶做飞檐，柱为方形青石，上端撑以木柱抬梁，楼台驼梁雕刻精美（图7-1-3）。廊房两侧与前、后堂之间是两个通廊。

图 7-1-1　景德镇湖北会馆鸟瞰（江西省文物保护中心提供）

图 7-1-3　景德镇湖北会馆右厢房（姚糖摄）

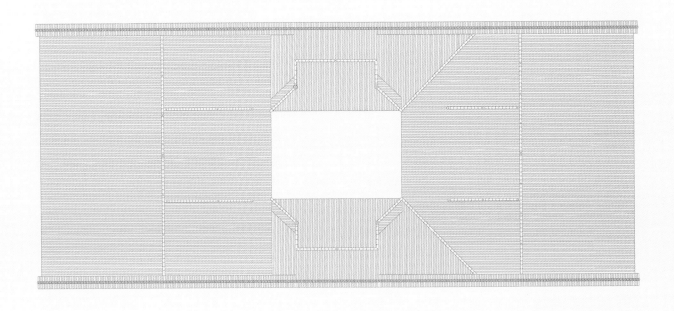

0　1米　　　5米

图 7-1-2　景德镇湖北会馆屋顶平面图（江西省文物保护中心提供）

柱有方形青石柱和杉木柱两种，柱础有古镜式花岗石础、方形青石柱础、瓜棱形柱础。

屋面类型有歇山式和硬山式屋面两种，其中前堂、后堂为硬山式屋面，廊房为歇山式屋面。屋面构造为圆檩之上铺钉扁椽，顺铺望板，檐部用飞椽，盖阴阳布瓦，底瓦为缸瓦，盖瓦为小青瓦。

墙体为非承重墙。砌筑样式有眠砌和一斗一眠砌两种，墙厚为 450 毫米。

房间内、廊道及天井内地面均为青石板地面。

二、永修吴城吉安会馆

吴城是江西古代四大名镇之一，同时又是赣江与修河入鄱阳湖之口，为江西古代经济商贸之重镇，吉安会馆则是古吴城的一座标志性建筑。

清嘉庆二十三年（1818年），在吴城的吉安籍商贾客商，为了方便集会、寄宿、休闲、联系业务的需要，共同筹银五万三千余两，购地一千余平方米，建成吉安会馆。清道光七年（1827年），吉安商会牵头组织，在吴城经商的吉安人筹银二万二千五百三十四两，对吉安会馆主体结构进行了大规模维修。此后直至民国早期，先后进行过三次扩建。2005年列为江西省文物保护单位。

吴城吉安会馆建在离街道2米高的岗丘之上，并充分利用山丘前后高差地势，前堂、中堂、后堂逐步增高，错落有致。门楼做成石牌坊式嵌于砖墙内，石门楼上方嵌有"理学名臣"匾，喻自唐宋以来文章节义之邦的吉安人聚集地。

吉安会馆坐北朝南，平面呈矩形，东西长，南北短。前为大街，左、右、后墙与民宅相临。原总体布局可分为三部分：前堂（含戏台）、中厅、后堂等，一进三开间（图7-1-4）。现存建筑实际仅前堂和戏台，仍为清代道光年间格局。现存本体总进深约17.23米，面阔约16.28米，面积约280.6平方米。

吉安会馆前门有一砖砌门楼，门楼形式为四柱三间五楼，门楼上有精美雕刻，形态生动，富有寓意，所雕图案均为民间喜闻乐见的戏文、瑞草飞鸟、延年益寿、喜庆欢乐的图案形式（图7-1-5、图7-1-6）。门楼中为双开镶拼木板门扇，青石压顶，门匾上书"理学名臣"。吉安会馆开有三个大门进出，正门为门楼大门，两侧为花岗石拱券，双开镶拼木板门扇，青石压顶，左侧门匾上书"居仁"，右侧门匾上书"由义"。

吉安会馆原用柱较多，柱为杉木柱和石柱两种。柱础的形式为鼓形柱础，规格大小不一，局部有雕刻。明间为抬梁式，二层天棚顶为葫芦形雕刻精美的藻井；次间为穿斗式。戏台明间上方设有椭葫芦形凹进藻井，造型独特，上绘菊花、如意等图案。戏台部位装饰精美，雕刻较多，整体木构架采用朱红色油漆，花纹上有金色油饰（图7-1-7、图7-1-8）。前堂地面为青条石地面。二层为木楼板地面。

正面外墙为青砖眠砌法，砖规格为280毫米×140毫米×60毫米。墙头为垒瓦脊。内墙为白色墙抹粉刷。屋面瓦均采用缸瓦，屋脊均为垒瓦脊。戏台明间屋面为悬山歇山形式，次间为硬山屋面，明间正面两角飞翘，造型优美，正脊为垒瓦脊。戏台正面檐口有勾头和滴水。

前堂左、右两壁分别镶嵌《吴城会馆简介》、《重修吉安乡祠全德堂记》、《重修乡祠数目列后》等青石碑刻。

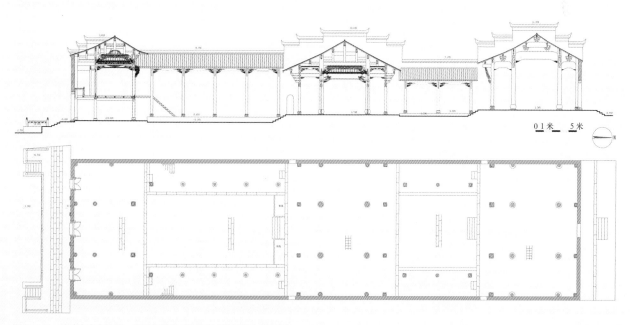

图7-1-4　吴城吉安会馆平、剖面复原图（江西省文物保护中心提供）

图 7-1-5 吴城吉安会馆沿街外景（姚赯摄）

图 7-1-6 吴城吉安会馆立面石雕（姚赯摄）

图 7-1-7 吴城吉安会馆背面外景（姚糖摄）

图 7-1-8 吴城吉安会馆戏台（姚糖摄）

三、铅山河口建昌会馆

河口镇至清乾隆、嘉庆年间（1736～1820年），工商业发展已达鼎盛时期。此时河口已成"舟车驰百货茶"的"八省货运码头"和"货聚八闽川广，语杂两浙淮扬"的江西四大名镇之一。当时设立在河口镇的会馆就有18处之多，建昌会馆乃其中之一。

建昌会馆位于河口镇解放街，南临大街，北隔信江与九狮山相望，由建昌府（今江西省南城、资溪、黎川、南丰、广昌五县）商人于清乾隆十四年（1749年）所建[②]，是河口镇十八大会馆中能够保存至今的唯一较完整的会馆。它不仅反映了当时河口商业的繁荣，也体现了清代会馆建筑的风格。建昌会馆1986年被公布为铅山县文物保护单位。

建昌会馆平面由两个矩形组成，前宽后窄，总体布局可分为四部分：进门为戏台楼，戏台楼后为前天井，天井宽15.66米，长14.69米，天井两侧各有一两层的走马廊，戏台楼和天井、走马廊组成一个近似正方形的院落，其后为享堂，享堂后为后殿，地势从前到后逐渐升高（图7-1-9）。

建昌会馆用柱较多，柱及柱础形式繁多，柱分石柱和木柱两种，明间柱一般为石柱，其余为木柱，柱础有鼓形、八角形等，规格大小不一，工艺较精美。

建昌会馆四周墙均采用下部2米处条石，其上方为青砖砌筑的形式，砌法为单丁一眠一斗，墙头为垒瓦脊。

建昌会馆屋面瓦均采用缸瓦，屋檐均用飞椽出挑。屋脊均为垒瓦脊。地面除戏台地面为条石铺砌外，其余均为三合土地面。

建昌会馆正立面处为一石牌楼嵌入正立面山墙，三开间四柱冲天式，开有三个大门进出，由大门进入后，从戏台下方穿过戏台到达戏台楼正面，两侧各设一木楼梯上戏台。戏台楼七开间，面阔25.42米，进深9.83米，面阔明间大于次间，梢间又次之。地面为条石铺砌。

戏台楼采用穿斗式结构梁架，戏台楼明间上方设有藻井，藻井四周有七踩斗栱支撑，明间及次间前部设船形篷，屋面与其下梁架之间用如意斗栱承挑。

戏台楼屋面前部约3.7米宽为两坡水屋面，后部为五凤楼形式，重檐歇山顶，四角飞翘，形似展翅欲飞的雄鹰，造型优美。正脊为垒瓦脊，中有一宝葫芦顶。

戏台楼上装饰繁杂、精美，雕刻极多，花纹上有金色油饰，涂黑色油漆。

中天井两侧走马廊为双层三开间，面阔13.56米，进深3.9米，内部有一木楼梯上二层，二层与

图 7-1-9　河口建昌会馆剖面图（江西省文物保护中心提供）

图 7-1-10　河口建昌会馆享堂前廊（姚糖摄）

戏台连通。屋面为单坡水（内做假屋面，形成两坡屋面），垒瓦脊。穿斗式梁架，二层前柱之间有门罩装饰。地面为三合土地面。

享堂由两个殿堂组成，两殿中间有两个天井，两殿之间两侧各有一廊，廊中开有门通向室外（图7-1-10）。享堂为三开间，面阔 19 米，总进深 21.83 米。享堂采用穿斗式结构，明间、次间上均设有藻井，藻井用十字斗栱承托，前殿前檐下方设如意斗栱支撑（图 7-1-11）。前殿前廊部明次间上方均有船形篷，后殿明间无，两次间有船形篷。

享堂前、后两殿屋面中搭有一悬山歇山屋面，带宝葫芦顶，造型美观。

享堂地面采用三合土地面，天井用条石铺砌。

后殿为五开间，右侧开一通道通往建昌会馆外部，因此右梢间面阔远小于左梢间。后殿坐落在 1.4 米高的石台上，明间前部突出，整体呈"凸"字形。

后殿为穿斗式结构，柱、梁、檩径均较大，前后均带船形篷。明间前部突出部分上方设有一悬山歇山屋顶。梁架雕饰精美，次间与梢间正立面设有花格窗。正面平台周边设有石栏杆。

图 7-1-11　河口建昌会馆享堂藻井（姚糖摄）

图 7-1-12　石塘昭武会馆四进构架（姚糖摄）

四、铅山石塘昭武会馆

昭武会馆位于铅山县石塘镇。建造者为抚州、建昌两府（今抚州市）商人。因今抚州市域在五代杨吴统治时期称昭武军，故称昭武会馆。

石塘镇历史上是闽赣交通要道和货物集散地，是铅山县造纸业中心之一，有"武夷山下小苏州"之称，至今仍保存大量古建筑，是江西省历史文化名镇。

昭武会馆始建于清乾隆十五年（1750 年），原建筑面积约 2600 平方米，原馆前有戏台，天井两侧有酒楼，二进是大会客厅，三进是议事堂，四进是祭祀殿，还有厢房、侧室多间。现仅存第四进，面宽 20 米，进深 14 米，占地面积 280 平方米，砖石木结构，用材硕大，规模宏大，木雕精美，栩栩如生，保存较好（图 7-1-12）。

第二节　作坊

　　传统的手工业对家庭的依附性很强，规模小，专业化程度也不高。一般不需要非常专业的作坊，也就很少有特别专业作坊建筑的营建。江西传统的作坊遗存不多，现存的作坊大致可分为三种类型：前店后坊型、独立型、手工工场型，这三种形态与江西传统手工业的经营模式相适应。前店后坊型是以家庭为基础的产销一体的经营方式，如大部分乡镇的豆腐坊、米粉铺、铁匠铺等都是这种类型。独立型多为以家族、村落为服务对象的加工型经营模式。如乡镇的碾坊、油坊即多是这种类型。这种作坊建筑也比较独立，专业化程度也比较高。手工工场型则是由于有些行业出现了专业化程度比较高的分工合作后，产生的多家族组合协作的经营模式。这种作坊是近代中国工厂制车间的雏形，如景德镇的陶瓷生产作坊。

一、景德镇古陶瓷工场

　　由于景德镇很早就拥有当时最先进的制瓷技术和经验，其生产作坊很早就有趋向定型化的特点，其分工的细致，作坊的专业化、标准化达到了很高的程度。

　　（一）坯房、窑房

　　景德镇保持着近千年的制瓷领先地位，拥有当时最先进的工艺和生产窑具，自然也拥有最合理和最成功的制瓷工场。新中国成立后，这种古代制瓷工场——坯房和窑房，还保留着几百处。随着陶瓷生产工艺的发展和技术改造，这些古代制瓷工场渐渐被淘汰拆毁，留下的已经不多了。但是，这些古陶瓷工场的坯房和窑房，却代表着我国建筑的成就，是我国古工业建筑遗存中珍贵的实例，同时，也是研究中国建筑史的重要课题。

　　景德镇生产瓷器的古作坊分坯房和窑房两大类。坯房实为原料制备和成型车间，而窑房则是古代热工车间。由于景德镇有先进的制瓷技术和经验，所以它的工场建筑就趋向定型化的特点。

　　坯房分圆器与琢器坯房两大类，其基本形式相似，只是因生产需要而尺寸稍异。坯房内组织了从原料精制做坯成型到利坯（修坯）、釉下装饰、施釉、干燥至半成品的系列工序。它采用流水作业形式。制坯分工之精细与组织之严密，至今令人叹服。明人宋应星在《天工开物》中描述景德镇瓷器生产时说："共计一杯工力，过手七十二方克成器，其中微细节目尚不能尽也"[③]。可见当时把每一道工序分割得相当精细，因此，也就能精确地计算出它最经济的生产位置和最合理的组织形式，成为几百年来变化不大的工场建筑的类型。

　　每一组坯房似封闭的三合院和四合院，由三栋或四栋向内院敞开的建筑组成。面南称为正间，是制坯的主要工场。它是由每间面阔八至十尺，进深约二十尺，檐高约九尺（注：指市尺）的定型单元组成。间数多少则由生产不同产品和规模决定。正间相对面北为廒间，间数与正间约相等。但开间与进深尺寸较小，是原料储存、加工粉碎的辅助用房。正廒间相连面东的披屋，供糅泥和陈腐（瓷泥的储存期）之用，中间的内院俗称晒架塘。中间砌筑着若干个水塘和存泥塘，周边放置若干大木桶，是储水、供水和聚积泥坯以及淘泥陈腐的地方，在其上设置活动木架以便晾晒瓷坯。晒架塘是"晒架"与"塘"的合称，一上一下，一干一湿，上面架空利用自然干燥。地下筑塘保持水分不易蒸发，这种利用空间、缩短操作距离的布局，达到了最完美的地步（图7-2-1）。晒架塘东南隅往往留出一块园地进行绿化和摆设盆景，使工场内洋溢着生活的气息，反映出瓷工们爱美的特性。

　　坯房是穿斗式的木结构，冷摊小青瓦屋面，有四面用窑砖砌筑的封闭围护外墙。为了让出下部操作空间而把中间柱列减去，采用并合木梁或略带起拱的横梁支托上部结构。并且利用构架间的连系杆件分列在不同标高上，以便存放晾坯的条板（图7-2-2）。这种建筑构件与存放瓷坯的支架合为一体的形式，能达到最经济地使用材料和最充分地利

图 7-2-1　景德镇坯房晒架塘（姚糖摄）

图 7-2-2　景德镇坯房内景（姚糖摄）

用内部空间的目的，同时，为便于从室内构架上抽出坯板，放到室外晒架上，正间地坪要比内院地坪低 15 ～ 30 厘米。在做坯工序的中部有一条宽 12.8 厘米、深 238 厘米的地坑，以安放制坯和修坯的辘轳车，做坯工人可以席地而坐，进行操作。正间外是一条挑檐的走道，地坪略高于室内地面，是联系每道工序的交通地带。由于制坯分工繁复精细，每道工序都得由杂工的传递来完成，这就需要大量的体力运输，所以必须把运输路线和取存高度减小到最低值。

　　景德镇的每组坯房（包括内院）约占地 600平方米，它安排了一个或几个品种的原料制备到成型和釉下装饰的全部工艺，使之与建筑空间布局达到最和谐完美的统一，也最节约建筑材料和营造费用。

　　古窑房要完成存坯、装匣、烧炼、开窑、检选等各工序，其大小决定于窑具的规模，一般每栋窑房面积接近 1000 平方米，为二层木构建筑。目前，景德镇保留和继续使用的有旧城区内建国瓷厂的易家窑和古陶瓷博览区古窑房两座。其中，古陶瓷博览区古窑房系景德镇"镇窑"搬迁而来，2013 年列为全国重点文物保护单位（图 7-2-3 ～

图 7-2-5）。

　　景德镇现存的使用松柴为燃料的柴窑，是宋代以来发展而成最古老的窑炉之一，也是景德镇烧炼某些特有的传统产品最适合的窑炉（图 7-2-6、图 7-2-7）。古窑之窑炉呈长锥形，长五十四尺，宽十五尺，是用 80 毫米 ×180 毫米 ×25 毫米窑砖砌筑的薄壳结构。窑顶尾部直接砌筑一支出屋顶高约 21 米的薄壁烟囱（用仅有 80 毫米的窑砖垒砌），拱顶下端的窑墙，是带空气的双层侧壁结构，内衬使用价值低廉的窑砖。虽然每年翻修更换一次，但比起价格高昂的耐火材料还是经济的。因为这些砌窑用的窑砖是放在窑炉低温窑位（在烟囱道口的位置）烧成的副产品，属余热利用，所以窑户老板大可不必依赖别人供应建窑材料，而且换下来的窑砖还可以作为坯房和民房的建筑材料。

　　窑房是穿斗式木构架建筑。窑炉位置约占窑房 1/4 面积，除去窑炉所占空间，其他均为二层结构。二层楼面平窑篷拱脚标高，底层高度仅九尺，为装匣、开窑、选瓷之用。二层柴楼主要用来储备松柴。楼面在窑门前的位置有一闸口，松柴通过闸口即可滑到窑前，以节约烧炼时搬运燃料的时间和劳力。窑房内还布置有窑工的浴室和管理账房，其面积和

图 7-2-3　景德镇镇窑外景（姚糖摄）

图 7-2-4　景德镇镇窑近景（姚糖摄）

图 7-2-5　景德镇镇窑内景（姚糖摄）

图 7-2-6　景德镇柴窑外景（姚糖摄）

图 7-2-7　景德镇柴窑内景（姚糖摄）

空间也安排得非常经济合理。

　　窑房建筑体积大，且楼面负荷重，所以本构架使用的材料，都是质地坚硬的杂木，且多为不易腐朽的槠树。构架是九尺×九尺的方形柱网，梁柱均为砍去枝丫，削去树皮的自然躯干。工匠非常巧妙地利用曲木的重心立柱及其弯曲外形起拱梁架。构架不区形制，恍如一片枯槁的森林，施工制作十分独特。二层为储存松柴燃料的地方，一般每窑次要耗柴七百担，其间要储存三四个窑次的燃料。那么楼面负荷每平方米达一吨以上。所以楼层的承重梁，采用高近一尺六寸的拼合板梁，直接用板榫穿入柱内，其下设托木或斜撑以减少梁的净距。梁上密铺楼栅，楼面用 6 厘米厚的跳板铺成。

　　屋面坡度近于四分水，屋面是冷摊的小青瓦，屋面作局部升起以利散热通风。这是我们看到的最早的通风屋脊。

　　窑房外有砖砌或石垒的台阶，使窑柴挑夫可在室外直上柴楼。窑房内沿窑墙也有一砖砌台阶，方便"把桩"师傅（烧窑总领技师）迅速登上窑篷观察火候。

（二）刘家弄古作坊群

　　刘家弄古作坊群，位于景德镇市老城区南部，东邻中山南路，南至刘家下弄，西临沿江东路，北接玉路下弄，面积约 4600 平方米，属清至民国时期的民间瓷业建筑。

　　该古作坊群多建在数米高的窑业堆积上，地处明、清至民国时期的槎窑集中区。其建筑外墙、挡土墙、坡道等多以窑砖、麻石、窑渣等砌成。它分为正间、廒间和泥房三座单体建筑，呈庭院式布局，是瓷业成型的专用建筑。其中，正间为成型场所，多坐北朝向；廒间为原料仓库，一般坐南朝北。二者相互平行，南北呼应。泥房处在正间西侧，向南伸展而与廒间相接，是泥料陈腐和精制之处。中部为矩形庭院，各间均向内院敞开，四周砌围护墙，构成一个封闭式的四合院形式。

该古作坊建筑形式的出现，系由陶瓷行业的特殊性和工艺的繁复性所决定的。由于成型操作多半是在湿或半干状态下进行，坯体在每道工序流转过程中都要经过干燥程序，因而采用庭院式建筑形式既便于生产场所的集中管理，又可为自然干燥创造良好的日照条件。

在建筑结构上，刘家弄古作坊群采用了我国传统的建筑技法，即在建筑最下层以砖石为基础，中间为木结构的屋身，上面施以"人"字形屋顶。而木结构架形成空间（称为"间"）。这种建筑结构，具有构造简单、用材节省、建造方便的特点。

在并联构架时，把部分连系杆分列在木构架的不同高度上，构成坯架，并使二者浑然一体，这是作坊建筑构造上的又一种特点。

建筑四周围护墙用过火窑砖和窑渣砌成（图7-2-8），内墙面刷以白石灰，以增加其抗蚀性和室内光线。

刘家弄古作坊群内部构架和布局多数较为完整，具有很强的原真性和观赏性，是目前发现的景德镇老城区保存较好的作坊群（图7-2-9）。

刘家下弄63号古作坊，临近沿河东路，坐北朝南，呈庭院式布局。长约29.48米，进深约9米，顶高5米。分为正间、廒间和泥房三大部分，整个建筑均由窑业废弃的小窑砖砌成，梁架为穿斗式，正间共9间，廒间和晒架塘都改造成居民晒场，但是，整体作坊建筑风貌未改变，是景德镇市目前保存较完好的清代作坊建筑遗存。

刘家下弄61号古作坊临近沿河东路，与刘家下弄63号古作坊为邻，坐北朝南，四合院布局，通高5.2米，建筑墙体与路面均由过火小窑砖砌成，形成了景德镇独有的建筑风格（图7-2-10）。该建筑现已改为民居。

二、浮梁严台大新油坊

大新油坊位于浮梁县江村乡严台村。该村在明

图7-2-8　窑砖和窑渣砌筑的墙体（姚赣摄）

图7-2-9　刘家弄作坊入口（姚赣摄）

图7-2-10 刘家下弄61号古作坊外景（姚糖摄）

末清初经济发展到鼎盛时，先后建造了五座油坊，现仅存一座大新油坊，也是目前省内发现的唯一一座保存较完整的传统油坊。

油坊位于严台村外西侧，由两座建筑组成，西侧一座为作坊，东侧一座为铺面（图7-2-11）。外观古朴，建筑形式独特，作坊建筑特征明显。建筑无天井，内部的采光、通风基本上都是来自于四面墙体上开设的透窗，屋面为简易四坡顶。与村内祠堂、住宅的空间格局和特征完全不同。

作坊占地面积410.78平方米。内有保存至今的一套完整的清末民初时期的纯手工榨油设备，包括油料烘焙、油料过筛、石碾槽、石碾轮、蒸锅、人工木榨等设备（图7-2-12、图7-2-13）。建筑进深十间，通进深34.41米。进深一至八间，在建造时，可能是出于考虑榨油工艺流程的便利合理运用，面阔只有两间，但开间较大，明、次两间通面阔9.52米。进深九至十间，面阔增至三间，通面

图7-2-11 严台大新油坊外景（张义锋摄）

图 7-2-12 严台大新油坊底层内景（张义锋摄）

图 7-2-13 严台大新油坊二层内景（张义锋摄）

图 7-2-14 严台大新油坊转角木构架（张义锋摄）

阔 13.1 米。进深第一、二间的明、次间作一、二层通道之用，进深第三间为油料烘焙用，烘焙箱上面楼板上有一小孔口，为油茶籽下筛口，进深第四间为仓库房及户外通道。进深第五、六间为油料过筛、碾料处。进深第七、八间为蒸料、人工木榨处。进深第九、十间作一、二层通道用。

铺面占地面积 319.98 平方米，一层为店面、成品库房和伙计房，二层为原料库房。进深有七间，通进深 23.02 米，面阔三间，通面阔 12.79 米。进深第一、二间的左次间，为成品油囤油房，明间为过秤处，右次间为伙计房、营业店铺。进深第三间的左次间、明间为两栋建筑边接通道，右次间为管账房。进深第四间的左次间、明间为一、二层通道。二层作仓库用，仓库间间相通。二层进深第三间的左次间与作坊二层第四间的右次间为油茶籽运输通道。

大新油坊总占地面积 730.76 平方米，是较为少见的大面积、大规模而保存又比较完整的油坊。

两座建筑均采用穿斗式木结构（图 7-2-14），布局紧凑合理，空间利用恰当，工艺保存完整。

第三节　店铺

江西现存的传统商店（店铺）多是由住宅演变而来的前店后宅、前店后坊类型。在建筑格局上均依附于住宅布局，仅在沿街铺面上作适应商店的功能化处理。如采用推板木门，减少内部隔墙，利用阁楼作货物储藏。一般在室内设置柜台，有在临街设置柜台的则在柜台上截加推板木窗。在沿街则一般要加设挡雨披檐便于顾客购物。

一、瑶里程氏商店

明代的村镇商店在国内似未曾发现，景德镇却留有多处遗物。虽残存至今，几经改换，到现在大多成为住宅，但还可以依稀辨认其商店建筑的痕迹。

第七章

二六六

图 7-3-1　景德镇陶瓷博览区复制的瑶里程氏商店全景（姚赯摄）

如蛟潭兴溪桥黄杨柳宅、苏银好宅、瑶里程兴旺宅等，原来都是商店建筑。

瑶里程氏商店为景德镇明代农村店铺的代表实例，位于浮梁县瑶里镇，约建于明天启年间（1621～1627 年）。1982 年，在景德镇陶瓷博览区"明闾"按原物复制了一栋。商店一式三开间店面，中为板门店堂，两次间为板门柜面（图 7-3-1）。东次间底层柜台向外凸出，上加披檐，很像万历年间绘制的"南都繁会图"里店面的形象（图 7-3-2）。三开间的店面均有阁楼，不设固定楼梯，仅作存货之用，但做工并不马虎，临街装有较为精细的隔扇窗（图 7-3-3）。中堂与两次间间隔似也应为柜面，后改作板壁墙，隔出房间居住。商店构架皆为穿斗式，朴素无华，只求实用。商店店面与内宅紧相连接，用墙分隔。入口处都有半个天井，像是两栋建筑毗连而成。这样可以保持居住的安宁。住宅做法与一般的民宅无异。

二、万载南大路 98 号店铺

万载南大路位于万载县老县城内，原称南门街，又称横街，是县城南门内的一条大街，全长约 500 米。直至民国年间，为万载县城内主要商业街，街道两侧建有大量店铺。现商业活动已严重衰退，仅有少数店铺建筑保留下来，功能亦变更为以居住为主。

南大路 98 号是保留相对完整的店铺之一，建造于清末，系一座带阁楼的单层建筑，五开间店面，阁楼为库房，背街一侧有披屋，与后面的住宅部分相连接。结构以穿斗式木结构为主，仅两端为山墙承檩（图 7-3-4、图 7-3-5）。

三、婺源庆源怡生杂货店

庆源村位于婺源县东北部的段莘乡，建村于唐开元年间（713～741 年）。这里地处山区中的小盆地，峡谷深幽，交通向来不便，几乎与世隔绝，有"小

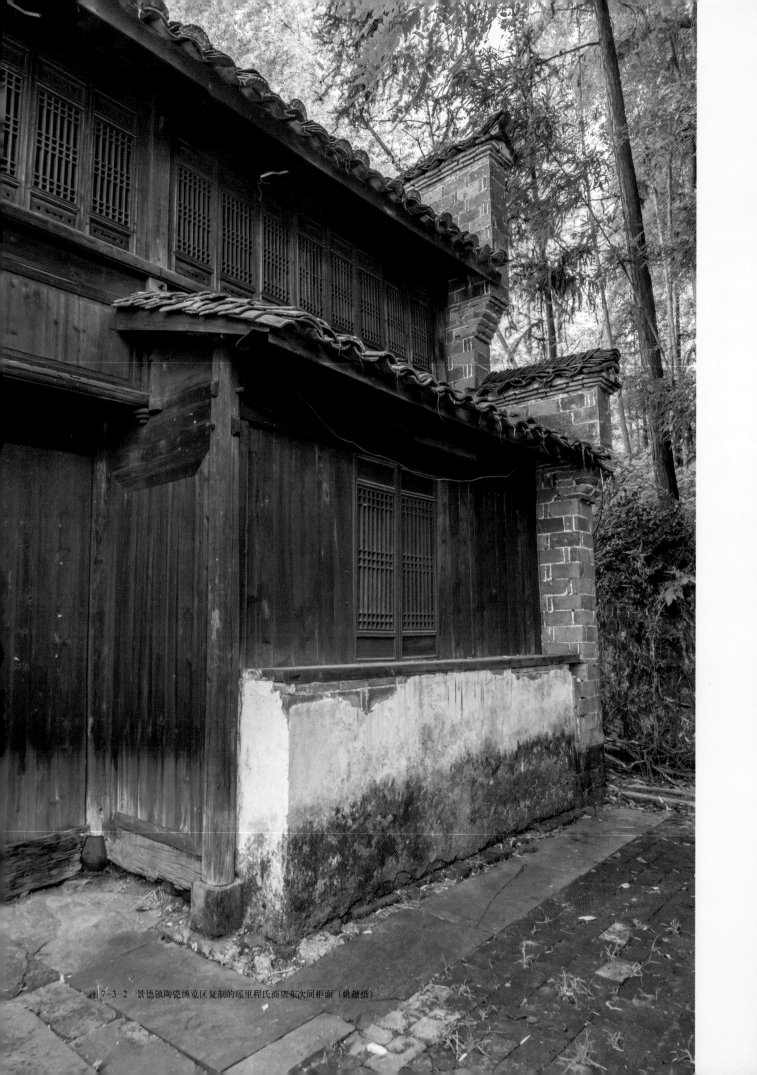

图 7-3-2 景德镇陶瓷博览区复制的瑶里程氏商店东次间柜面（姚糖摄）

图 7-3-3 景德镇陶瓷博览区复制的瑶里程氏商店阁楼隔扇（姚糖摄）

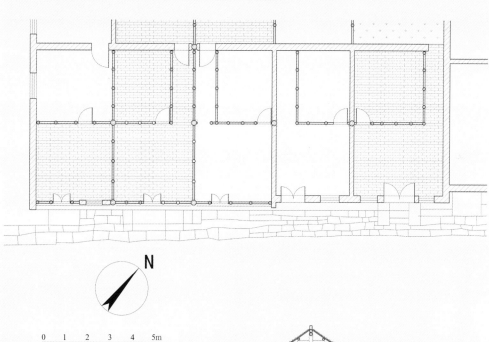

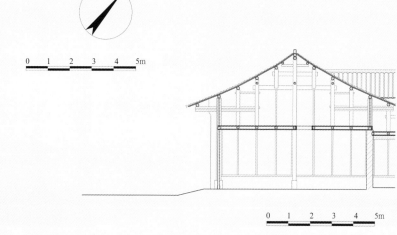

图 7-3-4 南大路 98 号店铺平、剖面图（南昌大学建筑系提供，聂璐等测绘）

图 7-3-5　南大路 98 号店铺南段外景（南昌大学建筑系提供）

图 7-3-6　庆源怡生杂货店正面（姚糖摄）

图 7-3-7　庆源怡生杂货店西次间（姚糖摄）　　　　　　　　图 7-3-8　庆源怡生杂货店墨书字号（姚糖摄）

桃源"之称。庆源村口"别有天"古亭内现仍留有古人绝句"空山隐卧好烟霞，水不通舟陆不车，一任中原戎马乱，桃源深处是吾家"。

　　庆源村至今商业仍不发达，店铺甚少。村中部却保留有一座独立建造的商店，约建于清末民初，现已停止营业。店铺二层三开间，底层为营业部分，明间设板门，两次间为砖砌栏墙，设板窗，并加木窗栏（图 7-3-6、图 7-3-7）。西次间栏墙因面对小桥，嵌有"泰山石敢当"石刻一块。二层为居住部分，以卷轩方式挑出，明间满开隔扇窗，两次间仅中部开隔扇窗，两侧均为板壁。硬山顶，五花马头墙。白粉墙与深色木材形成强烈对比。山墙内侧尚保留墨书字号，横书小字"怡生"，竖书大字"广闽襟货"（图 7-3-8）。

注释

① （清）蓝浦，郑廷桂著 . 连冕编注 . 景德镇陶录图说 . 济南：山东画报出版社，2004.

② 同治铅山县志 · 卷七 · 建置 · 附各会馆 .

③ 潘吉星著 . 国学经典导读：天工开物 . 北京：中国国际广播出版社，2011.

江西古建筑

江西古建筑

第八章　其他

江西其他（园林、亭台楼阁、牌坊、桥梁）分布图

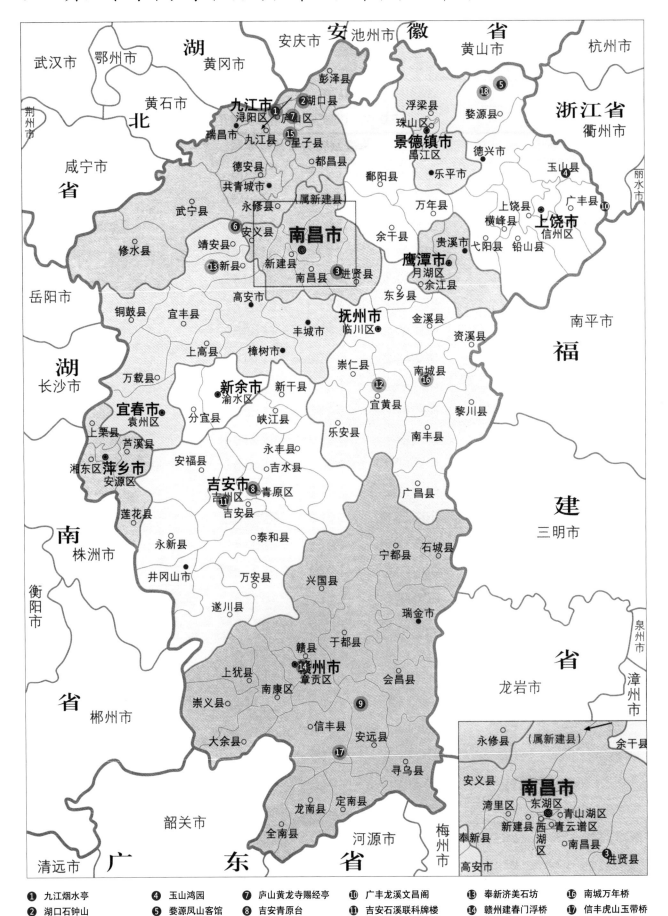

（地图引自：中华人民共和国民政部编. 中华人民共和国行政区划简册 2014. 北京：中国地图出版社，2014.）

第一节　园林

由于地形和气候的复杂性，江西的植被分布具有明显的多样性。植物种类丰富，计有高等植物5000多种，其中包括特产于我国的许多特有种，如著名的观光木、半枫荷、珙桐等，此外，又有多种古老植物。整个植物群落的特点呈现出明显的亚热带特征。尽管由于长期的人类活动和破坏，原始植被保存较少，多为次生的半天然林和人工林，但植被类型仍然非常丰富。在广大的低山丘陵上有大面积的亚热带草地和灌丛；在沿江湖滨冲积形成的平原和湿地间分布着大片草甸和水生植物。在山区，由于海拔高度的影响，植被的分布有明显的垂直变化，而又和地理位置有关：常绿阔叶林在南部一般可达海拔1500米，而北部只限于海拔600～800米以下；在此以上则随高度增加依次出现常绿阔叶林、山地针阔混交林、台湾松林和山地落叶矮林，以及山地草甸等植被类型，局部山地间盆地还有沼泽分布。

因此，得益于复杂的地形、多变的气候、丰富的植物资源和多样化的植被形态，江西具有一个十分宜于发展园林景观的自然环境。

在另一方面，江西的历史经济文化发展也为园林景观的发展提供了有力的支持。江西是中国山水文学艺术的重要发源地，晋代即有陶渊明隐居庐山，创立了山水诗的传统；唐代白居易长住庐山，建"庐山草堂"，且多有诗文吟咏，影响巨大，是为中国园林发展史上重要的里程碑；入宋之后，江西园林进入其黄金时期，不但有众多的私家园林如奉新华林胡氏别墅，樟树向子諲（1085—1152）芗林园，而且在部分地方性中心城市，公共园林也异常发达，如南昌之东湖、九江之甘棠湖、宜春之宜春台，均有丰富的记载。由于经济发达、文化繁荣，建造园林的风气甚至影响到了村镇，如吉安县永和镇，五代时才开始"民聚其地"，形成聚落，但到北宋后期，镇里已经出现了相当数量的园林景观建筑或场所，如读书台、堆花井、双秀亭、莲池等；镇里的清都观建有相当规模的花园，有三台、阁、轩、亭、池沼、

庵室，等等，据时人记载，"游人至此，洒然爽恺，不知其身之在井邑。"[①] 从明代直至清代中期，江西园林仍保持一定程度的繁荣。以南昌明代宁王府为代表的贵族府邸园林，以吉安青原山为代表的宗教园林，以抚州汤显祖（1550—1616）玉茗堂为代表的私家园林，包括南昌青云谱这样的寺观园林，均为一时之选。

园林传统在近代江西逐渐衰落。近代时期，江西经济不振，兵灾却连绵不绝，传统的土地绅士阶层，以及依赖土地的宗教集团均遭到严重打击，私家园林和宗教园林都日益凋敝，城市公共园林亦失于修葺，逐渐衰败，如宜春台至清末，已仅余几间旧屋而已。以至于时至今日，江西园林遗存已极为匮乏。

一、九江烟水亭

九江烟水亭，坐落在九江市旧城西南郊外甘棠湖中小岛上。相传北宋周敦颐始建亭于湖中，以白居易《琵琶行》诗有"别时茫茫江浸月"之句，名为"浸月亭"。另有一说为其子周思所建，亭亦不在湖中，而在湖边堤上。此后屡有兴废。至明万历年间（1573～1620年），督关主事黄腾春在湖中小岛上筑台，建亭一座、堂三间，取与白居易同时的诗人徐凝《长庆春》诗"山头水色薄笼烟"句之意境，取名"烟水亭"。后人又相继修葺增建，建有五贤阁、众妙楼、翠照轩等建筑，遂成一集殿阁亭轩之建筑群，成为九江旧城的一处近郊公共园林（图8-1-1、图8-1-2）。清咸丰三年（1853年）毁于太平军攻九江之役。清同治七年（1868年）以后陆续修复[②]。同治十二年（1873年）德化县（即今九江县）知县陈鼐筹资在此重建浸月亭、船厅、亦亭等。清光绪年间又重建五贤阁，并增建纯阳殿、戏楼、焚香听雨轩等建筑（图8-1-3、图8-1-4）。

1972年，新建曲桥一座，自湖畔蜿蜒接于亭上。1987年，增建仿古建筑"周瑜点将台"。现为江西省文物保护单位。

烟水亭地处湖心岛，整个平面呈圆形格局，烟

图 8-1-1　烟水亭——自城市看全景（姚糖摄）

图 8-1-2　烟水亭——自湖边看全景（姚糖摄）

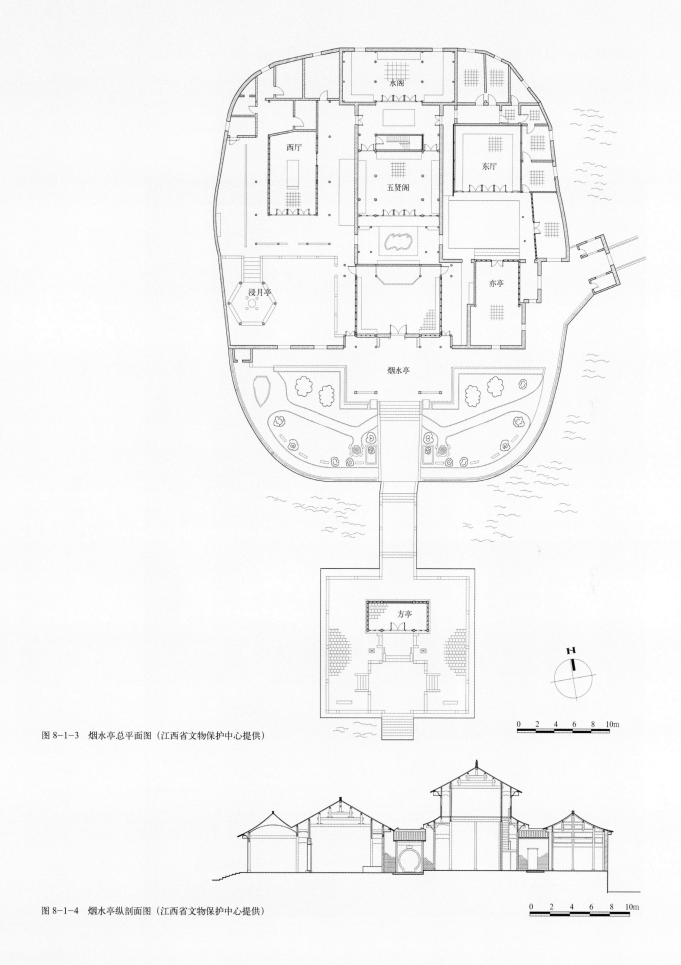

水阁

西厅

东厅

五贤阁

浸月亭

亦亭

烟水亭

方亭

图 8-1-3　烟水亭总平面图（江西省文物保护中心提供）

0 2 4 6 8 10m

图 8-1-4　烟水亭纵剖面图（江西省文物保护中心提供）

0 2 4 6 8 10m

水亭位置居中，其后依次为五贤阁、纯阳殿，东为翠照轩、听雨轩、亦亭；西为浸月亭和船厅。建筑单体平面呈"凸"字形，由主体建筑和前庑组成。主体建筑面阔三间，进深一间（图8-1-5）。

五贤阁是烟水亭唯一的重檐建筑，底层面阔三间，明间进深二间，两次间进深一间（图8-1-6）。旧时烟水亭是本城民众祭祀先贤之处，五贤阁内纪念的五位贤士和贤吏是：田园诗人陶渊明、江州刺史李渤、江州司马白居易、宋代理学大师周敦颐、明代理学大师王阳明。

图 8-1-5 烟水亭近景（姚糖摄）

图 8-1-6 烟水亭五贤阁（姚糖摄）

二、湖口石钟山

湖口石钟山位于鄱阳湖出口长江南岸，紧邻湖口县城双钟镇。实际上一共有两座山，位于镇南的叫上石钟山，位于镇北的叫下石钟山，相距约 1.3 公里。石钟山之名，最早见于汉代桑钦的《水经》："彭蠡之口，有石钟山焉。"北魏郦道元作《水经注》四十卷，称石钟山下临深潭，每当风起浪涌，水石相击，发出如击钟的声音，故而得名。北宋元丰七年（1084 年），大文学家苏轼与长子苏迈登临石钟山，作《石钟山记》，流传千古。

石钟山地势险要，陡峭峥嵘，控扼长江及鄱阳湖，号称"江湖锁钥"，自古为兵家必争之地。长江的江水与鄱阳湖的湖水在山下汇合，江水浊而湖水清，形成清晰的分界线。登临山上，既可尽览江湖波光，又可远眺庐山烟云，自古以来就是游览胜地。现上石钟山为军事用地，不对外开放。下石钟山仍为湖口主要的旅游景点（图 8-1-7）。

石钟山作为名胜的景观营造大约始于唐代，历经兴废，现仍存怀苏亭、半山亭、绀园、船厅、江天一览亭、钟石、报慈禅林、听涛眺雨轩、芸芍斋、石钟洞、同根树等景点，几乎全为清末重建。

图 8-1-7　下石钟山卫星图（Google Earth）

"昭忠祠"、"报慈禅林"、"浣香别墅"为湘军水师将领彭玉麟于清咸丰八年（1858年）从太平军手中克复九江后兴建，旨在祭奠在湖口与太平军交战中阵亡的湘军水师将士及纪念历代游山名人。

昭忠祠，位于下石钟山顶西北，前临长江与鄱阳湖，气势恢宏（图8-1-8）。前殿、正殿原用于陈设湘军水师阵亡将士灵位，两碑廊刻有历代名人诗词字碑。

报慈禅林，东邻昭忠祠，为彭玉麟为超度其母亡魂而建，前殿设有戏台，每逢庙会，都要集僧诵经，请戏班演出。现存建筑为清光绪二十九年（1903年）火灾后重修。

浣香别墅，西邻昭忠祠，为彭玉麟读书、休养、待客之所。

"太平楼"，原名飞捷楼，位于下石钟山顶东侧，清同治三年（1864年）由湖口镇军丁义方主持兴建，太平楼落成之时，适逢清军大败太平军之讯传来，故彭玉麟以"飞捷楼"命名之。

桃花涧又名渔人精舍，取意陶渊明《桃花源记》（图8-1-9）。洞内有三个不同的"梦"字，为彭玉麟手书。

上谕亭位于山之北面，为两层八角，又名八角亭。原在通济门（北门）内孝感坊。清乾隆五年（1740年）建，清咸丰四年（1854年）兵毁。咸丰七年（1860年）彭玉麟建亭于此，立上谕碑，亭名及碑文为曾国藩手书。

梅花厅位于全山最高处，又名六十本梅花寄舫，四周原有梅花60株，均为彭玉麟所植[3]。

从绿荫深处至锁江亭，沿长廊壁间，陈列着历代与石钟山有关的名家简介、浣香别墅、唐魏征手书碑刻及全山宋、元、明、清历代碑刻及石刻（图8-1-10）。

2013年，"石钟山文化景观"，包括石钟山古建筑和石刻，被列为全国重点文物保护单位。

图8-1-8　石钟山昭忠祠（姚糖摄）

图 8-1-9　石钟山桃花涧（姚糖摄）

图 8-1-10　石钟山题刻（姚糖摄）

三、进贤艾溪陈家羽琤山馆

羽琤山馆位于南昌市进贤县架桥镇艾溪陈家村。造主系本村人士陈兴喆，光绪十二年（1886年）进士，曾任四川江油（今四川省江油市）、广东四会（今广东省四会市）等县知县，民国初年又曾出任首任江西省通志局局长。陈兴喆从清光绪元年（1875年）起兴建羽琤山馆，起初只是作为住宅之用，之后逐渐将其建成一座乡村宅第园林。

羽琤山馆占地面积约4360平方米，由诒经室、宝俭庐、还读楼、涵春池、恋春阁、磨砚山房、洁馨屋、生产作坊、仆人用房及饲养用房等多处建筑组成，其建筑功能集起居、读书、会客、议事、休闲娱乐于一体。现存庭院及建筑面积约2000平方米。2013年列为全国重点文物保护单位（图8-1-11）。

羽琤山馆坐北朝南，原有木匾，悬于正门上方，为清末民初闻人徐世昌所书，21世纪初被盗去无踪，现仅存旁门红石小匾。

羽琤山馆共分四路，由东而西分别为诒经室、宝俭庐、还读楼及涵春池及磨砚山房，涵春池以北为恋春阁。

诒经室为藏书楼，宝俭庐为主人起居之所，二路平面布局相同，面阔均为三间，由门厅、正厅、前后厢房及两天井组成，门厅、正厅和天井位于同一条中轴线上，前后厢房呈对称分布。诒经室与宝俭庐两侧为青砖封火山墙，后天井二层西侧

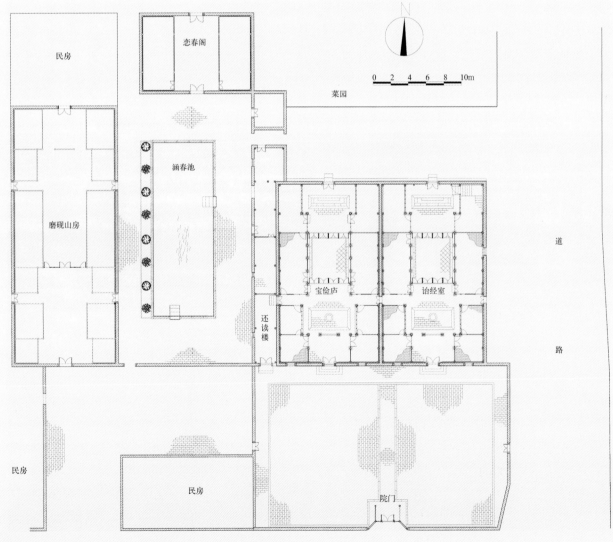

图8-1-11　艾溪陈家羽琤山馆总平面图（江西省文物保护中心提供）

图 8-1-12　恋春阁与涵春池（姚糖摄）

设门洞相互连通，前设一庭院，红石铺地，四周设围墙。

还读楼紧贴宝俭庐而建，面阔一间，进深七间。

涵春池原为鱼池，长 19.23 米，宽 6.9 米，深 1.6 米，北边为高 2 米的砖墙，其余三侧为石栏杆（图 8-1-12）。

还读楼西墙外涵春池东侧的长条空地，曾密植桂花树，称"桂花林"，现在涵春池植有柏树一株，西侧植有松树两株、冬青一株。

涵春池以北的恋春阁，面阔三间，进深三间，有楼层。

磨砚山房传为陈志喆的书斋，面阔三间，由门厅、正厅、后厅及两天井组成。

羽琤山馆所有建筑命名雅趣，不仅主体建筑悬额挂匾，连洗浴的偏房也有题额"洁馨屋"，休息纳凉的过道则名为"憩怡廊"。

四、玉山鸿园

玉山鸿园，又称张家花园，位于玉山县冰溪镇今玉山县第一中学内，由清末玉山巨富张子鸿营建，故名鸿园。

张子鸿（1826—1916）出生于徽州府旌德县（今安徽省旌德县），后随父迁来玉山定居。其父靠教私塾维持一家生计。张子鸿起初做学徒，之后做"水客"，先在广东经营二十多年，又于清光绪六年（1880年）左右返回玉山经营多种产业，积累财产超过白银三百万两，成为广信府七县首富。光绪十六年（1890年），张子鸿斥资白银十多万两，在玉山县城外冰溪河畔起造鸿园。占地约2公顷，有房屋百余间，楼台亭榭、池沼石舫、回廊假山错杂园中。园中建有藏书楼，曾存有《古今图书集成》《殿本二十四史》《大藏经》等巨著千余册[④]。

光绪二十九年（1903年），清政府颁布"癸卯学制"，命各地成立学堂。张子鸿献出鸿园的一部分，用于建立玉山第一高等小学。张子鸿于民国5年（1916年）去世，此后其财产迅速瓦解，鸿园也日益衰败。1944年，玉山县立初级中学（现玉山县第一中学）迁入鸿园，完全占据了这座园林[⑤]。

现存鸿园占地面积451平方米，总建筑面积144.8平方米，仅为原有规模的极小部分。由石舫、花厅和新元阁围绕池沼组合而成。现为江西省文物保护单位。

池沼平面呈L形，东西长40.3米，南北长19.81米，池深2～2.5米，红砂石池壁，池四周青石栏杆环绕，池沼西南以青石板桥与学校道路相接，东侧连接花厅和新元阁的青石板桥下池水与学校水塘相连（图8-1-13）。

建筑均为小青瓦屋面，石舫位于池沼西南角，面阔一间，面阔3.24米，舫后与花厅相连，涉水船形基座以当地青石雕刻砌筑而成，其上建牌楼式亭，穿斗木结构，歇山重檐，翼角嫩戗发戗（图8-1-14）。石舫后与花厅相连，花厅面阔四间，通面阔11.2米，进深四间，通进深8米，穿斗木结构，硬山顶。

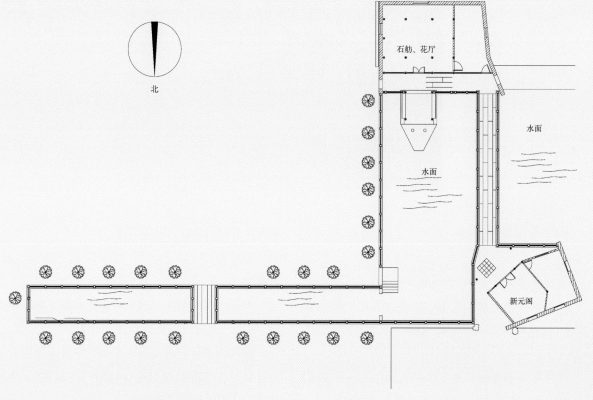

图 8-1-13 玉山鸿园总平面图（江西省文物保护中心提供）

图 8-1-14 玉山鸿园石舫、花厅（姚糖摄）

图 8-1-15　玉山鸿园新元阁正面（姚糖摄）

池沼西北角有呈扇形平面的新元阁，面阔三间，通面阔 10.5 米，进深二间，通进深 7 米，穿斗木结构，中间隆起部分为歇山顶，翼角嫩戗发戗，两侧硬山墙（图 8-1-15）。

玉山鸿园所处地域属亚热带季风气候，四季分明，地形属低山丘陵地区，植物以常绿阔叶林和针叶林为主，土壤以红黄壤为主。现存鸿园遗构周边植物均为近年种植，园林历史植物配置已无法考证。

五、婺源凤山客馆

凤山客馆，位于婺源县浙源乡凤山村现乡政府大院内。凤山村建村历史悠久，有 1030 余年，全村两千余人，大部分为查姓。凤山客馆建于清末至民国初年，由一座水榭和一口鱼塘组成。可能原系凤山查氏宗祠的一部分。

在徽州民居中，有些在入口处附有客馆，这部分的功能，是当宾客上门时，作为客人临时起居的场所。这部分建筑雕饰华丽、空间开敞，和传统封闭的徽州建筑在风格上形成对比。客馆往往有单独的出入口，和主体建筑可分可合，成为一个相对独立的部分。

水榭坐西南朝东北，三开间，临鱼塘部分的轩庙有美人靠，隔扇隔心有彩色刻花玻璃装饰，绦环板上雕刻的人物图案都出自《三国演义》。

鱼塘占地 600 多平方米，水质清冽，塘内鱼生长缓慢，称冷水鱼，据称是滋养身体治疗头痛的上乘食材。鱼塘用大片青石板垒砌而成，池边有简朴片石栏板，沿条石砌成的台阶拾级而下可达一小型亲水平台。鱼塘前院墙边有棵古桂花树，树粗枝茂，花香四溢，神奇的是朝鱼塘一边开黄色桂花，另一边开白色桂花，属金银树；桂花树边还植有几株紫薇，白墙映衬着绿叶红花，别有风情（图 8-1-16、图 8-1-17）。

图 8-1-16　婺源凤山客馆水榭、鱼塘（蔡晴摄）

图 8-1-17　婺源凤山客馆古桂花树（蔡晴摄）

第二节　亭台楼阁

亭台楼阁，属于中国传统建筑。亭是一种有顶无墙的建筑小品，有圆形、方形、六角形、八角形、梅花形和扇形等多种形状。亭子常常建在山上、水旁、花间、桥上，可以供人们遮阳避雨、休息观景，也使园中的风景更加美丽。台来源于先秦至魏晋时期的高台建筑，宏伟高敞，如曹操之铜雀台。楼阁是指两层以上的高大建筑，可以供游人登高远望，休息观景；也可以用来藏书供佛，悬挂钟鼓。

亭台楼阁一般坐落在奇山秀水间，点缀出一处处富有诗情画意的美景，正所谓"天下好山水，必有楼台收。山水与楼台，又须文字留。"它们或面对巍巍群山，或俯视浩浩江湖，或融于园林之中，或踞于市井之上；有的高大壮观，有的小巧玲珑，有的华美辉煌，有的简易朴实。但无论形式如何、位置怎样，都显示出民族的人文特征和风土人情。

江西自汉代以来就是文献之邦，文人骚客层出不穷，也因此唱响了江西不少的亭台楼阁。亭如为纪念东汉高士徐稚所建的南昌孺子亭、为纪念唐代著名诗人白居易名篇《琵琶行》而建的九江琵琶亭；台如西汉宜春侯刘成在今宜春市中心所筑的宜春台、因南宋著名诗人辛弃疾题咏而流传千古的赣州郁孤台；楼如唐代诗人韦应物、白居易先后题咏的九江浔阳楼；阁如因唐代王勃千古名篇《滕王阁序》而从此成名的南昌滕王阁……可惜的是，这些名垂青史的亭台楼阁，也许是应了"木秀于林，风必摧之"的定律，都没能完整地保存下来。现在我们所能见到的都不是古建筑，而是焕然一新的仿古建筑。

虽然作为各地名胜的这些亭台楼阁已经不存，城楼与园林、书院中的亭台楼阁前面也有介绍，但仍然还有不少亭台楼阁可以称道。

一、靖安马祖塔亭

马祖塔亭位于靖安县宝峰镇石门山宝峰寺内，坐北朝南。此处晨钟暮鼓，翠柏丹桂，山川回合，环境灵奇清幽。

马祖即唐代高僧马祖道一（公元709—788），汉州什邡（今四川省什邡市）人，为禅宗南岳开创者怀让门下大弟子。中年以后长期在江西活动，倡导"即心即佛"、"非心非佛"、"自心为佛"，有百丈怀海、西堂智藏等得法弟子139人，宗匠84员，对禅宗的发展起了重要的促进作用，被尊为佛教禅宗八祖。唐贞元四年（公元788年），登建昌石门山（今靖安宝峰），爱其山水奇胜，洞壑平坦，便嘱弟子："吾朽质之日，归骨于此"。同年二月一日圆寂，享年八十。其门下即于石门山建塔藏舍利[6]。

贞元七年（公元791年），左仆射权德舆奉唐德宗敕命建石门马祖塔，并撰文为记之。唐元和八年（公元813年），唐宪宗赐马祖谥号"大寂禅师"，塔为"大庄严塔"。唐大中四年（公元850年），唐宣宗敕江西观察使裴休重修马祖塔，并建护亭，赐额为"宝峰"。北宋元丰八年（1085年）重建石亭，元至治元年（1321年）再次重建。马祖道一墓塔已于1966年"文化大革命"期间被毁，仅留此亭保存至今。

亭六柱六角，全为石构，仿木抬梁式结构，飞檐伞形盖，宝瓶顶，通高5.5米，宽4.5米（图8-2-1、图8-2-2）。亭正梁中行刻有"圣宋元丰岁次乙丑年五月癸巳朔二十八日庚申琢石重造□足责"，旁刻"大元至治辛酉九月十二日吉安路西昌檀越萧履实施重建旧址"（图8-2-3）。作为江西唯一的宋代非塔地面建筑，是极为珍贵的历史遗存。1957年列为江西省文物保护单位，2013年列为全国重点文物保护单位。

二、庐山黄龙寺赐经亭

赐经亭位于庐山黄龙寺后约200米的小山顶上，面对石门涧，保存基本完好，可循麻石台阶而上，周围绿树浓荫，环境优美清雅。

明万历初年，僧人了堂号彻空，在此建立黄龙寺。寺成，入京活动，得万历生母李太后赏识。万历十四年（1586年），李太后赐给黄龙寺一批宫廷藏佛经[7]。为此建赐经亭，又称黄龙寺御碑亭，由时任分巡九江兵备佥事的顾云程建造。

图 8-2-1 马祖塔亭正面外景（姚糖摄）

图 8-2-2 马祖塔亭檐下（姚糖摄）

图 8-2-3 马祖塔亭石梁架（姚糖摄）

　　亭为石构，四柱，类似歇山顶亭（平顶上加双坡屋盖，无戗脊，图8-2-4），高6米，边长3.5米，正脊鱼龙吻，中缀宝瓶，石雕瓦当滴水，檐下为石斗栱（图8-2-5）。铺作为石刻云板正交而成，额枋上雕花精美，平项天花中间浮雕双龙戏珠图案（图8-2-6）。御碑立于亭中央，大理石制成，高180厘米，宽100厘米，厚15厘米。碑首高70厘米，上刻云龙图案，碑座高60厘米，长130厘米，厚60厘米，素平。碑正面刻明神宗朱翊钧《护藏敕》及《新刊续入藏经序》文。碑阴刻有《圣母印施佛藏经赞》文，记载了赐经黄龙寺的事由始末。

　　该亭为仿木石结构，保存完好，是研究明代建筑风格的重要实物资料。1959年列为江西省文物保护单位，2013年列为全国重点文物保护单位。

三、吉安青原台

　　青原台位于吉安市沿江路白鹭洲公园东南角，濒临赣江，与江心的白鹭洲书院云章阁、风月楼隔江相望，为吉安古城标志性建筑之一。青原台始建于北宋政和元年（1111年），明代改为钟楼，清雍

图 8-2-4　赐经亭全景（姚糖摄）

图 8-2-5　赐经亭檐下石斗栱（姚糖摄）

图 8-2-6　赐经亭内部石结构（姚糖摄）

图8-2-7 青原台外景（姚赭摄）

图8-2-8 青原台近景（姚赭摄）

正元年（1723年）增修钟楼为三层。清乾隆三十二年（1767年），因钟楼离县学太近，为避免影响学生听课，将钟楼东移数十步至现址，重建为两层楼阁。清同治八年（1869年）重修，恢复三层方形楼阁格局，以后又经数次修葺[8]。现为江西省文物保护单位（图8-2-7）。

青原台台基平面略呈方形，总面阔18.94米，总进深19.14米，高2.42米。钟楼平面属副阶周匝金厢斗底槽布局，即柱平面形成内、中、外三环分布。外环为封闭外廊，仅开砖花窗，每面六柱，形成面阔、进深各五间，通面阔11.42米，通进深11.5米（图8-2-8）。明间面阔和第三间进深相对应，均为4.06米，两次间面阔与第二间、第四间进深相对应，均为1.73米，两梢间面阔与第一间、第五间进深相对应，前三者为1.95米，后者略大为2.03米。中环柱支撑楼阁二重檐，每面四柱，形成面阔进深各三间，分别对应于副阶的明、次间面阔和第三间、第二、四间进深，通面阔7.52米，通进深7.52米。内环柱支撑楼阁上檐，共四柱，面阔、进深各一间，分别对应于副阶明间和第三间进深，均为4.06米。

钟楼为砖木结构，穿斗式梁架，下檐为六檩，二重檐均为四檩，上檐为七檩。屋面为翘角三重檐歇山顶，橘红色琉璃瓦，宝顶为琉璃质地宝葫芦。

屋面构造为檩条之上钉扁椽，扁椽之上盖筒瓦。

青原台钟楼雄伟壮观，四角飞檐凌空，檐下有铁马风铃，迎风鸣响，其声清脆。楼上悬有大钟一口，重逾千斤，击之声如雷鸣，远播全城。

四、安远永清岩观音楼

永清岩观音楼位于安远县龙布镇镜溪村西1000米处，是一处丹霞地貌风景区，观音楼便是依傍丹崖绝壁而建的一座古寺，被誉为"江南悬空寺"（图8-2-9）。观音楼坐西北朝东南，其左右和背靠皆依永清岩绝壁，背壁山巅两侧有两股小瀑布贴壁而下，前面是开阔的山间田畴。

观音楼原为永清岩禅庵的一部分。禅庵始建于南宋开禧年间（1205～1207年），明万历三十四年（1606年）增建观音楼。清康熙二十四年（1685年）和民国年间对观音楼进行过维修。

"文化大革命"期间永清岩禅庵遭毁，观音楼底层也被毁坏，仅余3层楼阁悬吊在空中，其他地面禅院建筑俱已不存。1982年后逐渐修复观音楼。

永清岩观音楼为三檐四楼木结构楼阁式建筑，高15米，长2.7米，宽1.5米，占地面积4.05平方米。尺度虽小，但全楼循栏附石成轩，各层木结构均与岩壁连接，极为精巧。一层原为殿宇，可直通禅庵。二层为文昌阁，三层为华严阁，四层为观

图 8-2-9　永清岩观音楼全景（江西省文物保护中心提供）

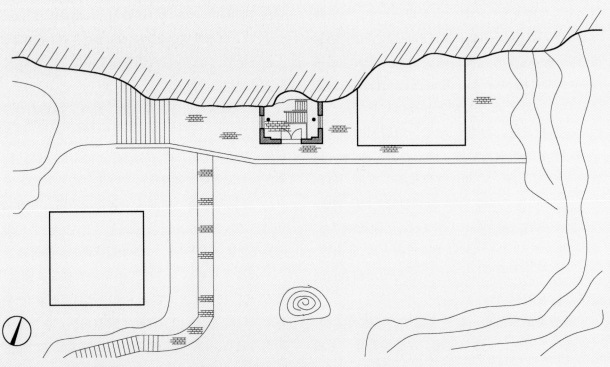

图 8-2-10　永清岩观音楼底层平面图（江西省文物保护中心提供，徐少平等测绘）

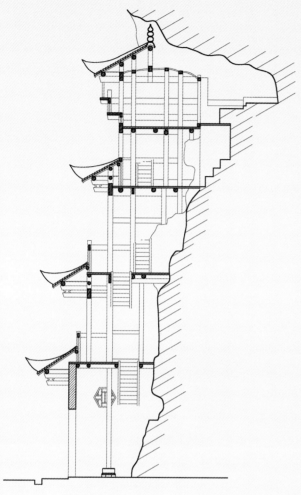

图 8-2-11　永清岩观音楼剖面图（江西省文物保护中心提供，徐少平等测绘）

音阁，原皆供奉神像、神位。各层楼内架设木梯，登楼者沿木梯回旋而上，可直通顶层（图 8-2-10、图 8-2-11）。观音阁附岩壁处有一深 2 米、高 1.8 米、宽 2 米的石洞，洞内设神龛安放观音菩萨塑像，顶层天花板上有古画 45 幅，书古诗 10 首。各层檐梁和额枋上绘有人物和山水画。整座楼布局得体，是目前江西现存构筑最为精巧的古楼阁。2006 年列为江西省文物保护单位。

五、广丰龙溪文昌阁

龙溪文昌阁位于广丰县管村乡龙溪村，建于清同治七年（1868 年），是当地私学"龙江书院"的一部分。民国早期曾设过私立学堂，新中国成立后一度作为民房。现为江西省文物保护单位。

文昌阁为前带庭院的楼阁式建筑，庭院有过厅、两廊、天井，楼阁三层三重檐歇山顶，附两耳房（图 8-2-12）。过厅通面阔五间 17.18 米，通进深三间 6.2 米，为开敞式大厅。两廊进深三间 9.19 米。楼阁为正方形平面，面阔、进深均为三间 8.81 米。阁之两耳房面阔两间 4.21 米，进深同楼阁 8.81 米（图 8-2-13）。楼阁构架自下而上逐层内收一个

图 8-2-12　龙溪文昌阁外景（姚赯摄）

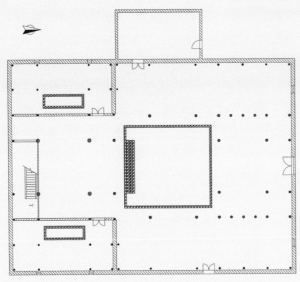

步架，两下檐由檐檩、挑檐檩支撑。上檐构架为七檐用四柱穿斗抬梁式混合梁架（图8-2-14）。梁额间用一斗三升隔架斗栱。挑梁底部均以撑栱支承，撑栱多饰透雕草龙（图8-2-15）。外檐雀替多透雕卷草纹，内檐梁额两端替木浮雕卷草、缠枝花。楼阁二、三层正面及两侧面辟花格窗。窗扇为四抹头、步步锦心屉，上涤环板透雕卷草，下涤环板浮雕书、画、梅花（图8-2-16～图8-2-18）。

图8-2-13　龙溪文昌阁底层平面图（江西省文物保护中心提供，徐少平等测绘）

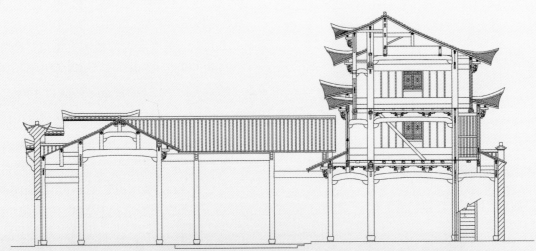

图8-2-14　龙溪文昌阁剖面图（江西省文物保护中心提供，徐少平等测绘）

图8-2-15　龙溪文昌阁正面全景（姚赯摄）　　图8-2-16　龙溪文昌阁二层内景（姚赯摄）

图 8-2-17　龙溪文昌阁三层内景（姚糖摄）

图 8-2-18　龙溪文昌阁顶层外景（姚糖摄）

第三节　牌坊

　　牌坊一般安置在一组建筑群的最前面，或者立在一座城市的市中心，通衢大道的街头等十分显著的位置上。牌坊起源于建筑的院门，古代把城市划分为方形或矩形的里坊，里面整齐地排列住宅。里坊之门称为"闾"，另外有"表闾"的制度，将功臣的姓名和事迹刻于木牌上，置于闾门上以表彰其功德。于是闾门上既有坊名又有木牌，牌坊之名由此产生。

　　从形式上讲，一般柱子上没有屋顶的称为牌坊，有屋顶的称为牌楼，以示区别。牌坊没有"楼"的构造，即没有斗栱和屋顶，而牌楼有屋顶，更能烘托气氛。但是由于它们都是我国古代用于表彰、纪念、装饰、标识和导向的一种建筑物，而且又多建于宫苑、寺观、陵墓、祠堂、衙署和街道路口等地方，再加上长期以来老百姓对"坊"、"楼"的概念不清，所以到最后两者就成为一个互通的称谓了。

　　从建筑形制上分，牌楼只有两类。一类叫"冲天式"，也叫"柱出头"式，顾名思义，这类牌楼的间柱是高出明楼楼顶的。另一类是"不出头"式，

这类牌楼的最高峰是明楼的正脊。如果分得再细一些，可以每座牌楼的间数和楼数的多少为依据。无论柱出头或不出头，均有"一间二柱"、"三间四柱"、"五间六柱"等形式，四柱三间最为常见，六柱五间可称是大型的了。顶上的楼数，则有一楼、三楼、五楼、七楼、九楼等形式。

　　江西省自宋代以来就是文章节义之邦，文人学者、忠臣义士代代相传。由此造就了江西大地上用于表彰、纪念、装饰、标识和导向的牌楼建筑多如丛林。江西现存的牌楼主要是功名坊、节孝坊、旌义坊与百岁坊等，尤其以前两类为多。

一、吉安石溪联科牌楼

　　石溪联科牌楼位于吉安县官田乡石溪村，修建于明天顺六年（1462年），属于科举功名牌楼。

　　牌楼坐西朝东，占地面积20.6平方米，高7.8米，底下两基座，为麻石凿成长方形平行置放（图8-3-1）。每个基座中有圆凿孔一个及凹槽，两根柏圆木楔入圆孔为柱；再有四块长条凿麻条石斜放，一头嵌入柱中，一头嵌入基座石槽中，使两边立柱呈立人形，十分牢固。牌楼为一个开间，圆柱上端

图 8-3-1　石溪联科牌楼正面全景（吉安县博物馆提供）

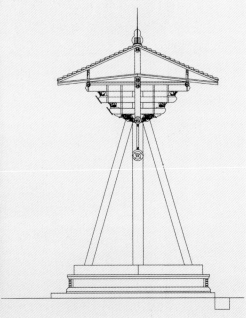

图 8-3-2　联科牌楼剖面图（江西省文物保护中心提供，徐少平等测绘）

图 8-3-3　大司马牌坊正面（姚糖摄）

穿两根方形横木，横木中嵌柏木牌额、上接四斗栱，顶似歇山式（图 8-3-2）。斗栱上有镂空木雕，饰有荷花、菊花等，梁木上亦多雕饰，已较模糊。斗栱上盖青瓦。牌匾正文为镌刻的"联科"繁体行书阳文，落款右边为"巡按江西监察御史吕　江西承宣布政司左布政王／江西提刑按察司使张　吉安府知府程□为"，左边为"天顺己卯科乡贡进士刘良琛／壬午科乡贡进士刘良琰　□□老父刘芳郁　天顺六年十二月吉立"字迹虽有脱落，但仍可辨认。

吉安自古崇文重教，文风昌盛，历史上产生了文天祥等大批仁人志士。全县各村各宗族为庆贺科举成就，彰显人文功名，增添宗族荣耀，建筑了各式牌楼予以纪念。石溪联科牌楼是吉安县现存最早的木构牌楼之一，实物见证吉安古代人文昌盛情况和当时地方重视科举功名的习俗。牌楼有明确纪年，是我国江南地区明代木构建筑的珍贵遗存。

二、宜黄谭坊大司马牌坊

大司马牌坊位于宜黄县凤冈镇谭坊村，保存较为完整。明万历二年（1574 年），为表彰谭纶（1520—1577）的功绩而建。谭纶为该村人，曾任福建巡抚、兵部尚书等职，以抗倭有功，声震东南，名留后世。

牌坊为全花岗石建筑，坐北朝南，六柱三间，两侧呈鼎足三角形以固其稳（图 8-3-3、图 8-3-4），高 10.4 米，正中三楼无檐，底门高 3.4 米，宽 3.6 米。两侧顶部仿木斗栱式，六柱用料厚实，长 4.5 米，围 1.9 米，三层额桥均浮雕及透雕龙凤云纹图案、宫廷戏曲人物；中层额枋浮雕"双龙戏珠"、"百鸟朝凤"、"鲤鱼跳龙门"、"蟠桃上寿"等，雕工尤为精细，有如牙雕（图 8-3-5）。中门石坊匾额上镌刻着"大司马"三字。牌坊前原有"下马桥"，后有故宅、谭氏宗祠、跑马洲等，现均毁。整座石坊雕工精细，刀法流畅，人物形神兼备，是明代石刻工艺精品。1987 年公布为江西省文物保护单位。

三、奉新济美石坊

济美石坊位于奉新县会埠乡招边（原名招兵）村旁。明万历二十八年（1598 年），为表彰布政使司理问胡士瑸及其祖先宋国子监主簿胡仲尧、宋光禄寺丞胡仲容而建立。胡士瑸以"输财助官振济"，名列《明史·孝义一》[9]。

石坊系仿木结构四角亭式石牌坊，全用青灰色砂岩石料建造（图 8-3-6）。平面呈正方形，台基双层，块石平砌，四方柱方础，每面设置三楼，平

图 8-3-4　大司马牌坊侧面（姚糖摄）　　图 8-3-5　大司马牌坊石雕车仗（姚糖摄）

顶盖斗栱承托，起脊较高，鳌吻。各面均为内柱不落地三间四柱门楼式，各构件均以榫头卯眼连接，通高 8.70 米，宽 4.55 米。

柱、梁、枋、额、槑窗等，内、外分别镂雕人物故事，云龙海水、双狮戏球、太平有象、百鸟朝凤和牡丹、芙蓉、荷花、芍药、白鹤、锦鸡、鹿马、麒麟、山石、织锦等，图案繁缛，浮雕精工，形象生动（图 8-3-7，详见本书第九章第三节）。每面外向刻有"圣旨"、"从仕郎布政使司理问所

理问胡士瑃"、"济美"与"钦差巡抚江西都察院右副都御史夏良心"等 21 人的署款和纪年"皇明万历二十八年庚子中秋吉立"等字，内向四枋分别镌刻建坊始末和表彰胡氏三人赈饥、捐田办书院、捐金修桥建庙之功德（图 8-3-8）。坊上字均为阴刻楷书，牌坊顶西北一角缺损。该石坊形制奇特，雕刻极其华美，是省内仅有、全国罕见的明代石构建筑艺术珍品。1987 年公布为江西省文物保护单位。

图 8-3-6　济美石坊全景（姚糖摄）　　图 8-3-7　济美石坊内景（姚糖摄）

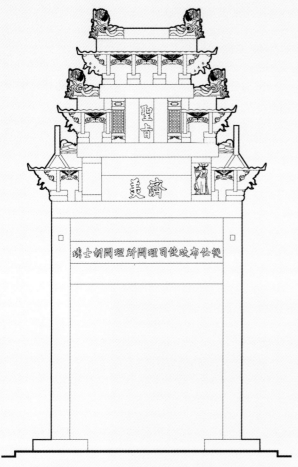

图 8-3-8　济美石坊立面图（江西省文物保护中心提供，徐少平等测绘）

第四节　桥梁

我国古代桥梁按结构方式不同一般分为四类：梁桥、浮桥、索桥与拱桥。除索桥外，其他三类在江西均有遗存。

梁桥是我国古代最普遍、最早出现的桥梁，古时称作平桥。它的结构简单，以受弯为主的主梁作为承重构件，外形平直，比较容易建造。北魏郦道元《水经注》记录了在山西省汾水上有一座始建于春秋时期晋平公时的木柱木梁桥，桥下有 30 根柱子，每根柱子直径五尺，这是见于古书记载的最早的一座梁桥。江西省九江市都昌县的明代千眼桥是全国最长的古代梁桥，长达 2637 米。

浮桥古时称为舟梁。它用船舟来代替桥墩，故又有"浮航"、"浮桁"、"舟桥"之称，属于临时性桥梁。由于浮桥架设简便，成桥迅速，在军事上常被应用，

因此又称"战桥"。浮桥的结构形式有两种：传统形式为在船或浮箱上架梁，梁上铺桥面；现代则常为舟、梁结合形式，舟（箱）体、梁、桥面板结合成一体，船只首尾相连成纵列式，或舟（箱）体紧密排列成带式。浮桥可说是用船渡河的一个发展，又是向建造固定式桥梁的一个过渡，成为介于船和桥之间的一种渡河工具。我国建造浮桥的历史十分悠久，公元前 8 世纪《诗经·大雅·大明》中曾记述周朝周文王为娶妻而在渭水上架起一座浮桥，离今天已有三千年了，是建造浮桥最早的记录。隋大业元年（公元 605 年）在河南洛阳洛水上建成的天津桥，是第一次用铁链连接船只架成的浮桥。江西省很多濒临大江大河上的古城镇都曾修造过浮桥，赣州东河上的建春门浮桥至今还在使用。

拱桥以拱作为上部结构主要承重构件，在中国始于东汉中后期。江西省留存至今的古代桥梁以拱桥数量最多。单拱桥如庐山秀峰的观音桥。多孔拱桥适于跨度较大的宽广水面，常见的多为三、五、七孔。江西省长度第一的石拱桥是抚州市南城县的万年桥，长达 411 米，共有二十三孔二十四墩。

至明清时期，人们为了满足挡风避雨和祈求平安的需要，兴起在拱桥上修建廊亭和神龛的风气，将桥梁变成了集桥、亭、庙三项功能于一身的廊桥，在江西南北各地均有建设。

一、赣州建春门浮桥

原名惠民桥，又称东津桥、东河浮桥，位于赣州城建春门外的贡江之上。赣州城三面环水，且江面开阔。宋代以来，赣州城经济繁荣，为沟通城乡交通，便开始在章、贡两江的江面上架设浮桥。赣州原有三座浮桥：东河浮桥（即建春门浮桥）、西河浮桥和南河浮桥。新中国成立后，因架设了公路桥，西河、南河浮桥被拆除，仅留下东河浮桥（图 8-4-1）。

南宋乾道年间（1163～1173 年），知州洪迈在贡水上架设了东津桥，并一直沿用至今，即今日的建春门浮桥。建春门浮桥长约 400 米，桥面宽 5 米，构造方法系每三只木舟为一组，然后在木舟上

架梁，梁上再铺木板。每一组木舟之间用竹缆绳捆绑，然后用铁锚固定在江面上，整座浮桥用了大约33～35组（视水位高低而定，水位高则江面宽），约100只木舟连接而成（图8-4-2）。

浮桥这一古老的交通工具，在赣州一直沿用了九百多年，构成了赣州这座历史文化名城特有的人文景观。浮桥虽然沟通了两岸的交通，但同时也阻断了江面上船只的往来，为了便利航运，赣州的浮桥每天上午9点都要准时开启，以让船只通过。

二、星子观音桥

观音桥坐落在星子县白鹿乡庐山西南麓的栖贤谷中，又名栖贤桥，因建在三峡涧上，又称三峡桥。

观音桥建于北宋大中祥符七年（1014年），为石质单孔拱桥，长24.45米，桥面宽4.94米，高10.7米，桥孔跨径10.33米（图8-4-3、图8-4-4），

图8-4-1 建春门浮桥全景（姚赣摄）

图8-4-2 建春门浮桥桥头近景（姚赣摄）

图 8-4-3　观音桥下游一侧全景（姚糖摄）

图 8-4-4　观音桥上游一侧近景（姚糖摄）

图 8-4-5　观音桥桥面（姚糖摄）

跨三峡涧，飞架南北。三峡涧水自庐山五老、汉阳、太乙诸峰倾泻而下，汇合99条支流，故流量大，水势猛，狂涛巨浪，水鸣如雷，桥下是涧中深邃的"金井"以及断续的深渊，水深至三四十米以上。观音桥就在巨石耸立的峭壁上倚岸跨涧而造，突兀于峭壁石峰之间。桥孔用七道花岗石拱券砌筑，计用107块花岗石，每块重约1吨。石块均凿有子母榫，首尾相衔，凹凸楔接，实际并不符合拱券结构原理。为加固结构，拱券之间还置有生铁卡子，使之连成一整体，极为坚固。桥中心券石上刻有阳文"维皇宋大中祥符七年，岁次甲寅，二月丁巳朔建桥，上愿皇帝万岁，法轮常转，雨顺风调，天下民安，谨题。"另外有，东侧第二券第七石上刻有"建州僧文秀教化造桥"，西侧第一券第七石上刻有"福州僧智朗勾造桥"字样，东侧第一券第六石上刻有"江州匠陈智福、弟智汪、智洪"等字样。桥面以大石铺成，南、北两端各设石阶四级。清道光年间，观音寺僧觉源增建石栏杆，以保行人安全（图8-4-5）。

观音桥南端是"天下第六泉"，泉水清碧，水味甘美。桥北有"观音阁"。观音桥是南国桥梁建筑工程的杰作，无论从建造之艰险、结构之坚固来说，都是罕见的。自宋代以来，苏辙、黄庭坚等名流都为它写过赞美的文辞和诗篇。

1982年国家拨专款对该桥进行了加固维修。1988年列为全国重点文物保护单位。

三、南城万年桥

万年桥位于南城县万坊镇万年桥村盱江、黎河二水交汇处。桥址古为歇羊渡，是闽、浙、赣三省的重要通道。南宋咸淳七年（1271年）在此设舟三十二艘架浮桥，后毁。明崇祯七年（1634年）江西湖东道副使、嘉兴人吴麟瑞倡议建石桥，多方募捐，历时十四载，到清顺治四年（1647年）竣工。桥成之后，历经多次修缮。清雍正二年（1724年）万年桥遭水患，中墩毁坏，两孔倒塌，至当年十二月修复[⑩]。清光绪十三年（1887年），洪水毁

图 8-4-6　万年桥全景（姚穟摄）

桥，经五年修复。1941年日军飞机炸毁万年桥第十八、十九、二十和二十一孔，当时用木板架桥修复。1949年5月，国民党军队败退前，以数吨炸药炸毁第十八墩及木架桥部分；1953年8月，全面整修，修缮和修复桥墩四个，拱圈五孔，1955年2月1日正式通车。

万年桥为超长多孔石拱桥，共有二十三孔二十四墩，每孔拱圈跨度14米，全长达411米，桥面宽6.3米，桥高10米（图8-4-6）。通体用青条石砌筑，拱圈采取纵联式砌置法。据《万年桥志》载："用此砌筑法，不患其湿，而患其燥。土可养石，灰（石灰）可胶土，卵石以灰之骨，实为妙也。"[11] 桥墩分水均用大麻青石，以砂浆座砌，呈"金刚雁翅式"。据载，为修此桥，当时集民伕数万，左拦黎河洪浪，右锁肝江波涛，舟楫难渡，十八号桥墩正值武功潭，潭深百米，造墩工程不得不采用以船装石、凿船沉石的办法，仅此一墩，历时数年，损失了不少民伕性命。

万年桥造型轻巧，具备南方桥梁的特征。1952年重修时在桥面浇筑混凝土，桥栏也改用水泥柱嵌栏板，其他仍保持原貌。作为江西省现存最长的一座古代石拱桥，1957年列为第一批江西省文物保护单位，2013年列为全国重点文物保护单位。

四、信丰虎山玉带桥

玉带桥位于信丰县虎山乡中心村禾场排北500米处，横跨隘高至龙州的虎山河。虎山河蜿蜒在两山之间，有一个接近90°的回弯，而古桥就建在弯角上，依水势而筑。这点让玉带桥别具一格，因其弧形犹如古代帝王腰间所系的玉带，飘挂于青山绿水之间，故得名玉带桥。这里是信丰县通往广东兴宁与和平等县的交通要隘，因此，每天都有许多肩挑脚夫和商人、农民在此用竹筏过渡。当地富绅余凤岐倾家荡产，又多方借贷，终于在清乾隆五年（1740年）建成此桥[12]。新中国成立前，国民党信丰县县长杨明曾题铭"凤岐桥"匾额两块，以褒其功绩。

玉带桥为石拱廊桥，平面呈弧形，在虎山河转弯处横跨南北，二墩三孔，通桥长81.8米，宽4.5米，占地面积398.9平方米（图8-4-7）。桥台和桥墩全由花岗石方体石块砌成，石灰勾缝，墩高5.7米，拱跨14.3米。桥面由灰麻条石和大鹅卵石铺成龟背形。桥上建有高3.2米重檐风雨廊，砖木穿斗式梁架，廊屋分成23间，顶覆小青面瓦，重檐滴水（图8-4-8）。桥两侧有砖砌花栏杆。桥中间是神庙兼凉亭，庙亭分前亭后殿，殿后墙中部嵌有1平方米大小的木制神龛，龛内摆有几尊佛像，龛上横额楷书"龙架远波"四字。龛前地面上有一神台，殿北门墙抱角柱上阴刻正体字"海阔江深登岸不须舟与楫"，殿南门墙抱角柱上相对刻"功高德大固

桥是赖圣偕神"。前亭东墙中部嵌有一方框木栅栏，横额楷书"神泽汪洋"四字。桥两端有亭楼，高4.2米。桥门南北门楣上均镶嵌有石横额，楷书阴刻"玉带桥"三字。

玉带桥作为一座石拱桥，与神庙、风雨亭等建筑有机组合，浑然一体，兼具桥梁、神庙、路亭三项功能，是十分典型的做法。其弧形的平面形态则十分罕见。2013年列为全国重点文物保护单位。

五、婺源清华彩虹桥

彩虹桥位于婺源县清华镇上街西端。南宋时清华人胡济祥削发为僧，云游四海，为建桥化缘，用了五年多时间筹借了建桥资金。另一位清华人胡永班则外出学艺，也是五年后学成归来，负责桥

图8-4-7 玉带桥全景（姚糖摄）

图8-4-8　玉带桥近景（姚赯摄）

梁的设计、施工与建造。历经五年时间，彩虹桥竣工，成为古代徽州府至饶州府驿道上重要的桥梁。据传，桥建成之日，最后几片瓦盖上时，雨过天晴，旭日东升，照于西边山间，一道绚丽的彩虹腾空飞起，虹与桥共映水中，艳丽无比。胡济祥、胡永班与村人见此情景，以为吉兆，随即鸣炮庆贺并以"彩虹"名桥。同时彩虹桥桥名也来源于唐代大诗人李白的诗句："两水夹明镜，双桥落彩虹"。在以后的八百年间，彩虹桥历代均有维修，此桥二号桥墩受1983年洪水冲垮，廊亭倒塌三间，1985～1986年按原风貌进行了修复。2000年列为江西省文物保护单位，2006年列为全国重点文物保护单位。

彩虹桥为五跨石墩木梁式廊桥，全长101.21米，宽3.1米，由两头引桥、四墩五间桥架形成六亭五廊的廊桥（图8-4-9）。彩虹桥廊亭为小青瓦屋面，高度不同，亭屋面略高于廊屋面0.14～0.99米不等，亭廊相连，错落有致（图8-4-10）。廊桥梁架为穿斗式，前后出挑檐、五架椽屋。桥梁是四根直径为450毫米的松木梁，梁上铺3米多长的杉木板，构成桥面。除桥面未做油漆，其他木构件均为赭红色油漆。

桥墩地面为青石板地面，桥墩外为1米多厚的花岗石石墙，内为砂石填充，石墙收分为14%。桥墩式样状若船形，迎水面为尖状，俗称"燕嘴"（官式称为"分水尖"），前锐后丰呈流线型。桥墩底部基础为海漫石铺平下打松木木桩（官式称为"金钢墙下桩"），每桩之间分别以三七灰土、碎砖石块填土分步夯实。

桥的下游60米处，建有一座石堰。石堰保证了桥下的水位高度，减缓流速，缓解汛期洪水对桥墩的冲击。

图 8-4-9 彩虹桥上游一侧全景（姚糖摄）

图 8-4-10 彩虹桥下游一侧近景（姚糖摄）

注释

① （宋）单暐. 清都观记. 钟焕, 曾钝编. 东昌志（抄本）.

② 同治德化县志·卷七·地理·古迹.

③ 同治湖口县志·卷一·地理志·古迹.

④ 汪凤刚主编. 玉山县志. 南昌：江西人民出版社，1985.

⑤ 玉山一中官方网站，《玉山一中历史沿革》，http://www.jxysyz.com/news.asp?id=256，更新时间：2010-04-23，进入时间：2013-03-16.

⑥ 同治南昌府志·卷六十三·杂类·仙释.

⑦ （民国）吴宗慈编撰. 胡迎建，宗九奇，胡克沛注释. 庐山志. 南昌：江西人民出版社，1996.

⑧ 同治吉安府志·卷六·建置志.

⑨ 明史·卷二百九十六·列传第一百八十四.

⑩ 康熙南城县志·卷一·津梁.

⑪ 转引自罗哲文，刘文渊，刘春英. 中国名桥. 天津：百花文艺出版社，2006.

⑫ 同治赣州府志·卷之六·水.

江西古建筑

江西古建筑

第一节 木结构

中国古建筑的承重结构体系可分为木结构、砖木构造、砖结构、砖石结构以及石结构，其中以木结构为主的承重结构最具传统特色。

一、木结构类型

木结构按其构件组合方式，可分为抬梁式、穿斗式、抬梁穿斗式三种。

（一）抬梁式构架

大量的传统古建筑平面组合皆为矩形平面，因此很自然地将其结构体系按间划分为一榀榀的、横向的、由柱及梁组合成的构架体系。各榀构架间搭以纵向的承重檩条，以及联系用的枋木。檩上再搭以椽条（又称桷子），椽上铺望板（或望砖），形成前后两坡的屋顶构架，如两山的檩条不挑出，则为硬山；若挑出则为悬山或歇山顶。上述所说的抬梁式、穿斗式、抬梁穿斗式、拱架式都属于这种坡顶式的构架。它们在各构件的受力、传力作用上，节点的构造做法上皆有不同的意匠，可以说各有特色。

抬梁式构架又称叠梁式，是将整个进深长度的大梁放置在前后檐柱柱头上，大梁上皮在收进若干长度的地方（一步架）设置短柱（瓜柱）或木墩，或大斗，短柱顶端放置稍短的二梁，如此类推，而将不同长度的几根梁木叠置起来，各梁的端部上置檩条，最后在最高的梁上设置脊瓜柱，顶置脊檩（图9-1-1）。传统木作对各位置的梁柱构件皆有专用名称，一般以每根梁上所承载的檩条数目命名之，如三架梁、五架梁、七架梁、九架梁。在纵向上，各榀构架除由檩条拉接以外，檐柱柱头上有额枋连接，各檩条之下尚有通长的檩木及垫板连接，共同构成整体框架。这种构架方式的木构件之间虽然无受力榫卯，但在厚重的屋面荷载重压之下，各构件紧连在一起，可形成稳定的整体。

抬梁式构架各构件的受力状况明确，一层层叠置，柱及柁墩、瓜柱是轴心受压，梁是受弯，梁端

图9-1-1 高安贾家怡爱堂抬梁式构架（姚赯摄）

部受剪，传力简单。虽然构件端头皆有榫头、卯口，但仅是定位与拉接作用，各构件是散置的，故从理论上讲，构架的稳定性稍有欠缺。为弥补此点，一般将瓜柱下部添置角背或驼峰；檩条下添置垫板及枋子，形成"工"字形的檩垫枋三件；檐柱柱头置额枋；部分前檐柱额交接处设置雀替，前、后廊步设置抱头梁及随梁枋等，并且皆为透榫穿透檐柱及老檐柱，以增强构架纵横的稳定性。同时在钉置椽子及望板以后，整个屋面成为刚性的整体，更加牢固。有关抬梁式构架的开间、跨距、柱径、梁宽等数据，各地皆有所不同。在实地调查中也发现古建筑建筑的结构设计随机性很强，古建筑建筑的跨距小，故构件承载潜力大，因此用料大小并不需精确计算，而更重要的是结构构架形式要设计得当。

（二）穿斗式构架

穿斗式构架又称"立帖式"。应是一种较古老的做法，在广州出土的汉明器中即有穿斗形式的梁架表现。穿斗架是由柱子、穿枋、斗枋、纤子、檩木五种构件组成。以不同高度的柱子直接承托檩条，有多少檩即有多少柱，如进深为八步架则有九檩九柱。为了保证柱子的稳定性，以扁高断面的穿枋统穿各柱柱身，根据三角形坡屋面的界范，安排多根穿枋，越靠中间的柱子穿枋越多。在这样的排柱架上，再以若干斗枋、纤子纵向穿透柱身，拉接各榀柱架，柱架檩条上安置椽子，铺瓦，成造屋顶（图9-1-2）。穿斗架的步架较小，一般约二尺至二尺五寸，故柱子排列较密，影响跨间生活使用要求。为此在有些地区将排柱架的一部分柱子减短，成为不落地的瓜柱，瓜柱下端骑在最下一根大穿枋上，一般为一柱一瓜或一柱两瓜间隔使用，甚至有的地区还将不同瓜柱下端减短落在不同高度的穿枋上，称为"跑马瓜"，进一步节省了材料。穿枋若一根木枋难达高度要求，则用数根木枋拼合。

穿斗式木构架的受力状况亦十分明确，屋面荷载通过檩条直接传给柱子，穿枋及斗枋仅为稳定拉接构件（若为楼房，楼层的穿枋或纤子兼有楼面楞

图9-1-2　丰城厚板塘某宅穿斗式构架（姚糖摄）

木承重作用），但是改良后的柱瓜结构的穿斗架的穿枋兼有拉接与承重的双重作用。从稳定性上讲，排柱架的横向稳定性是非常好的，整排统穿在一起的三角架不易变形。但是相对来讲，纵向斗枋的稳定性较差，而前后檐墙多为板壁或木装修，刚性较砖石、夯土墙差许多，故常可在南方看到左右歪斜的穿斗架房屋，需用木柱支顶。为克服这种缺陷，住户往往在两山部分加设披屋，有助于保持稳定性。

穿斗架多为杉木，材直且防蛀。但用材细小，且柱身为通榫穿透多处，为了不影响其承载能力，故穿斗架的构件皆以原木为主，雕饰相对简朴。同时穿斗架的节点加强辅件也较少，江西完全不使用加强辅件的穿斗架十分常见，较复杂的穿斗架在穿柱骑穿梁处加平盘斗，或穿柱承檩处在檩下加替木或丁头棋，亦以简明为主。因此整体视觉效果十分简洁轻快，结构艺术感极强。

穿斗架的架设方法也不同于抬梁式，由于大量穿枋，斗枋须穿透多个柱身，无法在空间装配，所以整榀排柱架须在地面装配好，然后整体起立，临时支撑到位，再用斗枋将各榀屋架串连，最后架檩成为整体。正因为如此，穿斗架难以建造高大的房屋。

（三）抬梁穿斗式构架

抬梁穿斗式构架的结构特色即是承重梁的梁端插入柱身，与抬梁式的承重梁顶在柱头上不同，与穿斗架的檩条顶在柱头上，柱间无承重梁，仅有拉接用的穿枋的形式也不同。具体讲，即是组成屋面的每一檩条下皆有一柱，前后檐柱及中柱或瓜柱，每一瓜柱骑在下面的梁上，而梁端插入临近两端的瓜柱柱身。顺此类推，最外端两瓜柱骑在最下端的大梁上，大梁两端插入前后檐柱柱身。为加大进深，尚可增加廊步，以及用挑出插棋的办法，增大出檐。在纵向上亦以插入柱身的连系梁（或称额枋）相连，形成构架（图9-1-3）。

抬梁穿斗式梁架多用于大型住宅的厅堂或祠堂。空间宏阔、屋顶华美，使用阴阳坐瓦，内部有时还有轩顶及天花顶，用料皆较粗大。为了增加艺术效果，显示财势，这类构架的装饰皆极繁复，甚至描金，将构架装饰得色彩绚丽异常。较重要建筑的抬梁穿斗式梁架皆保留了斗棋的节点构造，并加以变形艺术化。而大梁、连系梁、随梁枋、瓜柱或坐斗皆是装饰的重点，花样因地因人而异，其形式变异之丰富，非抬梁式可望其项背。

抬梁穿斗式梁架兼有抬梁与穿斗的特点：它以梁承重传递应力，是抬梁的原则，而檩条直接压在柱头上，瓜柱骑在下部梁上，又有穿斗的特色，但它又没有通长的穿枋，其施工方法也与抬梁相似，是分件现场组装而成。抬梁穿斗式梁架的山面柱架往往增加通高的中柱，变成两个半架拼合，增加了刚度。

图9-1-3 吉安富田诚敬堂抬梁穿斗式构架
（姚糖摄）

从稳定性角度看，抬梁穿斗式梁架显然优于抬梁架，因为它有多层次的梁柱间插榫，克服横向位移。有些建筑为增强稳定性，在大梁下边另加一道或两道插梁，则使构架更为坚稳。从承载角度看，由于步架小、用料大，也是可靠的。虽然承重梁的入柱榫头较梁截面减少了2/3，降低了端部抗剪能力，但杉木横纹抗剪能力极强，故也无大碍。从用料来看，抬梁穿斗式梁架较穿斗架提高很多，但为获得大空间的室内环境，也是必要的。抬梁穿斗式梁架另有一特色与抬梁架、穿斗架不同，即是屋面檩位与各层托梁的端头位置并不一致。檩位坡度平缓，梁端位连线坡度陡峻，这样可以使各层梁枋间隔舒展开来，有利于艺术加工，增强室内结构艺术的创造余地。

二、挑檐

南方建筑为防雨淋，建筑前后檐皆有宽大的挑檐。挑檐方式有硬挑与软挑两种方式，以主体构架的穿枋延长伸出的挑木为硬挑（图9-1-4、图9-1-5），在檐柱上插接的挑木为软挑（图9-1-6）。依挑出长度可分为单挑、双挑、三挑等不同构造方法。

图 9-1-4 宜黄棠阴八府君祠祭堂硬挑（姚糖摄）

图 9-1-5 遂川堆子前黄宅双挑硬挑（姚糖摄）

图 9-1-6 乐平车溪敦本堂厢楼软挑（姚糖摄）

三、木结构的区域特征

由于建筑文化的地区差异，或受周边省份建筑文化的影响，形成木结构有多种形式，因地制宜，各得其用。

（一）徽州古建筑木构架特征

江西具有徽州古建筑木构架特征的地区以婺源、浮梁、景德镇为代表。因其与安徽接壤，且婺源历史上曾隶属徽州，受徽商文化的影响。自明清以来徽商畜甲天下，豪宅、巨祠林立，炫财斗富之风甚炽。大宅的木构架脱离了力学的轨道，且向装饰方向发展，而且形成了地方形制。其特点即是梁柱断面明显增大，超出了承重力学上的需要，装饰亦增加很多。梁断面呈巨大的椭圆形，上下砍平少许，形成向上弯曲的月梁形式，梁端浅刻出卷曲线（称为"剥腮"）。尤其是穿梁（额枋）亦做成肥大的月梁，梁身遍施雕饰，图案琐碎。挑檐、挑平坐下的斜撑变成动物、人物的圆雕品，以显示气派。梁、檩端部皆以插拱承托。柱身上下收分，呈梭柱状，瓜柱底端以圆形平盘斗承托，斗周边饰以华美的雕刻，使得建筑雍容华贵，气派非凡（图9-1-7、图9-1-8）。

图9-1-7 婺源凤山查氏宗祠祭堂梁架
（姚赪摄）

图9-1-8 浮梁瑶里程氏宗祠祭堂梁架
（姚赪摄）

（二）东阳古建筑木构架特征

江西省具有东阳古建筑木构架特征的地区以广丰、玉山、德兴、上饶市、上饶县、横峰为代表，因其与浙江接壤，受东阳、江山建筑文化的影响。其木构架与徽州有类似之处，即梁、额肥大，呈椭圆形断面的月梁型，并且拱弯度更大，柁墩处改用斗栱承托（图9-1-9）。值得注意的是其联系梁（如三架梁、廊步的单步梁等）皆有复杂的造型及雕刻，如做成象头、云卷、猫拱背等形式，廊步皆有轩顶，出檐有雕刻复杂的挑木、撑拱，可以说从雕刻意匠上比徽州古建筑更为华美精致（图9-1-10）。

（三）吉泰盆地古建筑木构架特征

该地区以现吉安市辖区的各区县为代表，包括吉州区、青原区、吉安县、吉水县、泰和县、峡江县、新干县、安福县、万安县、遂川县、井冈山市等，该区域属江西省腹地，其建筑文化基本未受外来文化的影响。其梁、额多为包镶做法，即中心为圆木，表面用木板包裹，做成肥大的月梁型，形成的断面为矩形或椭圆。且梁（额）背弓起较高，使其跨中断面高度较两端断面高度大（图9-1-11）。

（四）赣西古建筑木构架特征

该地区以现宜春市的部分县区、新余市和萍

图9-1-9　广丰龙溪祝氏宗祠梁架（姚糖摄）

图9-1-10　广丰龙溪祝氏宗祠戏台挑檐雕饰（姚糖摄）

图9-1-11　吉安渼陂梁氏宗祠祭堂梁架（姚糖摄）

乡市辖区的区县为代表，主要包括高安县、宜丰县、铜鼓县、万载县、袁州区、渝水区、分宜县、萍乡等。该区域梁架的显著特点是脊檩（俗称"栋梁"）两侧增加一组伴梁组成"三花檩"。有的在脊檩下再加一根支撑顺梁，其上托着八出斗栱，形成一个莲花撑，支托连接"三花檩"，把三花檩结成一个整体，保证构梁最高点，也就是正脊的刚度（图9-1-12）。

图9-1-12　宜丰天宝昭翁祠中堂梁架（姚糖摄）

图9-1-13　安义罗田黄氏宗祠上堂梁架（姚糖摄）

（五）其他地区古建筑木构架特征

这些区域涵盖江西省的大部分，包括九江市、南昌市、宜春市的部分县、抚州市和赣州市。其梁架特征是圆作直梁系，或微微弓起，梁底或施雀替，梁头或施装饰，童柱底或施平盘斗。重要建筑的檩断面高度很大，其构造多为顶部为圆檩，圆檩下由多根枋木相叠而成随檩枋（图9-1-13～图9-1-15）。这种构造大大地增强了整体木构架的横向刚度。

图9-1-14　金溪竹桥步云公祠祭堂梁架（姚糖摄）

图9-1-15　南丰洽湾胡氏宗祠祭堂梁架（姚糖摄）

四、古建筑构架的细部做法与历史残留

古建筑工程技术的发展，不可避免地会产生地区间、民族间的技术交流，各种构架形式都很难说是纯粹的、一成不变的形式。在古建筑构架中也还可以看出许多历史遗留的痕迹，如上下收分的梭柱、柱子侧脚、木櫍、山面构架的升起、使用月梁，并进一步发展成为猫拱背梁、用斗栱装饰梁架节点、斜撑托脚木等。以上这些形制实为古代曾经出现过的手法，仍沿用至清代，说明历史形式会有一段较长的残留时间。

（一）翼角

江西古建筑翼角做法地方性非常明显，与北方官式做法完全不同，大致有三种。其一，老戗嫩戗做法。老戗后尾插入金柱或金檩，戗头延伸至角柱之外，嫩戗斜插于老戗外延段顶面，高高翘起，如婺源汪口俞氏宗祠（图9-1-16）。其二，单根曲角梁做法。角梁为一根加工成弯曲的枋料，角柱外延段辅以挑枋支托，如广丰龙溪祝氏宗祠（图9-1-17）。其三，叠木做法。角梁由多根枋料叠加拼合组成，每根枋料高度加工成前大后小，形成翼角的起翘，如广丰东阳管氏宗祠（图9-1-18）。

（二）斗栱

斗栱的使用，承重的功能逐渐消失，而追求其外观装饰效果，刻意雕刻，用材细小，多为如意斗栱（图9-1-19～图9-1-22）。

（三）木櫍

由于南方多雨、潮湿，毛细水丰富，木柱底部易受毛细水的侵蚀而腐朽。江西省木櫍的使用一直延续至清末，甚至于整个柱础全为木作。木櫍（或木础）一般为用大木料横纹加工，卧摆于柱底，即安装好之后，其木纹为横向，不利于毛细水顺纹上升至木柱，以保护木柱（图9-1-23）。再者，木櫍（或木础）腐朽之后，易于更换。

（四）托脚

托脚是从檐檩至上金檩的檩与檩之间相互支撑的杆件，其作用是防止檩条下滚。江西部分地区仍可见到托脚的使用，但已演变成以装饰为主的构件，雕刻烦琐（图9-1-24）。

图9-1-16　婺源汪口俞氏宗祠翼角（邹虚怀摄）

图 9-1-17　广丰龙溪祝氏宗祠翼角（姚糖摄）

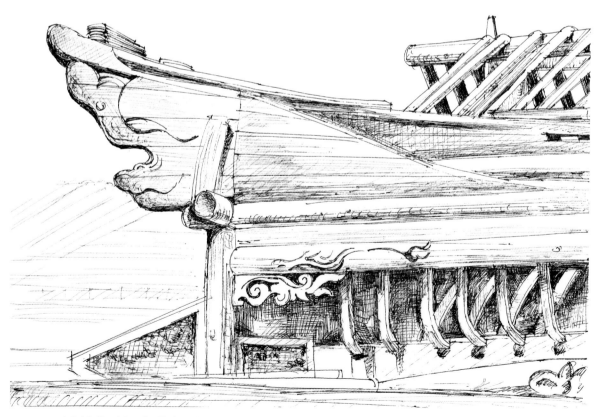

图 9-1-18　广丰东阳管氏宗祠翼角（蔡晴绘制）

图 9-1-19　高安贾家怡爱堂柱头斗栱（姚糖摄）

图 9-1-20　吉安渼陂梁氏宗祠门楼斗栱（姚糖摄）

图 9-1-21　广丰东阳管氏宗祠隔架斗栱（姚糖摄）

图 9-1-22　婺源阳春戏台藻井斗栱（姚糖摄）

图 9-1-23　靖安仁首云山世第木槛（姚糖摄）

图 9-1-24　铜鼓温泉陈家大屋托脚（姚糖摄）

第二节　砖石及夯土结构

江西古代砖石结构较为简单。拱券结构主要用于地下墓室，地面拱券仅见于桥梁、城门洞口等少数场合。一般民用建筑完全不使用拱券结构，采用拱券门窗洞口均极为晚近，系受到西方建筑的影响。

石材资源在江西颇为丰富。江西盛产红砂岩，当地通称红石，属湖相沉积岩，较松软，易于开采和加工，在江西大量用于建筑。江西又盛产石灰岩，当地通称青石，亦为沉积岩，各地亦大量使用。虽然江西地面建筑中除牌坊桥梁外极少有石结构，由于其材料特性，经常作为各种结构或装饰构件使用。

夯土结构在江西各地广泛使用，除用作建筑基础外，也大量于承重墙体，甚至用于建造桥梁和塔。此种结构建造费事，表面质量差，但若精工细作，的确具有优良的耐久性，是追求坚固永久的一种最廉价的方式。

一、砌体拱券

吉水县东吴墓系江西目前可见的早期砌体拱券结构。

1990 年 8 月，负责京九铁路吉水段施工的铁道部第十六局一处，在县城南部恩江北岸，对铁路中心线内的小山包进行爆破取土时，发现该座大型墓葬。之后，江西省文物考古研究所、吉水县博物馆对墓葬进行了抢救性发掘。墓葬平面呈"凸"字形，封土高耸，占地 900 平方米，东西南北各长约 30 米，墓向朝东。墓葬年代经国家文物局专家组论证，为三国东吴晚期，距今一千七百余年。墓室由墓门，甬道，前室，左、右耳室，后室，正方形回廊组成，用青灰色网钱纹花纹砖砌筑。甬道、回廊、耳室均为砖砌筒形拱顶，跨度约 1.5 米。前室及左、右回廊转角处各有一砖砌叠涩穹顶。后室为石砌叠涩穹顶（图 9-2-1）。发掘时发现，所有砌体均为干砌，未见使用砂浆[①]。此墓在发掘后，为配合京九铁路施工，向西移动约 200 米重建，并为此新建吉水县博物馆，加以保护。现为全国重点文物保护单位。

现存较早的地上拱券结构有建于北宋大中祥符七年(1014 年)的星子观音桥，见本书第八章第四节。此桥由七道石拱券组成，跨度 10.33 米，是最早的

图 9-2-1　吉水县东吴墓全景（姚赣摄）

大型石拱券结构。此桥具有显著的中国石拱券特征：券式为片段券；各道拱券并列砌筑，每道券的石块之间以榫卯相互搭接以增强券的整体性，但各道券之间却没有相互连接，只能靠增加生铁卡子来相互拉结（图9-2-2）。即使如此，它仍在江西保持拱券跨度记录达五百多年之久，直至明代才被打破。

明代地上拱券结构明显增加。永丰茶口桥是较早的明代石拱券结构，建于明代成化十四年（1478年），为四墩三孔石拱桥，由红砂石砌筑，总长41.9米，宽3.20米，通高5.8米（图9-2-3）。中孔跨度8.6米，矢高5米，两边孔跨度7.3米，矢高4.2米。桥面由鹅卵石铺成，桥两侧石栏杆和两端石阶梯已毁。南面桥孔下一石上有"大明成化戊戌渠县知县口口捐修"铭文。此桥为连续券，石砌整体拱面，虽跨度较小，结构整体性远胜观音桥。但拱券层很薄，未必足以支撑如此跨度，实际上仍具有某种叠涩券特性。

德兴会源桥建于明万历二十三年（1595年），全长30米，桥面宽9.4米，离水面高14.2米，单孔，跨度达到22米，为江西古代最大跨度（图9-2-4）。整座桥体和桥面均用青灰岩石砌筑而成，券式为半圆券，拱券层厚度约80厘米，整体拱面，充分体现了明代成熟的拱券技术。

砖拱券结构如九江庐山区鲁班桥，建于明崇祯年间（1628～1644年），单拱砖结构，长14.5米，宽4.8米，高4.9米，跨度5.7米。该桥全部用青砖砌筑，拱券为双层砖券，间以两层眠砖和一层密砌斗砖，再以一层眠砖与砖拱肩连接，砌筑方式复杂而不尽合理，是江西较早的大跨度砖拱券结构（图9-2-5、图9-2-6）。

清代拱券技术较明代进展甚微。瑞金云龙桥，宋代为浮桥，名绵福桥。明嘉靖十九年（1540年）始建石墩木梁桥，更名云龙桥。清康熙三十六年（1697年）改成十二墩十一孔红条石拱桥。通长177.52米，宽5米，红石砌筑连续券结构，最大一孔跨度约15米。券式为半圆券（图9-2-7）。

图9-2-2　观音桥拱券（姚糖摄）

图 9-2-3　茶口桥（永丰县博物馆提供）

图 9-2-4　会源桥（姚糖摄）

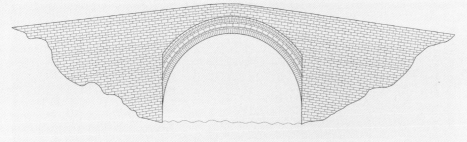

0 1 2 3 4 5m

图9-2-5 鲁班桥立面图（九江市博物馆提供）

图9-2-6 鲁班桥拱券近景（姚糖摄）

图9-2-7 云龙桥（瑞金市博物馆提供）

二、砌体墙

江西现存的早期砌体承重墙结构均为佛塔。唐塔均为墓塔，体量小，以石块堆叠而成。宋代江西建造了多座佛塔，均为砖砌体结构，是江西早期砌体承重墙结构的代表。这些塔均为单层砖砌筒体，内部以木结构楼面形成拉结，无砖砌楼面，结构简单。砖砌塔壁特别厚，使得结构有较好的刚度。如建于北宋建隆二年（公元961年）的浮梁红塔（见本书第四章第二节，以下诸塔同），高七层40.47米，壁厚3.1米。建于北宋天圣年间（1023～1031年）的浮梁双峰塔，高五层16.2米，壁厚亦达1.95米。由于塔壁厚，通常在壁内设穿壁楼梯，绕塔盘旋而上，称穿壁绕平坐。也有少数宋塔塔壁较薄，如建于北宋庆历年间（1041～1048年）的西林寺塔，高七层46米，壁厚仅2.4～1.8米，因此未设穿壁楼梯。

明代以后结构技术有所发展。始建于明万历年间（1573～1619年）、重修于清嘉庆十九年（1814年）的上饶奎文塔，壁厚3.16～2.71米，设有穿壁楼梯，但每层均以叠涩券起穹顶，支承上层楼面，形成了整体性更好的塔体结构。

一般建筑中普遍采用砖墙。墙体的砌法多样，全顺、一顺一丁、梅花丁及每皮多顺一丁等均有，以每皮多顺一丁最为多见。少数地区尚有一皮顺砌与一皮立砌相间的砌法，如高安贾家村。

除眠砌墙体外，大量使用空斗墙。空斗墙的砌法亦非常多样，基础及勒脚部分一般均为眠砌，上部有一眠一斗、二眠一斗、三眠一斗等多种砌筑方式。为提高结构强度，并改善热工性能，往往在空斗墙中填充黄泥。少数大型建筑空斗墙砌筑高度可达6米以上（图9-2-8）。

空斗墙由于强度不如眠砌墙，通常在转角等易开裂破坏处进行加固。加固的方式有多种，可以在加固部位改用眠砌，也可以在加固部位采用石材砌筑，例如以石块立砌（图9-2-9）。除在勒脚及勒脚以上部位加固外，有时也在檐下进行加固。

抚河中下游一带常见砖石混合砌体墙，以大块青石板在墙体外侧衬砌做墙裙，砌筑方式类似于空斗，亦有竖向石板向内拉结，墙体内侧则完全用砖眠砌，形成坚固墙身，高度可达2米左右。石板墙裙以上往往还眠砌数皮砖，然后才做空斗墙。如金溪竹桥余茂庆宅（图9-2-10、图9-2-11）。

砖的尺寸，宋明较大，入清后逐渐减小，至清末厚度可小至不足2厘米，亦用于砌筑空斗墙，墙体稳定性较差，易出现倾斜（图9-2-12）。

图9-2-8 高安贾家舜夫公祠侧墙（姚赯摄）

图9-2-9 高安贾家厚德堂东宅转角加固方式
（姚赯摄）

图 9-2-10　金溪竹桥余茂庆宅外墙（姚赯摄）

图 9-2-11　金溪竹桥余茂庆宅外墙内侧（姚赯摄）

图 9-2-12　南昌后万某宅砖墙（姚赯摄）

三、砖石建筑构件

石梁柱式结构在江西主要用于建造石牌坊，如宜黄谭坊大司马坊、奉新济美石坊等（均见本书第八章第三节）。亦有若干处石亭，如北宋元丰八年（1085年）建造的靖安马祖塔亭、明万历十四年（1586年）建造的庐山黄龙寺赐经亭（均见本书第八章第二节）。作为具有实际功能的建筑结构，较完整而年代又可确定的仅有建于明景泰七年（1456年）的

三清山三清宫（见本书第四章第一节）一例，纯以石柱承托石梁，石梁上再设木结构支承屋面。但由于江西石材资源丰富，在建筑局部使用石构件则极为普遍。

（一）砖石柱

设有周围廊或前廊的重要公共建筑，其廊柱常使用石柱。如江西现存的几处文庙，其大成殿周围廊柱均为石柱，安福文庙大成殿、萍乡文庙大成殿明间甚至使用透雕盘龙石柱（均见本书第三章第二

节）。民间建筑中，石柱大量应用于建造祠堂。如吉安溪陂的多处祠堂，主体部分均全用石柱（图9-2-13，见本书第六章第一节）。

清代以后，木材大料日益稀少，大型建筑开始采用砖柱，系一种特别烧制的半圆形砖，砌成圆柱，外表粉刷，刮腻子，涂漆，仿大木柱。此种做法见于江西各地，如乐安流坑大宗祠遗址（图9-2-14）等。

（二）大门

江西重要建筑如祠祀、会馆、大户住宅，常做牌坊式大门，以石梁柱形成一间两柱甚至三间四柱式结构，梁柱间填充砖墙。祠堂大门实例如乐安湖坪炽光先生祠大门（图9-2-15），会馆大门实例如永修吴城吉安会馆大门（见本书第七章第一节），住宅大门实例如南昌后万某宅大门（图9-2-16）。部分大门石柱不落地，嵌在砖墙里，形成垂莲柱式样，整体则成为一种牌坊式门罩。

大门亦可以砖砌筑成牌坊模样，砖柱常粉刷以仿石材。如广昌驿前某宅门楼，除门仪、勒脚石及梢间端部石柱外其余全为砖砌（图9-2-17）。

一般建筑外门常设石门框，当地称"门仪"，

图9-2-13 吉安溪陂洪庆堂祠红石柱（姚糖摄）

图9-2-14 乐安流坑大宗祠遗址立柱（姚糖摄）

图9-2-15 乐安湖坪炽光先生祠青石大门（姚糖摄）

图9-2-16 南昌后万某宅大门（姚糖摄）

由门仪石、门梁石、门枕石、门槛石和抱鼓石组成。江西使用青石门仪非常普遍，也有少数使用麻石（花岗石）或红石。大门作为建筑主入口，其尺度、比例均经过认真推敲，选材、做工均十分讲究，并在重点部位加饰以精美雕刻（图9-2-18）。少数门仪甚至使用汉白玉制作②。建筑内门有时也使用石门框装饰，如万载县城隍庙城隍殿侧路厢房壸门（图9-2-19）。

图9-2-17　广昌驿前某宅门楼（姚糖摄）

图9-2-18　金溪竹桥余新中宅门仪（姚糖摄）

图9-2-19　万载城隍庙后进侧墙石门框（姚糖摄）

（三）柱础

江西降水丰沛，气候潮湿，地形多河谷平原或盆地，而聚落为图运输及灌溉之利，常依托水体建设。因此建筑防潮成为重要问题，关键之一即为木结构体系中柱子的防潮。故江西普遍使用石材柱础。柱础的高度均较大，双层柱础使用极为普遍。除双层石础外，也有单层高石础上置木櫍。在鄱阳湖周围水网密集、地势较低的地区，甚至有特别高的三、四层柱础。

鄱阳明代淮王府遗址出土了相当数量的柱础。虽属于皇家建筑，受到官方制度限制，仍有相当数量的双层础，形状饱满，尺度硕大，形制简练，可作为江西明代柱础的代表（图9-2-20）。

建于明末的东乡浯溪王宅正堂柱础，下层为方形底板上设八面勾栏座，上层为莲瓣极大的覆莲石櫍，两层各由一块石块雕出，图案线条均饱满大气（图9-2-21）。

大部分两层或多层柱础由一块整石雕出。高安贾家舜夫公祠大厅柱础可视为三层础，下层为方形高底座，饰如意纹，中层为八面勾栏，上层为鼓墩。三层的形状和装饰手法各不相同，尽管形状变化复杂，仍是一块整石雕成（图9-2-22）。

进贤艾溪陈家某宅的花瓶式高柱础，高达四层，高约0.8米，底层为莲瓣很大的覆莲座，二层为仰莲鼓墩，三层为精细的覆莲座，此时高度已超过同等体量的一般双层柱础；第四层为一个高鼓墩，饰有壶门、莲瓣、回纹等多种纹样。整个柱础也是由一块整石雕出，是罕见的极为复杂的柱础（图9-2-23）。

四、夯土结构

江西南北山区均常见夯土结构的使用。围屋大量使用夯土墙做外墙甚至内墙，采用三合土版筑，又混合使用小块石材或卵石，厚度常超过1米（图9-2-24）。

除用作墙体外，江西尚有夯土塔与夯土桥。

夯土塔见于赣南，如建于清乾隆二年（1737年）的于都禾丰文峰塔，高七层约30米，单筒体结构，首层塔壁厚约2米，由三合土和少量的石块混合版筑而成（见本书第四章第二节）。

夯土桥分布更为广泛，系以夯土筑桥墩，墩上铺木材梁板而成。如樟树城湖桥，建造年代不详，可能建于清代，全长51.8米，以三合土加糯米浆版筑六座半船形分水桥墩，距离3～4米不等，桥墩之间架9～12根大小不等的圆木，其上再横铺

建筑营造与装饰

图9-2-20　鄱阳淮王府遗址柱础（姚赯摄）　　图9-2-21　东乡浯溪王宅正堂柱础（姚赯摄）

图 9-2-22　高安贾家舜夫公祠大厅柱础（姚糖摄）

图 9-2-23　进贤艾溪陈家某宅花瓶式高柱础（姚糖摄）

图 9-2-24　龙南关西新围版筑外墙（姚糖摄）

图 9-2-25　樟树城湖桥夯土桥墩（樟树市博物馆提供）

数层木板，木板之上再铺一层三合土为桥面，中间再镶嵌一条青石板加固（图 9-2-25）。

第三节　建筑装饰

一、石雕

（一）梁柱装饰

建于明万历二十八年（1598 年）的奉新济美石坊（见本书第八章第三节）是江西最杰出的石雕建筑艺术珍品。自最低一层枋底高度开始，直至屋面檐口，除用于题款的中枋留白，其余梁枋柱各面几乎全用雕刻填充，各个面内外各不相同，充分显示了明代工匠的艺术创造力。

南、西两面外檐下枋做二龙戏珠高浮雕，上枋做人物故事场景高浮雕（图 9-3-1 ～图 9-3-3），内檐下枋做麒麟高浮雕，上枋做凤凰高浮雕，北、东两面的外檐上枋做凤凰高浮雕（图 9-3-4、图 9-3-5），都是极其杰出的石雕艺术品。其余如北、

图 9-3-1 济美石坊南面梁枋雕刻（姚糖摄）

图 9-3-2 济美石坊上枋石雕骑马人物（姚糖摄）

图 9-3-3 济美石坊下枋石雕龙头（姚糖摄）

图 9-3-4　济美石坊东面上枋石雕凤凰（姚糖摄）

图 9-3-5　济美石坊蜀柱石雕力士（姚糖摄）

图 9-3-6　金溪游垫总宪第大门（姚糖摄）

东两面的外檐下枋六角菱花浮雕图案，普拍枋如意卷草浮雕图案，亦姿态优美、雕工生动。

其他石结构大门、牌坊等通常只作重点装饰，雕工亦甚可观。装饰部位包括石梁枋、柱头等，装饰方式包括：

图案，通常基于某种几何纹样如菱形、六边形等，清代以后通常还填充花卉图案。用于覆盖整个梁枋、柱头或梁枋两端。

透雕动物和戏剧人物，通常置于梁枋中部开光，包括龙凤、麒麟、八仙过海等。

实例如金溪游垫总宪第大门，石柱柱头雕六边形花卉纹，上枋端头雕菱形花卉纹，中间开光雕云龙图案，下坊全为云龙图案（图 9-3-6）。

门仪的装饰重点通常包括门仪和门梁连接处，往往在此设透雕雀替。此外，门枕、抱鼓石也都是重点装饰部位。

（二）石雕花窗

江西石雕花窗几乎全部位于外墙，尺寸均不大，主要起通风和装饰作用，对采光影响有限。做法为一块石板上透雕出图案，形状以长方形为主，偶尔也能见到圆形和瓶形。如金溪竹桥余利权宅青石花窗，基于矩形形状，按木隔扇隔心做法进行透雕和浅浮雕，甚至连木构件接缝也一丝不苟地雕出（图9-3-7）。寻乌周田上田塘湾红石花窗则简单得多，仅透雕万字图案（图9-3-8）。遂川堆子前黄宅红石花窗，形态为正方形，周围窗框浮雕回纹图案，窗心中央为大喜字，下部形成景框，内雕戏剧场景，周围绣的卷章。雕工细致，构图复杂（图9-3-9）。

（三）天井

江西的天井普遍以石材铺砌，亦为重要的装饰部位，但图案简单，通常以线刻为主。新余仁和衡庐钟秀宅天井周围各面均施浮雕，长边雕云龙天宫，短边雕吉祥如意，是少见的做法（图9-3-10）。有时在天井的四角加设短柱，施以浮雕。高安贾家洪兴堂天井，底板四角雕线刻如意纹，天井四角设短柱，浮雕辟邪形象（图9-3-11）。万载田下路某宅天井亦有类似做法。

图9-3-7 金溪竹桥余利权宅钩片花窗（姚糖摄）　图9-3-8 寻乌周田上田塘湾福字花窗（姚糖摄）　图9-3-9 遂川堆子前黄宅卷草花窗（姚糖摄）

图9-3-10 新余仁和衡庐钟秀宅天井石雕（姚糖摄）

图9-3-11 高安贾家洪兴堂天井石雕短柱（姚糖摄）

二、木雕

（一）梁柱装饰

在江西古建筑中，木结构梁架既是主要的承重结构体系，同时也经常成为装饰的重点部位，使木材的结构性能和装饰性能同时充分发挥，材料、结构和装饰浑然一体。

明代和大部分地区的清代木结构梁架本身相对简洁，梁身仅饰简单线刻，如金溪曾家某宅穿斗梁架几乎满铺剔地起突浅浮雕，已属少见（图9-3-12）。大部分梁架将装饰集中在梁柱连接的节点部位，包括雀替、插枋、丁头棋等，以及蜀柱、垂莲柱或不落地的穿柱与梁连接的部位，常设驼峰、平盘斗等。外檐檐下也是装饰重点，挑梁、丁头棋、撑棋等出挑构件的形式均非常多样，并饰以各种图案，如南丰古竹戏台夔龙撑棋（图9-3-13）。

清代以后，特别是在赣东北地区，梁身的雕饰也日益复杂，常在明间额枋中部开光，雕巨大的戏剧人物场景（图9-3-14）。

乐平车溪敦本堂是木结构建筑构件雕刻艺术的杰出代表。该祠堂的戏台（见本书第六章第三节）和祭堂的梁架、出挑构件几乎充满雕刻，技法包括线刻、浮雕、高浮雕甚至透雕，构图饱满，形态生动，与构件本身紧密结合，体现了高超的工艺和艺术水平（图9-3-15～图9-3-18）。

图9-3-12　金溪曾家某宅穿斗梁架装饰（姚赯摄）

图9-3-13　南丰古竹戏台夔龙撑棋（姚赯摄）

图 9-3-14　乐平许崹名分堂戏台额枋（姚糖摄）

图 9-3-15　敦本堂祭堂轩廊挑头（姚糖摄）

图 9-3-16　敦本堂祭堂平盘斗，带纱帽翅插棋（姚糖摄）

图 9-3-17　敦本堂祭堂雀替（姚糖摄）

图 9-3-18　敦本堂戏台垂莲柱（姚糖摄）

（二）天花

江西一般民居中少用天花，多为彻上露明造，但重要建筑如宗祠的大厅明间等部位往往采用非常复杂的藻井天花。特别是在赣中吉泰盆地一带，天井发生退化，其采光通风功能由天门、天眼或天窗取代，但天井的空间位置仍然保留，在原应设天井开口的部位通常都做天花藻井。

藻井形式以覆斗式最为常见，但八边形和圆形藻井也很多。由于藻井只有在特别重要的部位才出现，往往做成双层藻井，上下层间以曲颈轩连接。通常都以多种手段进行综合装饰，包括构件、雕饰和彩绘。

广昌驿前奎璧联辉宅三进大厅藻井，是典型的覆斗式藻井，四面开光做浮雕，每幅各有典故。顶板贴预制拼装图案，尤为精致（图9-3-19）。

乐平浒崦名分堂戏台藻井，是方形天花内嵌圆形藻井，井中央为描金云龙浮雕，周围以小栱旋转排列支承天花，并插入描金祥云人物圆雕，井外做一圈描金缠枝图案浮雕，四角为描金五福图案浮雕，最外圈再加描金如意纹图案浮雕。做工精致，色彩华丽，装饰效果强烈（图9-3-20）。

除藻井外，偶尔也能见到非常精致的普通平天花装饰，如瑞金密溪某祠门厅天花，使用菱花图案进行基本划分，在每个菱花中精雕各种图案，包括动物、戏剧场景等，各有寓意，极为复杂（图9-3-21）。

图9-3-19　广昌驿前奎璧联辉宅三进大厅藻　图9-3-20　乐平浒崦名分堂戏台藻井（姚糖摄）
井（姚糖摄）

图9-3-21　瑞金密溪某祠门厅天花（姚糖摄）

（三）门窗隔扇

江西地方传统建筑以天井为中心，天井周围除正厅通常为敞口厅外，其余各面，特别是两厢和正厅两侧的正房，均大量使用隔扇装饰。

隔扇制作异常精美，大量使用六槕隔扇，八扇、四扇甚至两扇的也有。隔扇门形式以五抹、六抹为主，隔扇窗则以四抹、五抹为主。

清代中期以前，隔扇尚较简朴。裙板完全无装饰或仅起简单线脚，绦环板雕刻以线刻或浮雕简单图案为主，每扇隔扇仅一块绦环板有雕饰。隔心则以素方格、菱格、席纹等简单纹样为主，雕饰甚少，如建于明末的东乡浯溪王宅隔扇（图9-3-22）。至清乾隆以后，虽然衙署、官厅甚至部分祠堂仍保持简朴传统（图9-3-23），但一般建筑中隔扇雕饰日益复杂。隔扇上部的绦环板常雕各种吉庆图案，中部的绦环板则雕戏剧人物场景。隔心则在纹样的基础上加入各种图案，甚至做双层套雕（图9-3-24、图9-3-25）。虽然工艺的确可观，但装饰效果则不免过于繁复。

图9-3-22　东乡浯溪王宅隔扇窗（姚赣摄）

图9-3-23　浮梁县衙三堂廊下隔扇窗（姚赣摄）

图9-3-24 万载猛辉某宅隔扇门窗及窗栏（姚赣摄）

图9-3-25 高安贾家厚德堂隔扇门（姚赣摄）

三、砖雕

（一）砖雕门楼

砖石门楼或砖砌门楼的重点装饰部位，除石构件外，还包括檐下及墙体的砖作部分。

婺源庆源某宅砖砌门楼，梁枋均仿石构件装饰，普拍枋和匾额周围为回纹满铺，上层枋以钱纹嵌花卉满铺，下层枋以席纹嵌花卉为底，衬托四帧浮雕圆光，柱头为钱纹加万字花卉满铺。全为砖作，但雕工足以与石作相比（图9-3-26）。

建于清乾隆八年（1743年）的广昌驿前奎壁联辉宅门楼，檐口亦为三层仰莲叠涩出挑，其下为一层植物图案高浮雕，形象、姿态均颇写实。再下为三层枭混线脚，普拍枋为回纹满铺。上枋为梧凤图案，下枋为云图案，均为接近写实的高浮雕。匾额周围为一圈植物图案，四角为透雕蝙蝠。亦全为砖作，极其华丽（图9-3-27）。

（二）砖雕照壁

江西古建筑大量使用砖砌照壁，有建在建筑外部，面对大门者，有建在建筑内部，面对庭院或天井者。式样均仿牌坊，进行四柱三间划分。

乐安流坑村尚保留两处明代照壁，一处为怀德堂宅丹凤朝阳照壁，见本书第五章第一节。另一处为永享堂麒麟望日照壁，明间磨砖对缝壁心中央镶有一高100厘米、宽80厘米的立体堆塑麒麟，麒麟龙头鹿身牛尾，张口吐舌，双耳耸起，满身鳞甲，前肢腾起，后半身下蹲，身披彩带，凌驾于波涛之上，回头仰望左上方一轮环绕火焰的太阳，构成"麒麟望日"图（图9-3-28）。

图 9-3-26　婺源庆源某宅砖雕大门（姚赪摄）

图 9-3-27　广昌驿前奎壁联辉宅门楼（姚赪摄）

图 9-3-28　乐安流坑永享堂麒麟望日照壁（姚赪摄）

图 9-3-29　景德镇陶瓷博览区"清园"大夫第砖雕花窗（姚糖摄）

图 9-3-30　德兴海口某宅砖雕花窗（姚糖摄）

清代以后的照壁大部分均较朴素，仅在局部采用少量砖雕装饰。

（三）砖雕花窗

江西砖雕花窗形状均较简单，以矩形为主。图案主要依靠各种预制构件拼装而成，构件本身一般并不复杂，但图案则非常丰富。景德镇陶瓷博览区"清园"大夫第（见本书第五章第一节）的外墙花窗为多种预制件拼装而成（图9-3-29）。德兴海口某宅花窗是非常复杂的预制构件（图9-3-30）。

四、墨绘及彩绘

（一）墨绘

江西古建筑各地都有墨绘的使用，外檐均在檐下，通常为简单的装饰图案。内檐墨绘内容更为丰富。

横峰枫林某宅（现为闽浙赣省军区司令部旧址）明间侧墙粉壁墨绘琴棋书画、梅兰菊竹等图案，是较少见的内檐大面积墨绘图案（图9-3-31）。

一种特别的墨绘是在承檩山墙上绘制梁架。如广昌驿前迎熏宅明间侧墙以墨绘穿斗梁柱（图9-3-32）。

乐安流舍蓝科进公祠系少见的畲族祠祀，做法总体与周边一般汉族祠堂无异，侧墙大量使用墨绘绘制简单的梁柱线条，亦为汉族祠堂中可见的做法，唯后寝以墨绘神橱，为此处仅见（图9-3-33）。

（二）彩绘

彩绘在江西古建筑中更为常用。除各地外檐下常用彩绘简单图案外，内檐彩绘更加丰富多彩。

内檐彩绘以天花彩绘为主。建于清代中期的遂川堆子前燕山书院彩绘天花，是江西现存最杰出的天花彩绘，数量达近百幅，色彩鲜艳，形象生动（图9-3-34）。

天花彩绘中，最常见的是藻井彩绘。如南丰古竹戏台藻井彩绘八仙图（图9-3-35）。

图9-3-31　横峰枫林某宅粉壁墨绘（姚赯摄）

图 9-3-32　广昌驿前迎薰宅山墙墨绘（姚赯摄）

图 9-3-33　乐安流舍蓝科进公祠墨绘神橱（姚赯摄）

图 9-3-34　遂川堆子前燕山书院彩绘天花（姚糖摄）

图 9-3-35　南丰古竹戏台藻井彩绘（姚糖摄）

和墨绘一样，也有一种特殊的彩绘是在山墙承檩　　的山墙上绘制假梁架，如兴国三僚某宅（图 9-3-36）。

图 9-3-36　兴国三僚某宅山墙彩绘（姚糖摄）

注释

① 见吉水县政府网站 http://www.jishui.gov.cn/rwjs/rwls/gjxz/2012-02-07/65.html，2013-03-11。

② 黄浩. 江西民居. 北京：中国建筑工业出版社，2008.

江西古建筑地点及年代索引

名称	类型	地点	年代	保护等级
南昌古城	古城	南昌市	唐朝初年	中国历史文化名城
赣州古城	古城	赣州市	梁承圣元年（公元552年）	中国历史文化名城
临江大观楼	谯楼	樟树市临江镇	始建于宋代，清同治十二年（1873年）复建	江西省文物保护单位
南康府谯楼	谯楼	星子县南康镇	始建于南宋乾道年间（1165～1173年），清末修复	江西省文物保护单位
袁州府谯楼	谯楼	宜春市旧城区鼓楼路	始建于南唐保大二年（公元944年），清光绪十四年（1888年）年维修	全国重点文物保护单位
景德镇	古镇	景德镇市	宋景德元年（1004年）	中国历史文化名城
河口镇	古镇	铅山县	明代中叶	江西省历史文化名镇
上清镇	古镇	龙虎山风景名胜区	唐代	中国历史文化名镇
贾家村	古村	高安市新街镇	明洪武初年	中国历史文化名村
渼陂村	古村	吉安市青原区文陂乡	南宋初年	中国历史文化名村
东龙村	古村	宁都县田埠乡	北宋乾德五年（公元967年）	中国历史文化名村
严台村	古村	浮梁县江村乡	南宋嘉泰元年（1201年）	中国历史文化名村
流坑村	古村	乐安县牛田镇	五代南唐昇元年间（公元937～943年）	中国历史文化名村
浮梁县衙	衙署	浮梁县浮梁镇旧城村	清宣统元年（1909年）	江西省文物保护单位
萍乡文庙	学校	萍乡市旧城区文庙巷	清同治十年（1871年）	江西省文物保护单位
赣州文庙	学校	赣州市章贡区厚德路	清乾隆四十二年（1778年）	全国重点文物保护单位
安福文庙	学校	安福县平都镇西门	清同治二年（1863年）	全国重点文物保护单位
玉山考棚	学校	玉山县冰溪镇宝庆桥	清同治六年（1867年）	江西省文物保护单位
白鹿洞书院	学校	庐山风景名胜区	晚清	全国重点文物保护单位
鹅湖书院	学校	铅山县鹅湖镇	晚清	全国重点文物保护单位
朗山书院	学校	吉水县金滩镇栗头村	清代中期	吉水县文物保护单位
流坑文馆	学校	乐安县牛田镇流坑村	清代后期	全国重点文物保护单位
普通寺	寺院	上栗县上栗镇杨岐村	清末	萍乡市文物保护单位
天师府	宫观	龙虎山风景名胜区上清镇	清同治六年（1857年）重建	全国重点文物保护单位
青云谱道院	宫观	南昌市青云谱区青云谱镇	清末	全国重点文物保护单位
抚州玉隆万寿宫	宫观	抚州市文昌桥东	清光绪八年至光绪十二年（1882～1886年）	全国重点文物保护单位
陈坊万寿宫	宫观	铅山县陈坊乡陈坊上街	清代中期	铅山县文物保护单位
排埠万寿宫	宫观	铜鼓县排埠镇下街永庆村	清道光二十三年（1843年）	铜鼓县文物保护单位
三清山三清宫	宫观	三清山风景名胜区	明景泰七年（1456年）	全国重点文物保护单位
乘广禅师塔、甄叔禅师塔	墓塔	上栗县杨岐山	唐贞元十四年（公元798年）、大和元年（公元832年）	全国重点文物保护单位

名称	类型	地点	年代	保护等级
大宝光塔	墓塔	赣县田村镇东山村宝华寺	唐咸通十五年（公元874年）建，北宋元丰二年（1079年）重修	全国重点文物保护单位
浮梁红塔	佛塔	浮梁县浮梁镇旧城村	北宋建隆二年（公元961年）	江西省文物保护单位
双峰塔	佛塔	浮梁县勒功乡	北宋庆历年间（1041～1048年）	景德镇市文物保护单位
西林寺塔	佛塔	庐山风景名胜区	北宋庆历年间（1041～1048年）	江西省文物保护单位
嘉祐寺塔	佛塔	大余县南安镇	北宋嘉祐元年（1056年）	全国重点文物保护单位
无为寺塔	佛塔	安远县欣山镇	北宋绍圣四年（1097年）	全国重点文物保护单位
奎文塔	风水塔	上饶市郊北门乡龙潭村	始建于明万历年间（1573～1620年），清嘉庆十九年（1814年）重建	上饶市文物保护单位
禾丰文峰塔	风水塔	于都县禾丰镇水阁村	清乾隆二年（1737年）	于都县文物保护单位
祥集弄民宅	住宅	景德镇市珠山区祥集弄	明嘉靖年间（1522～1566年）	全国重点文物保护单位
景德镇"明间"、"清园"	住宅	景德镇市古陶瓷博览区	明嘉靖年间（1522～1566年）至清道光年间（1821～1850年）	全国重点文物保护单位（"明间"）、江西省文物保护单位（"清园"）
程家大屋	住宅	新建县大塘坪乡汪山村	清道光年间（1821～1850年）至同治年间（1862～1874年）	江西省文物保护单位
怀德堂	住宅	乐安县牛田镇流坑村贤伯巷68号	明隆庆、万历间（1567～1620年）	全国重点文物保护单位
余振汉宅	住宅	金溪县双塘镇竹桥村八家弄	晚清	金溪县文物保护单位
恢烈公祠	住宅	赣县白鹭乡白鹭村	清乾隆年间（1736～1795年）	江西省文物保护单位
州司马第	住宅	吉水县金滩镇燕坊村	清道光年间（1821～1850年）	江西省文物保护单位
厚德堂	住宅	高安市新街镇贾家村	清代中期	江西省文物保护单位
司马第	住宅	婺源县沱川乡理坑村	清顺治十七年（1660年）	全国重点文物保护单位
关西新围	围屋	龙南县关西镇关西村	清道光七年（1827年）	全国重点文物保护单位
燕翼围	围屋	龙南县杨村镇杨村圩	清康熙十六年（1677年）	全国重点文物保护单位
东生围	围屋	安远县镇岗乡老围村	清同治七年（1868年）	全国重点文物保护单位
邱家大屋	围屋	铜鼓县排埠镇黄溪村	清乾隆年间（1736～1796年）	铜鼓县文物保护单位
东里一望	围屋	宁都县田埠乡东龙村	清乾隆年间（1736～1796年）	
邓家围垅屋	围屋	分宜县湖泽镇尚睦村	清嘉庆二十四年（1819年）	江西省文物保护单位
汪氏五股祠堂	祠堂	景德镇市古陶瓷博览区	明嘉靖三年（1524年）	江西省文物保护单位
瑶里程氏宗祠	祠堂	浮梁县瑶里镇	清道光年间（1821～1850年）	全国重点文物保护单位
龙溪祝氏宗祠	祠堂	广丰县东阳乡龙溪村	清雍正六年（1728年）至咸丰九年（1859年）	全国重点文物保护单位
东阳管氏宗祠	祠堂	广丰县东阳乡管村	清康熙年间（1662～1722年）至道光年间（1821～1850年）	上饶市文物保护单位
贾家贾氏宗祠	祠堂	高安市新街镇贾家村	清嘉庆年间（1796～1820年）	全国重点文物保护单位
渼陂梁氏宗祠	祠堂	吉安市青原区文陂乡渼陂村	清光绪己卯至民国4年（1879～1915年）	全国重点文物保护单位

名称	类型	地点	年代	保护等级
洽湾胡氏宗祠	祠堂	南丰县洽湾镇洽湾村	明万历四十八年（1620 年）至清乾隆五十三年（1788 年）	南丰县文物保护单位
大埠头黄氏宗祠	祠堂	信丰县新田镇大埠头村	清顺治七年（1650 年）至康熙五十八年（1719 年）	信丰县文物保护单位
汪口俞氏宗祠	祠堂	婺源县江湾镇汪口村	清乾隆九年（1744 年）	全国重点文物保护单位
万载城隍庙	民间祭祀	万载县康乐街道仿古街	清咸丰八年（1858 年）至同治九年（1870 年）	万载县文物保护单位
上甘傩神殿	民间祭祀	南丰县白舍镇上甘村	清代中后期	南丰县文物保护单位
上栗小枧傩庙	民间祭祀	上栗县东源乡小枧村	清晚期	江西省文物保护单位
玉泉行宫	民间祭祀	金溪县琉璃乡下宋村	清康熙九年（1670 年）至道光三十年（1850 年）	金溪县文物保护单位
北屏禅林	民间祭祀	丰城市张巷镇白马寨村	清末	宜春市文物保护单位
敦本堂戏台	戏台	乐平市涌山镇车溪村	清同治九年（1875 年）	乐平市文物保护单位
名分堂戏台	戏台	乐平市镇桥镇浒崦村	清道光十五年（1835 年）	全国重点文物保护单位
横路万年台	戏台	乐平市双田镇横路村	清道光年间	
京台戏台	戏台	安义县石鼻镇京台村	清乾隆十年（1745 年）	江西省文物保护单位
古竹戏台	戏台	南丰县白舍镇古竹村	清末	
阳春戏台	戏台	婺源县镇头镇阳春村	清代中期	全国重点文物保护单位
景德镇湖北会馆	会馆	景德镇市珠山区彭家下弄 13 号	清道光年间（1820～1850 年）	景德镇市文物保护单位
吴城吉安会馆	会馆	永修县吴城镇	清道光七年（1827 年）	江西省文物保护单位
河口建昌会馆	会馆	铅山县河口镇解放街	清乾隆十四年（1749 年）	铅山县文物保护单位
石塘昭武会馆	会馆	铅山县石塘镇	清乾隆十五年（1750 年）	
景德镇坯房	作坊	景德镇市古陶瓷博览区	清末	
景德镇镇窑	作坊	景德镇市古陶瓷博览区	清末	全国重点文物保护单位
刘家弄古作坊群	作坊	景德镇市珠山区	清至民国	景德镇市文物保护单位
大新油坊	作坊	浮梁县江村乡严台村	清末	
瑶里程氏商店	店铺	景德镇市古陶瓷博览区	明天启年间（1621～1627 年）	全国重点文物保护单位
南大路 98 号店铺	店铺	万载县南大路 98 号	清末	
怡生杂货店	店铺	婺源县段莘乡庆源村	清末至民国初年	
烟水亭	园林	九江市浔阳区甘棠湖	清同治七年（1868 年）至光绪年间（1875～1908 年）	江西省文物保护单位
石钟山	园林	湖口县双钟镇	清末	全国重点文物保护单位
羽琌山馆	园林	进贤县架桥镇艾溪陈家村	清光绪元年（1875 年）	全国重点文物保护单位
玉山鸿园	园林	玉山县冰溪镇	清光绪十六年（1890 年）	江西省文物保护单位
凤山客馆	园林	婺源县浙源乡凤山村	清末至民国初年	婺源县文物保护单位
马祖塔亭	亭	靖安县宝峰镇石门山宝峰寺	北宋元丰八年（1085 年）至元至治元年（1321 年）	全国重点文物保护单位
黄龙寺赐经亭	亭	庐山风景名胜区	明万历十四年（1586 年）	全国重点文物保护单位

名称	类型	地点	年代	保护等级
青原台	台	吉安市沿江路白鹭洲公园	清同治八年（1869 年）	江西省文物保护单位
永清岩观音楼	楼	安远县龙布镇镜溪村	清康熙二十四年（1685 年）	江西省文物保护单位
龙溪文昌阁	阁	广丰县管村乡龙溪村	清同治七年（1868 年）	江西省文物保护单位
石溪联科牌楼	牌坊	吉安县官田乡石溪村	明天顺六年（1462 年）	吉安县文物保护单位
大司马牌坊	牌坊	宜黄县凤冈镇谭坊村	明万历二年（1574 年）	江西省文物保护单位
济美石坊	牌坊	奉新县会埠乡招边村	明万历二十八年（1598 年）	江西省文物保护单位
建春门浮桥	桥梁	赣州市章贡区建春门	始建于南宋乾道年间（1163 ～ 1173 年）	赣州市文物保护单位
观音桥	桥梁	星子县白鹿乡栖贤谷	北宋大中祥符七年（1014 年）	全国重点文物保护单位
万年桥	桥梁	南城县万坊镇万年桥村	清顺治四年（1647 年）	全国重点文物保护单位
玉带桥	桥梁	信丰县虎山乡中心村禾场排	清乾隆五年（1740 年）	全国重点文物保护单位
彩虹桥	桥梁	婺源县清华镇上街	南宋	全国重点文物保护单位

参考文献

一、古籍

[1] 同治赣州府志

[2] 光绪江西通志

[3] 康熙江西通志

[4] 道光宁都直隶州志

[5] 同治建昌府志

[6] 同治高安县志

[7] 同治湖口县志

[8] 康熙新建县志

[9] 乾隆南昌府志

[10] 万历南昌府志

[11] 同治南昌府志

[12] 江城名迹记

[13] 同治赣县志

[14] 嘉靖赣州府志

[15] 同治临江府志

[16] 同治南康府志

[17] 同治袁州府志

[18] 道光浮梁县志

[19] 同治铅山县志

[20] 民国昭萍志略

[21] 同治玉山县志

[22] 同治德化县志

[23] 民国南昌县志

[24] 同治萍乡县志

[25] 民国南昌文征

[26] 同治义宁州志

[27] 同治南安府志

[28] 同治安远县志

[29] 同治广信府志

[30] 光绪龙南县志

[31] 民国万载县志

[32] 东昌志

[33] 同治吉安府志

[34] 康熙南城县志

二、现代出版古籍及志书

[1] (清)蓝浦, 郑廷桂著. 连冕编注. 景德镇陶录图说. 济南: 山东画报出版社, 2004.

[2] (明)费元禄. 晁采馆清课. 上海: 商务印书馆, 1936.

[3] (清)娄近垣编撰. 张炜, 汪继东校注. 龙虎山志. 南昌: 江西人民出版社, 1996.

[4] (明)徐宏祖. 徐霞客游记. 上海: 上海古籍出版社, 1982.

[5] 白鹿洞书院古志整理委员会. 白鹿洞书院古志五种. 北京: 中华书局, 1995.

[6] 陈连生主编. 鹅湖书院志. 合肥: 黄山书社, 1994.

[7] 德兴县志编纂委员会办公室编. 三清山志. 德兴: 德兴县志编纂委员会办公室印, 1990.

[8] 汪凤刚主编. 玉山县志. 南昌: 江西人民出版社, 1985.

[9] (民国)吴宗慈编撰. 胡迎建, 宗九奇, 胡克沛注释. 庐山志. 南昌: 江西人民出版社, 1996.

三、专著

[1] 许怀林. 江西史稿. 南昌: 江西高校出版社, 1998.

[2] 谭其骧. 中国历史地图集. 北京: 中国地图出版社, 1988.

[3] 黄浩. 江西民居. 北京: 中国建筑工业出版社, 2008.

[4] 江西省文物考古研究所, 樟树市博物馆. 吴城——1973～2002年考古发掘报告. 北京: 科学出版社, 2005.

[5] 万幼楠. 赣南传统建筑与文化. 南昌: 江西人民出版社, 2013.

[6] 余家栋. 江西陶瓷史. 开封: 河南大学出版社, 1997.

[7] 方李莉.传统与变迁.南昌：江西人民出版社，2000.

[8] 周銮书主编.千古一村——流坑历史文化的考察.南昌：江西人民出版社，1997.

[9] 李国钧主编.中国书院史.长沙：湖南教育出版社，1994.

[10] 叶平.名人与东林寺.北京：宗教文化出版社，1995.

[11] 卿希泰主编.中国道教（第一卷）.北京：知识出版社，1994.

[12] 王鹤龄，王澄.中国祠堂通论.上海：上海古籍出版社，2013.

[13] 罗哲文，刘文渊，刘春英.中国名桥.天津：百花文艺出版社，2006.

[14] 刘敦桢.中国古代建筑史.北京：中国建筑工业出版社，1984.

[15] 潘谷西.中国古代建筑史（第4卷）：元、明建筑.北京：中国建筑工业出版社，2009.

[16] 孙大章.中国古代建筑史（第5卷）：清代建筑.北京：中国建筑工业出版社，2009.

[17] 刘致平.中国建筑类型及结构.北京：中国建筑工业出版社，1987.

[18] 姚承祖原著.张至刚增编.刘敦桢校阅.营造法原.北京：中国建筑工业出版社，1987.

[19] 孙大章.中国民居研究.北京：中国建筑工业出版社，2004.

[20] 周銮书.景德镇史话.南昌：江西人民出版社，2004.

[21] 周銮书.庐山史话.上海：上海人民出版社，1981.

四、学术论文

[1] 周銮书.江西历史文化的遗存和弘扬.文史大观，2004，2.

[2] 姚赯.山环水绕中的江西地方建筑传统.建筑

百家谈古论今——地域篇.北京：中国建筑工业出版社，2007.

[3] 彭适凡.再论古代南昌城的变迁与发展.南方文物，1995，4.

[4] 冯长春.试论水塘在城市建设中的作用及利用途径——以赣州市为例.城市规划，1.

[5] 蔡晴，姚赯.传统乡土聚落环境意义的解读.农业考古，2012，4.

[6] 王洪军，李淑芳.唐代尊祀孔子研究——祭孔祀奠礼乐研究.齐鲁文化研究（第六辑）.济南：山东文艺出版社，2007.

[7] 姚赯.江西三大书院述略.建筑与文化论集（第七卷）.武汉：湖北科技出版社，2004.

[8] 万艳华.风水建筑钩沉.古建园林技术，2002，4.

[9] 姚赯.明清汉族民居的居住空间模式.空间.1990，6.

[10] 蔡晴，姚赯.临水而居和枕水而居——婺源与江南滨水历史聚落空间特征的比较研究.农业考古.2009，4.

五、历史聚落保护规划

[1] 上海同济城市规划设计研究院编制.南昌历史文化名城保护规划.2010.

[2] 上海同济城市规划设计研究院编制.赣州历史文化名城保护规划.2002.

[3] 中国城市规划设计研究院编制.景德镇老城区保护整治与更新规划.2002.

[4] 上海同济城市规划设计研究院编制.江西省铅山县河口历史文化名镇保护规划.2010.

[5] 南昌大学城市规划研究所编制.上清古镇历史风貌保护规划及详细规划.2002.

[6] 浙江大学城乡规划研究院编制.宁都县田埠乡东龙历史文化名村保护与整治规划.2009.

[7] 江西省城乡规划设计研究院编制.浮梁县江村乡严台村保护规划.2008.

后记

撰写《江西古建筑》一书，是本书所有作者长期以来的愿望。江西北濒长江，南倚南岭，东连瓯越，西接湖广，自唐宋以来，文化昌盛，经济繁荣，古建筑遗存类型丰富，数量众多，地域特征鲜明，艺术价值显著，是中国南方文化遗产的重要组成部分，其面貌理应在学术界、文化界乃至全体公众中得到充分展示，并引起充分重视。然而，由于历史和现实的原因，江西古建筑长期以来未能得到深入研究，基础资料薄弱，参考文献稀少，给写作本书带来了巨大困难。本书的写作，自2010年接受委托起，历时超过四年，在此期间，各位作者都恰逢本职工作极为繁忙的时段。本书是在所有参与者共同付出巨大努力和精诚协作之下艰难完成的。

本书共有五人参与撰写，并聘有三位顾问。除姚赯、蔡晴担任主编外，还有下列三位作者：

张义锋，江西万年人，1965年生。1987年毕业于同济大学建筑学专业，获工学士学位。现任江西省浩风建筑设计院院长、技术总监，高级建筑师，一级注册建筑师，中国民族建筑研究会民居建筑专业委员会学术委员，江西省建设工程勘察设计协会常务理事，江西省建设工程勘察设计协会建筑设计专业委员会委员。

徐少平，江西丰城人，1965年生。1987年毕业于河海大学农田水利专业，获工学士学位。1998年参加全国第四期古建筑保护培训班学习结业，此后一直从事文物保护工程勘察设计、规划工作，主持百余项古建筑修复工程设计。现任江西省文物建筑保护中心副主任、总工程师，高级工程师，国家文物局全国重点文物保护单位审核专家库专家。

肖发标，江西龙南人，1967年生。1992年毕业于厦门大学考古学专业，获文学士学位。长期从事文物考古与保护工作，填补国内多项考古空白，发掘成果皆进入年度全国十大考古新发现评选名单，并入选2009年全国十大考古新发现。现任江西省文物考古研究所研究馆员，文化部优秀专家，

全国十大"艺德楷模"。

本书顾问黄浩先生，是建筑界前辈，江西古建筑研究的开拓者，中国民居大师，曾长期担任中国民族建筑研究会民居建筑专业委员会副主任委员。所著《江西民居》一书，是第一部关于江西古建筑的研究专著。本书的写作，自始至终都得到黄浩先生的热情支持、鼓励和指导。

本书顾问王紫林先生，早年毕业于北京大学历史系，在江西长期从事文物保护行政工作，现任江西省文物局文物保护处副处长，既具有官员身份，又是历史和考古领域的专业人士。他的视野和经验，对本书的框架搭建、案例选择和资料准备，都具有非常重要的作用。

本书顾问梁洪生先生，是江西省著名历史学家、江西地方史专家，江西省历史学会副会长兼秘书长，江西师范大学历史系教授。他的研究积累、观点和方法对本书的写作给予了非常显著的影响。

对本书的资料获取给予巨大帮助的单位有：

江西省建设厅、江西省文化厅、江西省文物局、江西省文物保护中心、南昌大学建筑系、江西省博物馆、江西省考古研究所、三清山风景名胜区管委会、龙虎山风景名胜区管委会、南昌市博物馆、赣州市博物馆、九江市博物馆、景德镇市博物馆、抚州市博物馆、宜春市博物馆、吉安市博物馆、新余市博物馆、萍乡市博物馆、安源路矿工人运动纪念馆、上饶市博物馆、新建县博物馆、进贤县博物馆、安义县博物馆、庐山博物馆、湖口县博物馆、星子县博物馆、樟树市博物馆、丰城市博物馆、万载县博物馆、铜鼓县博物馆、高安市博物馆、靖安县博物馆、奉新县博物馆、分宜县博物馆、吉安县博物馆、吉水县博物馆、安福县博物馆、遂川县博物馆、金溪县博物馆、乐安县博物馆、广昌县博物馆、东乡县博物馆、南城县博物馆、南丰县博物馆、宜黄县博物馆、瑞金市博物馆、龙南县博物馆、宁都县博物馆、信丰县博物馆、安远县博物馆、大余县博

物馆、兴国县博物馆、寻乌县博物馆、乐平市博物馆、浮梁县博物馆、铅山县博物馆、玉山县博物馆、广丰县博物馆、德兴市博物馆、横峰县博物馆、婺源县博物馆等。

江西省文物保护中心、南昌大学建筑系、九江市博物馆为本书提供了珍贵测绘图纸。吉水县博物馆、铅山县博物馆、吉安县博物馆、永丰县博物馆、瑞金市博物馆、樟树市博物馆、景德镇市城市规划局总工程师邹虚怀先生、南昌大学建筑系副教授邱路先生、南昌大学建筑系校友何昱先生为本书提供了珍贵照片。福州大学建筑学院教授朱永春先生在本书撰写之初提出的意见为本书增添了重要内容。南昌大学建筑工程学院刘丹先生、南昌大学建筑系校友黄继东先生、九江市文物局吴宜先先生利用业余时间，为本书作者调研提供了关键帮助，使本书能够及时完稿。

对以上各位先生和单位的无私帮助与指导，本书作者在此一并表示最衷心的谢忱。

本书撰写分工如下：

第一章　由姚糖执笔；

第二章　由蔡晴执笔；

第三章第一节　由徐少平执笔；

第三章第二节、第三节　由姚糖执笔；

第四章第一节　由姚糖执笔；

第四章第二节　由张义锋执笔；

第五章　由姚糖执笔；

第六章第一节、第二节　由徐少平执笔；

第六章第三节　由张义锋执笔；

第七章　由张义锋执笔；

第八章第一节　由蔡晴执笔；

第八章第二节、第三节、第四节　由肖发标执笔；

第九章第一节　由徐少平执笔；

第九章第二节、第三节　由姚糖执笔。

全书文字部分最后由姚糖统稿，图片部分由蔡晴统稿。

除本书已署名的作者外，还有下列人员参与了部分古建筑测绘工作：

南昌大学建筑系副教授聂璐、讲师郭晔、苏东宾；学生吴湘、吴启伟、周瑞生、朱勇宣、肖恒、谢畅、胡洪寅骥、黄美霞、杨梅、王小丽、肖可夫、夏雨霏、左云豪、王子隽、揭笑雨。

最后，向中国建筑工业出版社的各位编辑、中国民族建筑研究会民居建筑专业委员会的各位前辈和同仁表示真诚的感谢和敬意，正是在他们不懈的努力与热忱的感召和推动之下，本书终于得以完成。

编者

2015 年 4 月于南昌

主编简介

 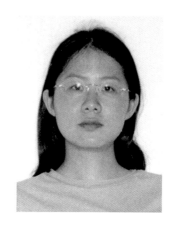

姚赯，江西南昌人，1963年生。1987年毕业于同济大学建筑历史与理论专业，师从著名古建筑、古园林专家陈从周教授，获工学硕士学位。长期从事江西地方传统建筑研究，现任南昌大学建筑系教授，一级注册建筑师，中国建筑学会建筑教育评估分会理事，中国民族建筑研究会民居建筑专业委员会学术委员，江西省建设工程勘察设计协会建筑设计专业委员会副主任委员。

蔡晴，江苏苏州人，1969年生。2006年毕业于东南大学城市规划与设计专业，师从著名风景园林建筑专家杜顺宝教授，获工学博士学位。长期从事建筑与景观遗产保护研究，已发表相关学术论文三十余篇。现任南昌大学建筑系副教授，一级注册建筑师。